21 世纪特殊教育创新教材

主编单位
华东师范大学学前与特殊教育学院
南京特殊教育职业技术学院
华中师范大学教育科学学院
陕西师范大学教育学院
总主编：方俊明
副主编：杜晓新　雷江华　周念丽

学术委员会
主　任：方俊明
副主任：杨广学　孟万金
委　员：方俊明　杨广学　孟万金　邓　猛　杜晓新　赵　微
　　　　刘春玲

编辑委员会
主　任：方俊明
副主任：丁　勇　汪海萍　邓　猛　赵　微
委　员：方俊明　张　婷　赵汤琪　雷江华　邓　猛　朱宗顺
　　　　杜晓新　任颂羔　蒋建荣　胡世红　贺荟中　刘春玲
　　　　赵　微　周念丽　李闻戈　苏雪云　张　旭　李　芳
　　　　李　丹　孙　霞　杨广学　王　辉　王和平

21世纪特殊教育创新教材·理论与基础系列

主编：杜晓新　　　　　　　审稿人：杨广学　孟万金
- 特殊教育的哲学基础（华东师范大学：方俊明）
- 特殊教育的医学基础（南京特殊教育师范学院：张婷、赵汤琪）
- 融合教育导论（华中师范大学：雷江华）
- 特殊教育学（雷江华、方俊明）
- 特殊儿童心理学（方俊明、雷江华）
- 特殊教育史（浙江师范大学：朱宗顺）
- 特殊教育研究方法（华东师范大学：杜晓新）
- 特殊教育发展模式（纽约市教育局：任颂羔）

21世纪特殊教育创新教材·发展与教育系列

主编：雷江华　　　　　　　审稿人：邓　猛　刘春玲
- 视觉障碍儿童的发展与教育（华中师范大学：邓猛）
- 听觉障碍儿童的发展与教育（华东师范大学：贺荟中）
- 智力障碍儿童的发展与教育（华东师范大学：刘春玲）
- 学习困难儿童的发展与教育（陕西师范大学：赵微）
- 自闭症谱系障碍儿童的发展与教育（华东师范大学：周念丽）
- 情绪与行为障碍儿童的发展与教育（华南师范大学：李闻戈）
- 超常儿童的发展与教育（华东师范大学：苏雪云；北京联合大学：张旭）

21世纪特殊教育创新教材·康复与训练系列

主编：周念丽　　　　　　　审稿人：方俊明　赵　微
- 特殊儿童应用行为分析（天津体育学院：李芳；武汉麟洁健康咨询中心：李丹）
- 特殊儿童的游戏治疗（华东师范大学：周念丽）
- 特殊儿童的美术治疗（南京特殊教育师范学院：孙霞）
- 特殊儿童的音乐治疗（南京特殊教育师范学院：胡世红）
- 特殊儿童的心理治疗（华东师范大学：杨广学）
- 特殊教育的辅具与康复（南京特殊教育师范学院：蒋建荣、王辉）
- 特殊儿童的感觉统合训练（华东师范大学：王和平）

21世纪特殊教育创新教材·康复与训练系列

特殊教育的辅具与康复

蒋建荣 编著

图书在版编目(CIP)数据

特殊教育的辅具与康复/蒋建荣编著. —北京：北京大学出版社,2012.5
(21世纪特殊教育创新教材·康复与训练系列)
ISBN 978-7-301-20563-1

Ⅰ. 特… Ⅱ. 蒋… Ⅲ. ①特殊教育－高等学校－教材②残疾人－康复训练－医疗器械－高等学校－教材 Ⅳ. ①G76②R496

中国版本图书馆CIP数据核字(2012)第076539号

书　　　名	特殊教育的辅具与康复
著作责任者	蒋建荣　编著
丛书策划	李淑方
责任编辑	唐知涵
标准书号	ISBN 978-7-301-20563-1/G·3402
出版发行	北京大学出版社
网　　　址	http://www.pup.cn　　新浪微博:@北京大学出版社
微信公众号	通识书苑(微信号:sartspku)　科学元典(微信号:kexueyuandian)
电子邮箱	编辑部 jyzx@pup.cn　　总编室 zpup@pup.cn
电　　　话	邮购部 62752015　发行部 62750672　编辑部 62767346
	出版部 62754962
印　　刷　者	北京虎彩文化传播有限公司
经　　销　者	新华书店
	787毫米×1092毫米　16开本　12.5印张　250千字
	2012年5月第1版　2025年4月第7次印刷
定　　　价	45.00元

未经许可,不得以任何方式复制或抄袭本书之部分或全部内容。
版权所有,侵权必究
举报电话: (010)62752024　　电子邮箱: fd@pup.cn

顾明远序

去年国家颁布的《国家中长期教育改革和发展规划纲要》专门辟一章特殊教育，提出："全社会要关心支持特殊教育。"这里的特殊教育主要是指："促进残疾人全面发展、帮助残疾人更好地融入社会。"当然，广义的特殊教育还包括超常儿童与问题儿童的教育。但毕竟残疾人是社会的弱势群体中的弱势人群，他们更需要全社会的关爱。

发展特殊教育（这里专指残疾人教育），首先要对特殊教育有一个认识。所谓特殊教育的特殊，是指这部分受教育者在生理上或者心理上有某种缺陷，阻碍着他们的发展。特殊教育就是要帮助他们排除阻碍他们发展的障碍，使他们得到与普通人一样的发展。残疾人并非所有智能都丧失，只是丧失一部分器官的功能。通过教育我们可以帮助他们弥补缺陷，或者使他们的损伤的器官功能得到部分的恢复，或者培养其他器官的功能来弥补某种器官功能的不足。因此，特殊教育的目的与普通教育的目的是一样的，就是要促进儿童身心健康的发展，只是他们需要更多的爱护和帮助。

至于超常儿童教育则又是另一种特殊教育。超常儿童更应该在普通教育中发现和培养，不能简单地过早地确定哪个儿童是超常的。不能完全相信智力测验。这方面我没有什么经验，只是想说，现在许多家长都认为自己的孩子是天才，从小就超常地培养，结果弄巧成拙，拔苗助长，反而害了孩子。

在特殊教育中要重视自闭症儿童。我国特殊教育更多的是关注伤残儿童，不大关心自闭症儿童。其实他们非常需要采取特殊的方法来矫正自闭症，否则他们长大以后很难融入社会。自闭症不是完全可以治愈的，但早期的鉴别和干预对他们日后的发展很有帮助。国外很关注这些儿童,也有许多经验,值得我们借鉴。

我在改革开放以后就特别感到特殊教育的重要。早在1979年我担任北京师范大学教育系主任时就筹办了我国第一个特殊教育专业,举办了第一次特殊教育国际会议。但是我个人的专业不是特殊教育,因此只能说是一位门外的倡导者,而不是专家,说不出什么道理来。

方俊明教授是改革开放后早期的心理学家,后来专门从事特殊教育二十多年,对特殊教育有深入的研究。在我国大力提倡发展特殊教育之今天,组织五十多位专家编写这部"21世纪特殊教育创新教材"丛书,真是恰逢其时,是浇灌特殊教育的及时雨,值得高兴。方俊明教授要我为丛书写几句话,是为序。

中国教育学会理事长
北京师范大学副校长
2011年4月5日于北京求是书屋

沈晓明序

由于专业背景的关系,我长期以来对特殊教育高度关注。在担任上海市教委主任和分管教育卫生的副市长后,我积极倡导"医教结合",希望通过多学科、多部门精诚合作,全面提升特殊教育的教育教学水平与康复水平。在各方的共同努力下,上海的特殊教育在近年来取得了长足的发展。特殊教育的办学条件不断优化,特殊教育对象的分层不断细化,特殊教育的覆盖面不断扩大,有特殊需要儿童的入学率达到上海历史上的最高水平,特殊教育发展的各项指标均位于全国特殊教育前列。本市中长期教育改革和发展规划纲要,更是把特殊教育列为一项重点任务,提出要让有特殊需要的学生在理解和关爱中成长。

上海特殊教育的成绩来自于各界人士的关心支持,更来自于教育界的辛勤付出。"21世纪特殊教育创新教材"便是华东师范大学领衔,联合四所大学,共同献给中国特殊教育界的一份丰厚的精神礼物。该丛书全篇近600万字,凝聚中国特殊教育界老中青50多名专家三年多的心血,体现出作者们潜心研究、通力合作的精神与建设和谐社会的责任感。本套丛书共22本,分理论与基础、发展与教育、康复与训练三个系列,全方位、多层次地展现了信息化时代特殊教育发展的理念、基本原理和操作方法。丛书选题新颖、结构严谨,拓展了特殊教育的研究范畴,从多学科的角度更新特殊教育的研究范式,让人读后受益良多。

发展特殊教育事业是党和政府坚持以人为本、弘扬人道主义精神和保障人权的重要举措,是促进残障人士全面发展和实现"平等、参与、共享"目标的有效途径。《国家中长期教育改革和发展规划纲要》明确提出,要关心和支持特殊教育,要完善特殊教育体系,要健全特殊教育保障机制。我相信,随着我国经济的发展,教育投入的增加,我国特殊教育的专业队伍会越来越壮大,科研水平会不断地提高,特殊教育的明天将更加灿烂。

沈晓明

上海交通大学医学院教授、博士生导师

世界卫生组织新生儿保健合作中心主任

上海市副市长

2011 年 3 月

丛书总序

特殊教育是面向残疾人和其他有特殊教育需要人群的教育，是国民教育体系的重要组成部分。特殊教育的发展，关系到实现教育公平和保障残疾人受教育的权利。改革和发展我国的特殊教育是全面建设小康社会、促进社会稳定与和谐的一项急迫任务，需要全社会的关心与支持并不断提升学科水平。

半个多世纪以来，由于教育民主思想的渗透以及国际社会的关注，特殊教育已成为世界上发展最快的教育领域之一，它在一定程度上也综合反映出一个国家或地区的政治、经济、文化和国民素质的综合水平，成为衡量社会文明进步程度的重要标志。改革开放30多年来，在党和政府的关心下，我国的特殊教育也得到了前所未有的大发展，进入了我国历史上最好的发展时期。在"医教结合"基础上发展起来的早期教育、随班就读和融合教育正在推广和深化，特殊职业教育和高等教育也有较快的发展，这些都标志着我国特殊教育的发展进入了一个全球化、信息化的时代。

但是，作为一个发展中国家，由于起点低、人口多、各地区发展不均衡，我国特殊教育的整体发展水平与世界上特殊教育比较发达的国家和地区相比，还有一定的差距，存在一些亟待解决的主要问题。例如：如何从狭义的仅以盲、聋、弱智等残疾儿童为主要服务对象的特殊教育逐步转向包括各种行为问题儿童和超常儿童在内的广义的特殊教育；如何通过强有力的特教专项立法来保障特殊儿童接受义务教育的权利，进一步明确各级政府、儿童家长和教育机构的责任，使经费投入、鉴定评估等得到专项法律法规的约束；如何加强对"随班就读"的支持，使融合教育的理念能被普通教育接受并得到充分体现；如何加强对特教师资和相关的专业人员的培养和训练；如何通过跨学科的合作加强相关的基础研究和应用研究，较快地改变目前研究力量薄弱、学科发展和专业人员整体发展水平偏低的状况。

为了迎接当代特殊教育发展的挑战和尽快缩短与发达国家的差距，三年前，我们在北京大学出版社出版意向的鼓舞下，成立了"21世纪特殊教育创新教材"的丛书编辑委员会和学术委员会，集中了国内特殊教育界具有一定教学、科研能力的高级职称或具有本专业博士学位的50多位专业人员共同编写了这套丛书，以此联系我国实际，全面介绍和深入探讨当代特殊教育的发展理念、基本原理和操作方法。丛书分为三个系列，共22本，其中有个人完成的专著，还有多人完成的编著，共约600万字。

理论与基础系列

本系列着重探讨特殊教育的理论与基础。讨论特殊教育的存在和思维的关系，特殊教育的学科性质和任务，特殊教育学与医学、心理学、教育学、教学论等相邻学科的密切关系，力求反映出现代思维方法、相邻学科的发展水平以及融合教育的思想对现代特教发展的影响。本系列特别注重从历史、现实和研究方法的演变等不同角度来探讨当代特殊教育的特点和发展趋势。本系列由以下8种组成：

《特殊教育的哲学基础》《特殊教育的医学基础》《融合教育导论》《特殊教育学》《特殊儿童心理学》《特殊教育史》《特殊教育研究方法》《特殊教育发展模式》。

发展与教育系列

本系列从广义上的特殊教育对象出发，密切联系日常学前教育、学校教育、家庭教育、职业教育和高等教育的实际，对不同类型特殊儿童的发展与教育问题进行了分册论述。着重阐述不同类型儿童的概念、人口比率、身心特征、鉴定评估、课程设置、教育与教学方法等方面的问题。本系列由以下7种组成：

《视觉障碍儿童的发展与教育》《听觉障碍儿童的发展与教育》《智力障碍儿童的发展与教育》《学习困难儿童的发展与教育》《自闭症谱系障碍儿童的发展与教育》《情绪与行为障碍儿童的发展与教育》《超常儿童的发展与教育》。

康复与训练系列

本系列旨在体现"医教结合"的原则，结合中外的各类特殊儿童，尤其是有比较严重的身心发展障碍儿童的治疗、康复和训练的实际案例，系统地介绍了当代对特殊教育中早期鉴别、干预、康复、咨询、治疗、训练教育的原理和方法。本系列偏重于实际操作和应用，由以下7种组成：

《特殊儿童应用行为分析》《特殊儿童的游戏治疗》《特殊儿童的美术治疗》《特殊儿童的音乐治疗》《特殊儿童的心理治疗》《特殊教育的辅具与康复》《特殊儿童的感觉统合训练》。

"21世纪特殊教育创新教材"是目前国内学术界有关特殊教育问题覆盖面最广、内容较丰富、整体功能较强的一套专业丛书。在特殊教育的理论和实践方面，本套丛书比较全面和深刻地反映出了近几十年来特殊教育和相关学科的成果。一方面大量参考了国外和港台地区有关当代特殊教育发展的研究资料；另一方面总结了我国近几十年来，尤其是建立了特殊教育专业硕士、博士点之后的一些交叉学科的实证研究成果，涉及5000多种中英文的参考文献。本套丛书力求贯彻理论和实际相结合的精神，在反映国际上有关特殊教育的前沿研究的同时，也密切结合了我国社会文化的历史和现实，将特殊教育的基本理论、基础理论、儿童发展和实际的教育、教学、咨询、干预、治疗和康复等融为一体，为建立一个具有前瞻性、符合科学发展观、具有中国历史文化特色的特殊教育的学科体系奠定基础。本套丛书在全面介绍和深入探讨当代特殊教育的原理和方法的同时，力求阐明如下几个主要学术观点：

1. 人是生物遗传和"文化遗传"两者结合的产物。生物遗传只是使人变成了生命活体和奠定了形成自我意识的生物基础；"文化遗传"才可能使人真正成为社会的人、高尚的人、成为"万物之灵"，而教育便是实现"文化遗传"的必由之路。特殊教育作为一个联系社会学科和自然学科、理论学科和应用学科的"桥梁学科"，应该集中地反映教育在人的种系发展和个体发展中所发挥的巨大作用。

2. 当代特殊教育的发展是全球化、信息化教育观念的体现，它有力地展现了人类社会发展过程中物质文明与精神文明之间发展的同步性。马克思主义很早就提出了两种生产力的概念，即生活物资的生产和人自身的繁衍。伴随生产力的提高和社会的发展，人类应该有更多的精力和能力来关注自身的繁衍和一系列发展问题，这些问题一方面是通过基因工程来防治和减少疾病,实行科学的优生优育,另一方面是通过优化家庭教育、学校教育和社会教育的环境,来最大限度地增加教育在发挥个体潜能和维护社会安定团结与文明进步等方面的整体功能。

3. 人类由于科学技术的发展、生产能力的提高,已经开始逐步地摆脱了对单纯性、缓慢性的生物进化的依赖,摆脱了因生活必需的物质产品的匮乏和人口繁衍的无度性所造成"弱肉强食"型的生存竞争。人类应该开始积极主动地在物质实体、生命活体、社会成员的大系统中调整自己的位置,更加注重作为一个平等的社会成员在促进人类的科学、民主和进步过程中所应该承担的责任和义务。

4. 特殊教育的发展,尤其是融合教育思想的形成和传播,对整个教育理念、价值观念、教育内容、学习方法和教师教育等问题,提出了全面的挑战。迎接这一挑战的方法只能是充分体现时代精神,在科学发展观的指导下开展深度的教育改革。当代特殊教育的重心不再是消极地过分地局限于单纯的对生理缺陷的补偿,而是在一定补偿的基础上,积极地努力发展有特殊需要儿童的潜能。无论是特殊教育还是普通教育都应该强调培养受教育者积极乐观的人生态度和做人的责任,使其为促进人类社会的进步最大限度地发挥自身的潜能。

5. 当代特殊教育的发展,对未来的教师和教育管理者、相关的专业人员的学识、能力和人格提出了更高的要求。未来的教师和教育管理者、相关的专业人员不仅要做到在教学相长中不断地更新自己的知识,还要具备从事普通教育和特殊教育的能力,具备新时代的人格魅力,从勤奋、好学、与人为善和热爱学生的行为中,自然地展示出对人类未来的美好憧憬和追求。

6. 从历史上来看,东西方之间思维方式和文化底蕴方面的差异,导致对残疾人的态度和特殊教育的理念是大不相同的。西方文化更注重逻辑、理性和实证,从对特殊人群的漠视、抛弃到专项立法和依法治教,从提倡融合教育到专业人才的培养,从支持系统的建立到相关学科的研究,思路是清晰的,但执行是缺乏弹性的,综合效果也不十分理想,过度地依赖法律底线甚至给某些缺乏自制力和公益心的人提供了法律庇护下的利己方便。东方哲学则特别重视人的内心感受、人与自然、人与人之间的协调以及社会的平衡与稳定,但由于封建社会落后的生产力水平和封建专制,特殊教育长期停留在"同情"、"施舍"、"恩赐"、"点缀"、"粉饰太平"的水平,缺乏强有力的稳定的实际支持系统。因此,如何通过中西合璧,结合本国的实际来发展我国的特殊教育,是一个需要深入研究的问题。

7. 当代特殊教育的发展是高科技和远古人文精神的有机结合。与普通教育相比,特殊教育只有200多年的历史,但近半个世纪以来,世界特殊教育发展的广度和深度都令人吃惊。教育理念不断更新,从"关心"到"权益",从"隔离"到"融合",从"障碍补偿"到"潜能开发",从"早期干预"、"个别化教育"到"终身教育"及"计算机网络教学"的推广,等等,这些都充分地体现了对人本身的尊重、对个体差异的认同、对多元文化的欣赏。

本套丛书力求帮助特殊教育工作者和广大特殊儿童的家长:① 进一步认识特殊教育的本质,勇于承担自己应该承担的责任,完成特殊教育从慈善关爱型向义务权益型转化;② 进一步明确特殊教育和普通教育的目标,促进整个国民教育从精英教育向公民教育转化;③ 进一步尊重差异,发展个性,促进特殊教育从隔离教育向融合教育转型;④ 逐步实现特殊教育的专项立法,进一步促进特殊教育从号召型向依法治教的模式转变;⑤ 加强专业人员的培养,进一步促进特殊教育从低水平向高质量的转变;⑥加强科学研究,进一步促进特殊教育学科水平的提高。

我们希望本套丛书的出版能对落实我国中长期的教育发展规划起到积极的作用,增加人们对当代特殊教育发展状况的了解,使人们能清醒地认识到我国特殊教育发展所取得的成就、存在的差距、解决的途径和努力的方向,促进中国特殊教育的学科建设和人才培养。在教育价值上进一步体现对人的尊重、对自然的尊重;在教育目标上立足于公民教育;在教育模式上体现出对多元文化和个体差异的认同;在教育方法上本着实事求是的精神因材施教,充分发挥受教育者的潜能,发展受教育者的才智与个性;在教育功能上进一步体现我国社会制度本身的优越性,促进人类的科学与民主、文明与进步。

在本套丛书编写的三年时间里,四个主编单位分别在上海、南京、武汉组织了三次有关特殊教育发展的国际论坛,使我们有机会了解世界特殊教育最新的学科发展状况。在北京大学出版社和主编单位的资助下,丛书编委会分别于2008年2月和2009年3月在南京和上海召开了两次编写工作会议,集体讨论了丛书编写的意图和大纲。为了保证丛书的质量,上海市特殊教育资源中心和华东师范大学特殊教育研究所为本套丛书的编辑出版提供了帮助。

本套丛书的三个系列之间既有内在联系,又有相对独立性。不同系列的著作可作为特殊教育和相关专业的教材,也可供不同层次、不同专业水平和专业需要的教育工作者以及关心特殊儿童的家长等读者阅读和参考。尽管到目前为止,"21世纪特殊教育创新教材"可能是国内学术界有关特殊教育问题研究的内容丰富、整体功能强、在特殊教育的理论和实践方面覆盖面最广的一套丛书,但由于学科发展起点较低,编写时间仓促,作者水平有限,不尽如人意之处甚多,寄望更年轻的学者能有机会在本套丛书今后的修订中对之逐步改进和完善。

本套丛书从策划到正式出版,始终得到北京大学出版社教育出版中心主任周雁翎和责任编辑李淑方、华东师范大学学前教育学院党委书记兼上海特殊教育发展资源中心主任汪海萍、南京特殊教育职业技术学院院长丁勇、华中师范大学教育科学学院院长邓猛、陕西师范大学教育科学学院副院长赵微等主编单位领导和参加编写全体同仁的关心和支持,在此由衷地表示感谢。

最后,特别感谢丛书付印之前,中国教育学会理事长、北京师范大学副校长顾明远教授和上海市副市长、上海交通大学医学院教授沈晓明在百忙中为丛书写序,对如何突出残疾人的教育,如何进行"医教结合",如何贯彻《国家中长期教育改革和发展规划纲要》等问题提出了指导性的意见,给我们极大的鼓励和鞭策。

"21世纪特殊教育创新教材"

编写委员会

(方俊明执笔)

2011年3月12日

前　言

写作本书最大的困难在于所涉及的知识面、技术面非常宽广,每一章内容展开都可以另写一本书。要汇总这么多的知识在一本书中,非常不容易。以前写的文章大多是笔者亲手做过,或者是亲身经历,能写好大多是因为自己有随心所欲的创新。可是,写书与写文章有很大不同,书的内容非常广泛和全面,要写好实在太不容易了。

在编书的过程中,我得到了很多人的帮助。真心感谢方俊明教授、丁勇院长、周念丽教授给我这次写书的机会。这里衷心的感谢江苏省残疾人联合会康复处的张跃主任和辅助器具中心的金山技术员,感谢福建省假肢中心杨文兵主任和张孝超先生,感谢南京市远望视光学研究所顾海东等提供资料,感谢南京市婷婷幼儿园的支持,感谢我的同事:姚建东、李晓庆、施丽萍、万谊、何全、胡博、朱久斌、蒋贤唯、张秀伟等老师的参编,也感谢张瑞、申佳鑫、李艳红、孙元元、朱丽婷等人的修改。具体章节主要执笔情况如下:

第1章 南京特殊教育职业技术学院 蒋建荣

第2章 南京特殊教育职业技术学院 蒋建荣及福建假肢中心杨文斌 张孝超

第3章 南京特殊教育职业技术学院 蒋建荣

第4章 南京特殊教育职业技术学院 姚建东

第5章 南京特殊教育职业技术学院 施丽萍

第6章 江苏省残疾人联合会康复处张跃及江苏省辅助器具中心金山

第7章 南京特殊教育职业技术学院 万谊

第8章 南京特殊教育职业技术学院 李晓庆

书中每一章节的内容有学习目标、小结以及思考题等,书中的残疾人辅助器具的图片可为读者提供直观的感性知识,书中特殊儿童辅具适配和使用的例子可为特殊教育工作人员提供参考依据。真诚希望阅读本书的所有读者阅读本书时给笔者提出批评意见。

因为笔者文笔有限,书中不免出现错误,如果有任何纰漏,敬请原谅。如有问题可直接发邮件给我本人(jjr@njty.edu.cn)。

最后,谨把本书献给有心从事残疾人事业的爱心人士。

南京特殊教育职业技术学院　蒋建荣

2010年12月8日于南京

目 录

顾明远序 …………………………………………………………………………… (1)
沈晓明序 …………………………………………………………………………… (1)
丛书总序 …………………………………………………………………………… (1)
前言 ………………………………………………………………………………… (1)

第1章 辅具的概念与分类 ………………………………………………………… (1)
  第1节 辅具的基本概念 ……………………………………………………… (1)
  第2节 辅具的分类 …………………………………………………………… (2)
    一、按使用人群分类 ……………………………………………………… (2)
    二、按使用用途分类 ……………………………………………………… (3)
    三、按国家标准分类 ……………………………………………………… (3)

第2章 辅具的功能与用途 ………………………………………………………… (4)
  第1节 特殊儿童辅具的功能 ………………………………………………… (4)
  第2节 辅具对特殊儿童的用途 ……………………………………………… (4)
    一、辅具能够成为特殊儿童身体的一部分 ……………………………… (4)
    二、辅具是特殊儿童获得良好教育的必要工具 ………………………… (5)
    三、辅具是特殊儿童全面康复的工具 …………………………………… (5)
    四、辅具是特殊儿童生活自理的依靠 …………………………………… (6)
    五、辅具是特殊儿童回归社会的桥梁 …………………………………… (7)
  第3节 辅具在特殊儿童中应用的问题与对策 ……………………………… (8)
    一、我国辅具在特殊儿童应用中存在的主要问题 ……………………… (8)
    二、特殊儿童辅助器具在我国普及的对策 ……………………………… (10)

第3章 适合视觉障碍儿童的辅具 ………………………………………………… (13)
  第1节 视觉障碍辅具的概述 ………………………………………………… (13)
  第2节 盲用辅助器具 ………………………………………………………… (13)
    一、盲用常用生活学习辅具 ……………………………………………… (14)
    二、盲人常用行走辅助装置 ……………………………………………… (15)
    三、盲用电脑辅具 ………………………………………………………… (17)
  第3节 低视力助视器 ………………………………………………………… (19)
    一、光学助视器 …………………………………………………………… (19)

1

二、非光学助视器 …………………………………………………………………… (23)
　　三、电子助视器 ……………………………………………………………………… (25)
 第4节　视障辅具的选配原则和方法 …………………………………………………… (27)
　　一、采集视觉功能相关的数据 ……………………………………………………… (27)
　　二、选配合适的助视器 ……………………………………………………………… (29)
　　三、利用光箱进行视功能的相关评估 ……………………………………………… (31)
　　四、提供视障环境改善的方法 ……………………………………………………… (33)
　　五、视障儿童辅助器具适配登记表 ………………………………………………… (36)

第4章　**适宜听障儿童的辅具** ……………………………………………………………… (38)
 第1节　听障儿童辅具概述 ……………………………………………………………… (38)
 第2节　助听系统 ………………………………………………………………………… (39)
　　一、助听器的种类与特点 …………………………………………………………… (39)
　　二、耳背式助听器的原理与结构 …………………………………………………… (40)
　　三、助听器的主要性能指标 ………………………………………………………… (42)
　　四、FM调频系统 …………………………………………………………………… (43)
 第3节　人工耳蜗 ………………………………………………………………………… (44)
　　一、人工耳蜗简介 …………………………………………………………………… (44)
　　二、儿童适应证 ……………………………………………………………………… (45)
 第4节　助听器的验配 …………………………………………………………………… (46)
　　一、适配越早越好 …………………………………………………………………… (46)
　　二、了解听障情况 …………………………………………………………………… (47)
　　三、全数字式助听器的适配 ………………………………………………………… (49)
　　四、听障儿童适配的注意事项 ……………………………………………………… (49)
 第5节　听障儿童助听器的使用和保养 ………………………………………………… (54)
　　一、助听器使用 ……………………………………………………………………… (55)
　　二、助听器的保养 …………………………………………………………………… (55)

第5章　**适宜智障儿童的辅具** ……………………………………………………………… (58)
 第1节　培智辅具概述 …………………………………………………………………… (58)
 第2节　培智辅具的分类 ………………………………………………………………… (59)
　　一、生活辅具 ………………………………………………………………………… (59)
　　二、物理治疗的专用辅具 …………………………………………………………… (66)
　　三、作业治疗的主要辅具 …………………………………………………………… (68)
　　四、认知干预的主要辅具 …………………………………………………………… (71)
 第3节　蒙台梭利教具 …………………………………………………………………… (72)
　　一、蒙台梭利教学设施与教具 ……………………………………………………… (72)
　　二、蒙台梭利教具的特点 …………………………………………………………… (75)
　　三、蒙台梭利教具操作的方法 ……………………………………………………… (76)

第4节 培智辅具应用案例 …………………………………………… (79)
　　一、运动发展训练辅具的应用 ……………………………………… (79)
　　二、球类康复训练案例 ……………………………………………… (82)
　　三、粉红塔使用案例 ………………………………………………… (83)

第6章 适合肢体障碍儿童的辅具 …………………………………… (86)
第1节 矫形器概述 …………………………………………………… (86)
　　一、矫形器的定义 …………………………………………………… (87)
　　二、矫形器的基本作用 ……………………………………………… (87)
　　三、矫形器的基本功能 ……………………………………………… (87)
　　四、矫形器使用的主要材料 ………………………………………… (88)
　　五、矫形器的适应证 ………………………………………………… (88)
　　六、矫形器统一命名和分类 ………………………………………… (89)
第2节 假肢概述 ……………………………………………………… (92)
　　一、假肢的定义 ……………………………………………………… (92)
　　二、假肢的分类 ……………………………………………………… (93)
　　三、截肢康复 ………………………………………………………… (95)
　　四、康复协作组的作用 ……………………………………………… (97)
　　五、假肢的处方 ……………………………………………………… (97)
第3节 个人移动辅助器具 …………………………………………… (98)
　　一、移动辅助器具分类及其功能 …………………………………… (98)
　　二、移动辅具的选用 ………………………………………………… (102)
　　三、移动辅具的使用 ………………………………………………… (103)
第4节 肢体障碍辅助器具装配及使用案例 ………………………… (107)
　　一、儿童脑瘫装配矫形器案例 ……………………………………… (107)
　　二、儿童脊柱侧凸装配矫形器案例 ………………………………… (108)
　　三、儿童小腿截肢安装假肢的案例 ………………………………… (110)
　　四、大腿截肢安装假肢的案例 ……………………………………… (112)
　　五、高科技假肢案例 ………………………………………………… (113)

第7章 适宜言语障碍儿童的辅具 …………………………………… (117)
第1节 言语障碍辅具概述 …………………………………………… (117)
　　一、言语障碍的含义 ………………………………………………… (117)
　　二、言语治疗的定义 ………………………………………………… (117)
　　三、言语治疗的流程和工作原理 …………………………………… (117)
　　四、言语治疗的主要内容 …………………………………………… (118)
第2节 言语障碍辅具的分类 ………………………………………… (119)
　　一、言语障碍的辅具设备 …………………………………………… (119)
　　二、言语障碍的配套用品辅具 ……………………………………… (131)

第3节　言语障碍辅具应用案例 …………………………………………… (138)
　　　　一、响度过低患儿的评估和治疗 …………………………………… (138)
　　　　二、下颌运动受限患儿的评估和治疗 ……………………………… (140)
第8章　适合信息交流困难儿童的辅具 ……………………………………… (144)
　　第1节　用于交流困难的沟通辅具 ………………………………………… (144)
　　　　一、沟通辅具的概述 ………………………………………………… (144)
　　　　二、沟通辅具的适用对象 …………………………………………… (145)
　　　　三、沟通辅具的功能 ………………………………………………… (146)
　　　　四、沟通辅具的分类 ………………………………………………… (147)
　　　　五、沟通辅具的评估 ………………………………………………… (150)
　　第2节　适合交流困难的电脑 ……………………………………………… (153)
　　　　一、特殊儿童使用电脑存在的困难 ………………………………… (154)
　　　　二、电脑输入改进 …………………………………………………… (155)
　　　　三、电脑输出设备的改进 …………………………………………… (161)
　　　　四、电脑软件 ………………………………………………………… (161)
　　　　五、适合特殊儿童的电脑辅助系统 ………………………………… (163)
　　　　六、服务于交流困难的康复机器人 ………………………………… (166)
　　第3节　适合交流困难儿童的辅具案例 …………………………………… (169)
　　　　一、唐氏综合征者使用沟通辅具的案例 …………………………… (169)
　　　　二、脑性瘫痪者使用沟通辅具的案例 ……………………………… (171)
　　　　三、多重障碍者使用沟通辅具的案例 ……………………………… (172)
参考文献 ……………………………………………………………………… (176)

第1章 辅具的概念与分类

学习目标

掌握辅助器具的基本概念与分类。

第1节 辅具的基本概念

辅助器具,简称为辅具。即由特殊儿童使用的,特殊生产的或通常可获得的用于预防、代偿、监测、缓解或降低残疾的任何产品、器具、设备或技术系统。

辅具能加快特殊儿童回归主流社会的速度,体现出社会文明的进步与发展。目前,辅助技术已成为现代特殊教育一个值得关注的发展新趋势。[①]

科技的进步不仅给正常人带来许多方便,也帮助特殊儿童将不可能变为可能。一个人如果不能独立生活、学习、工作,甚至不能参加休闲娱乐活动,是一件很痛苦的事,因为几乎大部分事情都必须由他人的协助才能完成。辅助器具对特殊儿童而言,是重新获得独立生活、学习、回归社会主流的重要工具之一。[②]

辅助器具不只是限于特殊儿童者使用,老人、慢性病患者,甚至一般人都有可能使用适当的辅助器具。就一般人而言,使用辅具的目的不外乎要提高工作效率,降低工作压力及减少生理疲劳。然而对于特殊儿童者及老人而言则是要增强其生活独立性,提高生活质量,减轻照顾者的负担。

自有人类以来就有特殊儿童,他们为了生活与学习不得不制作一些简单器具来弥补已失去的功能,这些为特殊儿童制作的功能代偿器具在我国通常称为"残疾人用品用具",这个名称是在1991年《中国残疾人事业"八五"计划纲要》(以下简称《纲要》)中提出的,从当时国内情况来看,特殊儿童不知道有哪些器具能帮助他们克服功能障碍。为此《纲要》中大致介绍了这些器具,并将其冠以"残疾人用品用具"这一名称。在国际标准 ISO 9999:1992 *Technical aids for disabled persons—Classification* 颁布后,由民政部假肢所和中国康复研究中心共同翻译,经国家标准委员会反复推敲后决定将"Technical aids"译为"辅助器具",在等同采用国际标准的国家标准 CB/T 16432—1996《残疾人辅助器具——分类》的定义中给出了残损、残疾、残障、残疾人和辅助器具等五个定义,该定义是根据 WHO1980 年出版的《国际残损、残疾和残障分类》(ICIDH)定义的。

2001年5月,世界卫生大会通过了国际残疾的新分类《国际功能、残疾和健康分类》

[①] 刘志丽,许家成.辅助技术——特殊教育发展值得关注的新趋势[J].中国康复理论与实践,2007,4:42-44.
[②] 杨炽康.辅助科技原则与实行[M].台北:心理出版社,2007.

(International classification of functioning, disability and health, 简称 ICF),以活动和参与为主线进行功能、残疾和健康分类。ICF 认为个人因素和环境因素与残疾的发生、发展以及对功能的恢复、重建都密切相关。而在环境因素中首先列出的是"产品和技术",并将"辅助产品和技术"(assistive products and technology)定义为"为改善残疾人功能状况而采用适配的或专门设计的任何产品、器具、设备或技术"。综上所述,如果单指这类产品为辅助器具,那么从最新发展来看,随着科学技术的发展,辅助器具中科技含量不断提高,其进一步发展也越来越多地依赖新的科学技术,辅助技术和辅助器具是紧密结合不可分开的,因此用"辅助器具和技术"就更能反映其内涵。①

在 2004 年版的国家标准《残疾人辅助器具分类和术语》中对"辅助器具"所下定义为"由残疾人使用的,特殊生产的或通常可获得的用于预防、代偿、监测、缓解或降低残疾的任何产品、器具、设备或技术系统"。

目前,许多国家已经用"assistive devices"代替"technical aids"(中文翻译都是辅助器具一词)。所以中国残疾人用品开发供应总站在 2006 年已更名为中国残疾人辅助器具中心。

2008 年 7 月 1 日,中华人民共和国第十一届全国人民代表大会常务委员会修订施行了《中华人民共和国残疾人保障法》,在总则的第四条中规定:国家采取辅助方法和扶持措施,对特殊儿童给予特别扶助,减轻或者消除残疾影响和外界障碍,保障特殊儿童权利的实现。第三章有关教育的第二十九条要求:政府有关部门应当组织和扶持盲文、手语的研究和应用,特殊教育教材的编写和出版,特殊教育教学用具及其他辅助用品的研制、生产和供应。现在通常使用"辅助产品"一词来替代辅具,实际上"辅助产品"包括了通常说的硬件辅助产品"辅助器具"(assistive devices)和软件辅助产品"辅助技术"(assistive technology)。② 因此辅具更为精确的说法是"辅助产品"。

第 2 节 辅具的分类

特殊儿童辅具具有三种分类方法。

一、按使用人群分类

不同性质的特殊儿童需要不同的辅助器具。由于我国采用六类残疾的分类标准,因此辅助器具也相应分为六大类:肢体特殊儿童辅助器具,听力特殊儿童辅助器具,言语特殊儿童辅助器具,视力特殊儿童辅助器具,智力特殊儿童辅助器具,精神特殊儿童辅助器具。如视力残疾者需要有导盲和助视的辅助器具;听力残疾者需要有助听器以及专为聋人设计的辅助器具;肢体残疾者需要有假肢、矫形器、轮椅等辅助器具;智力残疾者需要有智力开发物品和教材等;精神残疾者也要有相应特殊辅助器具。除特殊儿童外,老年人也需要辅助器具,如老花镜、手杖等。对于那些既不是特殊儿童也不是老年人的活动不便者,他们也需要辅助器具,如长期卧床患者,为防止褥疮需要防褥疮床垫。这种分类方法的优点是使用方

---

① 朱图陵.辅助器具与辅助技术[J].中国康复医学杂志,2006,3:62-44.
② 朱图陵.现代辅助产品基础综述[J].中国康复理论与实践,2007,4:58-60.

便,缺点是反映不出这些辅助器具的本质区别,特别是有许多康复训练器材,如物理治疗、运动治疗和作业治疗器材,以及个人用的医疗器具,并不局限于上述某人群使用。

二、按使用用途分类

不同的辅助器具可用于不同的方面。该分类方法可粗可细,我们通常将其分为:生活类、信息类、训练类、移乘类、就业类、娱乐类以及家居环境类等。这种分类方法的优点是使用方便、针对性强,缺点也是反映不出这些辅具的本质区别。

三、按国家标准分类

国家标准《残疾人辅助器具分类和术语》GB/T 16432—2004/ISO 9999:2002(等同采用的国际标准)对特殊儿童辅助产品进行了分类,将特殊儿童辅助器具分为 11 个主类、135 个次类和 741 个支类。11 个主类分别是:

(1) 个人医疗辅助器具;
(2) 技能训练辅助器具;
(3) 矫形器和假肢;
(4) 生活自理和防护辅助器具;
(5) 个人移动辅助器具;
(6) 家务辅助器具;
(7) 家庭和其他场所使用的家具及其配件;
(8) 通讯、信息和讯号辅助器具;
(9) 产品和物品管理辅助器具;
(10) 用于环境改善的辅助器具和设备,工具和机器;
(11) 休闲娱乐辅助器具。

 本章小结

本章在第 1 节重点叙述了辅助器具的概念,即由特殊儿童使用的,特殊生产的或通常可获得的用于预防、代偿、监测、缓解或降低残疾的任何产品、器具、设备或技术系统。在第 2 节中说明了辅具分类的三种方法,并指出了每种分类的优缺点。

 思考题

1. 什么是辅具?
2. 辅具有哪些分类方法?
3. 辅具的国家标准分类是怎样的?

第 2 章 辅具的功能与用途

1. 理解辅具的功能。
2. 理解辅具对特殊儿童的用途。
3. 掌握辅具与特殊儿童康复之间的关系。

第 1 节 特殊儿童辅具的功能

人的生存,离不开个人能力和环境条件。当个人能力受限,不能满足生存需求时,便产生障碍。这时辅助器具一方面可以帮助提高个人能力,另一方面可以创造无障碍环境,以降低残疾人参与社会生活的难度,从而满足个人生存的需求。辅具对特殊儿童具有以下功能:

第一,代偿失去的功能。如截肢者装配假肢后,可以像健全人一样行走、骑车和负重劳动。第二,补偿减弱的功能。如佩戴助听器能够使具有残余听力的耳聋患者重新听到外界的声音。第三,恢复和改善功能。如足下垂者配置足托矫形器能够有效改善步态,偏瘫患者能够通过平行杠、助行器等康复训练器具的训练恢复其行走功能。

第 2 节 辅具对特殊儿童的用途

根据 2006 年第二次残疾人人口普查数据推算,全国各类残疾人总数为 8296 万,其中 60％以上需要辅助器具,80％以上可通过辅助器具配置改善生活质量。据深圳市伤残人用具资源中心范佳进等人对 928 名残疾人做的对辅助器具的需求调查表明:残疾类别与辅助器具需求是有很大区别的。

视力、听力、肢体方面的残疾人对辅助器具的需求率较高;言语、智力、精神方面的残疾人对辅助器具的需求率较低,其中精神残疾人对辅助器具基本无需求。六类残疾人对辅具的需要是完全不同的,存在着明显的差异性。[①]

一、辅具能够成为特殊儿童身体的一部分

很多辅助器具具备补偿功能,辅助器具将伴随特殊儿童终身。由于使用的长期性和依赖性,因此要求辅助器具与残疾人身体结合的部分必须相适应,制作材料应结实耐用、无毒无害。除此之外,辅助器具要依据使用年限定期更换,还需要随着残疾人身体情况的变化适

---

① 范佳进,等.需求评估对辅助器具补助政策的启示[J].中国康复理论与实践,2007,4:76-78.

时调整和更新。

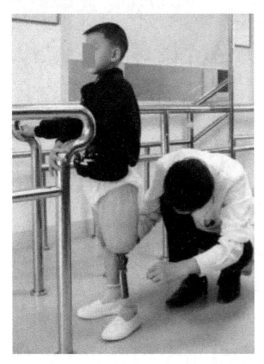

图 2-1 孩子成长需要提供及时的服务

如图 2-1 所示一位患巨肢症的孩子，在政府和社会的帮助下，成功实施了截肢手术，并配制了合适的假肢，如今他可以自如行走了。但随着孩子的成长，还必须经常检查假肢和身体结合的部分，并适当地更换部分器件。

二、辅具是特殊儿童获得良好教育的必要工具

盲杖、助听器、电子耳蜗、轮椅及各类沟通辅具的使用弥补了有视觉、听觉、运动、言语障碍学习者的主要缺陷，使其在正常的教育环境中学习、生活成为可能。而随着网络技术的发展和远程教学资源的丰富，一些具有严重障碍的学习者也可以足不出户接受适合其自身需要的教育，实现教育安置形式的多样化。

一些视觉（光学/电子助视器、投影机等），听觉（录音机、扩音机、阅读机、可发声教具等），触觉（盲字板、点显器、刻印机等）辅助技术可实现教学资源呈现形式的多样性，便于学生选择适合自身特点的学习形式。而各种多媒体设备的出现，可以使学生获得直观、形象、生动的多重感官刺激，此外交互功能也利于个体化教学的实施，学生可以自由选择学习进度，从而激发学生的学习兴趣，调动其学习的主动性与积极性，最大限度地提高教学质量与教学效率。[①]

林××，小学二年级学生，由于先天性白内障，眼前像蒙着一层膜。低视力的他过去要靠一个半球形的放大镜来看书写字，由于放大倍数不够，他总分不清复杂或相近的字。为了努力看清字，他只能尽可能近地贴着书本看，几乎是在"啃"字，阅读速度也很慢。深圳市伤残人用具资源中心信息交流障碍评估室为他进行了专业化的适配评估，为其适配了一台电子助视器。该助视器有宽屏幕、有可调控的放大倍数和可变的底色。利用该助视器他可以看清楚书本上的字了，还由于追踪速度提高而大大提高了其阅读的速度，过去需要一个字一个字地辨认，现在可以连贯地阅读了。该同学的母亲告诉记者，电子助视器不仅帮孩子看清字，提高学习成绩，还改变了过去"啃"字的姿势对脊柱发育的影响，现在他可以像健全孩子一样看书写字了，如图 2-2 所示。[②]

三、辅具是特殊儿童全面康复的工具

辅助器具涉及医疗康复、教育康复、职业康复和社会康复的各个领域，是康复必不可少

[①] 刘志丽，许家成. 辅助技术——特殊教育发展值得关注的新趋势[J]. 中国康复理论与实践，2007，4：42-44.
[②] 中国残疾人辅具网. http://www.cjfj.org/3fjkt/detail.asp? channelid=120100100&id=898.

的工具。康复（Rehabilitation）是指综合地、协调地应用医学的、教育的、社会的、职业的各种方法，使病、伤、残者（包括先天性残）已经丧失的功能尽快地、能尽最大可能地得到恢复和重建，使他们在体格上、精神上、社会上和经济上的能力得到尽可能的恢复，使他们重新走向生活，重新走向工作，重新走向社会。康复不仅针对疾病，还着眼于整个人从生理、心理、社会及经济能力方面进行全面康复，它包括医学康复（利用医学手段促进康复）、教育康复（通过特殊教育

图 2-2 视障孩子通过放大镜在阅读

和培训促进康复）、职业康复（恢复就业能力取得就业机会）及社会康复（在社会层次上采取与社会生活有关的措施，促使特殊儿童能重返社会），其最终目标是提高特殊儿童的生活质量，恢复其独立生活、学习的能力，使特殊儿童能在家庭和社会中过有意义的生活。为达到全面康复，辅具不仅涉及医学科学技术，还涉及社会学、心理学、工程学等方面的技术和方法。

四、辅具是特殊儿童生活自理的依靠

辅助器具涉及起居、洗漱、进食、行动、如厕、家务、交流等生活的各个层面，是发挥功能障碍者潜能、辅助自理生活的重要工具。几千年来，人类为了适应自然、改造自然和利用自然而在人与自然界之间和人与社会之间加上一些人为的界面（接口），从而构成了一个有机的、互相联系又互相依存的人—机—环境大系统。这些接口可以分为硬件和软件两大类，硬件接口如用品、器具、设备、仪器等，软件接口如语言、文字、措施、方法、技术等。特殊儿童是人类整体中的一个特殊群体，由于他们的身体或精神的缺陷，导致一些功能丧失或不正常，如视力残疾、听力残疾、言语残疾、肢体残疾、智力残疾、精神残疾等。我们日常生活、学习和工作中遇到的多数接口是为健全人设计的，只有一部分接口能被特殊儿童直接采用，绝大部分接口不能被特殊儿童采用，因此特殊儿童存在着进入社会的障碍。如盲人对光信号、聋人对声信号无能为力，以至影响了他们和环境的交流、融合。为此必须在特殊儿童与自然环境或特殊儿童与社会环境之间加上一些特殊的接口（即辅助器具），来代偿其自身的功能障碍。

电子传感器是特殊儿童常用的人—机接口。在特殊儿童使用各类电子设备时，操作开关是需要重点掌握的。操作开关的功能是将特殊儿童残存的身体动作变换成一组对应的电子信号，来操控电子设备。图 2-3 表示残存功能和传感器组合的一些例子。

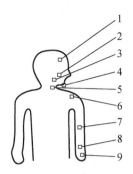

图 2-3　残存功能和传感器组合

1. 眨眼（光传感器）；　　　2. 呼吸（气压传感器）；　　　3. 发音（音量传感器）；
4. 舌（接触传感器）；　　　5. 头（电钮开关、倾斜传感器）；　6. 肩（电钮开关）；
7. 肘（电钮开关）；　　　　8. 手腕（倾斜传感器）；　　　9. 手指（电钮开关、接触传感器）

五、辅具是特殊儿童回归社会的桥梁

目前国际上已趋向于把辅助技术看做是特殊儿童进入健全人社会的"通道"。2001年5月世界卫生组织（WHO）发布的《国际功能、残疾和健康分类》（简称ICF）中强调，个人因素和环境因素对残疾的发生和发展，以及对功能的恢复和重建都有密切关系，其中环境因素对特殊儿童康复和参与社会生活具有重要作用。如社会给截瘫者提供了轮椅，他们可以走出家门；当他们走出家门面对一个出行有坡道、上下楼梯有升降装置的无障碍环境，才能实现正常参与社会生活的愿望，因此辅助器具是构建无障碍环境的通道和桥梁，如图 2-4 所示。

图 2-4　除了奔跑，我现在可以做任何事情了[1]

---

[1]　图片来自 2010 年上海世博园生命阳光馆。

再如，厕所门扇开启的净宽不得小于 90 厘米，以方便轮椅通过，室内要有 1.50 米×1.50 米的轮椅旋转空间。厕所地面应选用防滑材料，以防残障人士跌倒摔伤，如图 2-5 所示。洗手间的入口、通道、厕位及厕位两侧的安全抓杆，应符合乘轮椅者进入、回旋的要求。厕所的水龙头开关应便于操作，可采用脚踏式、长柄式、感应式等开关。厕所内应设紧急呼救按钮，便于残疾人遇到困难时及时得到救助。

图 2-5　通用厕所可以让各种残疾的孩子方便使用

第3节　辅具在特殊儿童中应用的问题与对策

我国 8296 万残疾人中，60% 以上需要辅助器具。"十一五"期间全国共计完成白内障复明手术 300 万例、低视力者配用助视器 10 万名、盲人定向行走训练 3 万名、肢体残疾矫治手术 1 万例、装配假肢和矫形器 8 万例、聋儿听力语言训练 8 万名、智力残疾儿童系统训练 10 万名、肢体残疾人系统训练 12 万名，除此之外帮助 480 万名重症精神病患者得到综合治疗。

一、我国辅具在特殊儿童应用中存在的主要问题

(一) 辅具在特殊教育中的知识普及与宣传力度不够

我国康复工程和辅具教育水平比较落后，在有些方面甚至还是空白（如截肢者的假肢知识、运动损伤者的矫形器治疗方法等），大多数教师以及部分医生对此方面的知识不了解，其结果是许多可以受益于辅具的人不知道有这种产品。比如，对于许多截瘫病人，通过矫形器可以部分恢复其行走功能，也可以防止褥疮和身体某些器官的功能丧失，还可以大大增强生活自理能力、参与社会活动能力，可惜目前大部分医院里的截瘫患者还只能卧床或坐在轮椅上，无法站起来，更谈不上参与社会活动。在特殊学校或随班就读的学校中，教育工作者根

本不知道从哪里能够得到辅助器具。

(二) 对辅具在特殊儿童康复中的作用认识不足

过去,特殊教育教师总是希望残疾学生学会一切,但事实上,并不需要让残疾学生学会所有与正常人一样的内容,可以借助辅助技术帮助残疾学生达到同样的功能。通过辅助技术的支持,能够对残疾学生进行部分功能补偿,从而实现其与他人的正常沟通与合作,增强其独立性,提升满意度与幸福感,而这两项正是残疾人生活质量的重要指标。一些研究结果表明,特殊儿童能从辅助技术中获益,提高各种能力,使潜能得到最大限度的发挥。但也有一些残疾人认为,使用辅助技术给其贴上了特定的标签,会引起一些人异样的关注,如有些低视力的人不愿意使用盲杖。这是残疾人,更是所有健全人应该转变的观念:残疾只是个体某一功能上的障碍,就像近视眼的人需要戴眼镜一样。

(三) 特殊儿童教育和医学结合十分薄弱

在我国,由于教育部门和卫生部门、残联、民政部门长期平行发展、缺少联络,致使教育部门在辅具应用知识方面十分匮乏,这直接影响了辅具的使用范围和教育质量。

1. 医疗系统不熟悉辅具的作用

这导致两方面问题,一方面,在康复治疗期患者没有得到辅助器具的有效治疗,例如,对于截瘫患者,先期的医学治疗十分重要,它挽救生命、把病残降到了最低点,但在后期的康复阶段,医院普遍采用物理治疗、作业治疗手段进行机能与功能的恢复,许多截瘫患者还只能卧床,这导致泌尿系统感染、血液循环系统和呼吸系统功能下降等并发症,如果在这一阶段为患者配置交替步行矫形器,那么许多患者就可以依托拐杖行走,不但避免了上述并发症的发生,还可以在健康和心理方面实现实质性的飞跃。另一方面,医院是健康知识传播的重要场所,如果医务工作者对于辅具的作用、适应证以及品种的多样性认识不足,那么他们不但不会向患者传播这方面的信息,而且很可能使患者受其影响而不敢相信辅具的治疗作用。

2. 教育工作者不懂辅助器具的适配和使用

"全面康复"包括医学治疗、康复治疗、回归社会三个阶段。许多辅助器具,在教育过程中必须注意到如何合理地让学生参加课堂和课外活动。

(四) 没有建立特殊儿童的辅助器具费用支付体系

特殊儿童的辅助器具的资金来源主要有下面几种渠道。

1. 工伤、交通事故保险

工伤、交通事故保险可以为因工伤、交通事故造成伤害的人群提供辅助器具服务,但是这一保障覆盖面远远不够,许多民营企业的职工以及大部分农民都没有得到这种保险。

2. 政府救助的项目

政府近几年推出的"长江计划"、"爱心助残工程"等,为许多残疾人提供了康复救助服务,帮助他们回归社会。但是,这些项目资助的只是贫困人群部分,而且也仅限于假肢、轮椅、拐杖等辅助器具品种。

3. 社会捐赠、慈善机构捐助

慈善机构主要是指各地的慈善总会,在辅助器具方面所做的工作与上述政府救助项目类似。经济条件好的地区慈善总会在助残方面起到了很大的作用,例如福建省石狮市慈善总会,自2001年起开始为石狮市的截肢者免费安装假肢,至今,该市的所有截肢者的假肢安装费用都可以由石狮市慈善总会支付。但像福建省石狮市这样的情况毕竟是少数,而且石狮慈善总会提供的辅具也只是覆盖了假肢、矫形器和人工耳蜗,许多市、县还没有慈善总会。

4. 残疾人自费

大多数辅助器具由残疾人自费购买,对于中等收入以上的家庭还可以承受,但是大部分残疾人处于低收入家庭,许多人买不起辅助器具。例如,盲人用的盲杖,是一种贴有反光膜的红白相间的长棒,除了可以探路外,还可以避免或减少交通事故,但是大部分盲人收入很低,支付不起,许多人只能随便找根竹竿代替。

二、特殊儿童辅助器具在我国普及的对策

为个体提供辅助技术需要一个多方合作,包括残疾人个体、家庭成员、教育者、康复医师及相关企业等。其中企业是产品、技术与服务的提供者,而其他各方是需求的提出者与使用效果的评估者。学校作为残疾学生生活的主要场所,是联系各方的纽带,加强企业与学校的合作,是保证辅助技术实施效果的关键。

(一) 加强辅助技术的人才培养

辅助器具是一种特殊产品,离不开技术的服务支持,因而,这方面的人才培养就显得尤为重要。目前,辅助器具专业人才的数量与素质远远达不到需要,因此,要多方面、多层次、多渠道地培养人才。辅助器具要使用者训练:辅助器具不是简单的商品,它需要通过循序渐进的训练和调整,使其最终实现和使用者的身体磨合,最终成为身体的一部分。比如,膝上截肢者装配了一具大腿假肢,必须经过刻苦训练、精心调试、人机磨合,才能掌握使用技巧与规律,从而达到运动灵活、行走自如的效果;反之,可能会出现稳定性不能保证而打软腿(跪倒),导致第二次伤害,或是因摆动控制性能掌握不到位而无法走出自然、轻便的步态等。辅助器具需保证安全性:即使是使用最简单的拐杖,也需要学习上下楼梯、跌倒保护、跌倒爬起等要领,否则就不单单是使用不当、效果不好的问题,而且很可能出危险。

(二) 建立完善的辅助器具服务网络

1. 现有服务网络的进一步延伸与扩大

康复机构绝大部分集中在县城或中心城市,广大农村几乎没有。在农村需要康复器具帮助的人往往居住分散,交通不便,无法得到及时、完善的康复服务;即使在城市,由于残疾人本身行动不便,前往辅助器具服务站也有很多困难。中残联在"十一五"规划中提出建立社区康复服务,卫生部的"十一五"规划也用很大篇幅规划了社区康复医疗,如果将康复服务指导站再延伸到农村乡镇级,则可以形成相对完善的康复服务网络,广泛宣传和普及康复知识,对康复服务的需求者进行摸底,提供上门康复服务和及时的治疗等。

2. 进一步完善辅助器具供应服务网络,改进辅助器具供应服务管理办法

各级政府应加大投入,支持建立辅助器具供应服务机构,对贫困残疾人装配辅助器具给予扶助;健全和完善国家级辅助器具资源中心,开展辅助器具产品展示、信息发布、研制开发、人员培训、评估适配、知识普及等多种服务,并对全国辅助器具供应服务工作

进行指导;完善国家康复器械质量监督检验中心功能,增加检验设备,完善检验手段,扩大检验范围,使其具备全面开展对各类辅助器具进行质量检验的能力;开通全国辅具公众服务网,加大辅助器具知识宣传,完善省级辅助器具资源中心功能,开展辅助器具装配、供应、适配评估和产品展示等服务,并指导本地开展辅助器具供应服务;扶持生产定向科研单位和生产企业,开发生产残疾人急需的实用型辅助器具和科技含量高的辅助器具。

3. 充分利用互联网

目前,服务网络的一个瓶颈是专业人才匮乏,如果能够建立一个以中心城市为依托的康复咨询和指导网络系统,利用互联网支持县和社区窗口的咨询服务信息的传递,就可以弥补人才的不足。省内的民政、残联系统均有相应的网络系统,如能实现资源共享,在内、外网的基础上建立服务网络,还可以节约成本、缩短建设时间。建立一个能够全面、系统地介绍和咨询康复辅助器具知识的网站,还可以方便、广泛地向全民普及康复知识。

(三) 加大政策对辅助器具的供应扶持力度

在发达国家,医保是残疾人得到辅助器具服务的主要途径,但在我国,辅助器具目前还没有被纳入医保,这会阻碍医生使用辅助器具进行治疗,使许多应该得到辅助器具治疗的病人延误治疗。

辅助器具的使用者如何得到社会保障的资助,这是我们面临的最实际的问题。国外在这一方面已有成熟的社会保障制度。日本、瑞典、美国等国家,辅具所需的资金都由各级政府提供,并有辅具的补助政策,所有有需要的残疾人都可向当地政府申请,残疾人能充分享受到政府带给他们的优惠政策。

辅助器具是全面康复的重要组成部分:WHO 在 ICF 中提出"全面康复"概念,即从残疾人融入社会的角度出发,将残疾人作为一种社会性问题看待,强调因残疾而产生的主观障碍的严重性和客观环境的重要性,强调残疾人参与集体活动、参与社会生活的各个方面的重要性,改变了过去只注重"医学康复"的观点。辅助器具和无障碍工程相结合,为残疾人参与社会生活、全面回归社会提供了物质实体的支撑。

(四) 特殊儿童个体化教育计划(IEP)的制订必须考虑辅助技术

大多数辅助器具是根据不同的患者、不同的需求量身定做的。例如制作假肢时,一要考虑截肢者的身心特征,二要考虑残肢的局部状态,三要考虑其使用环境,这样才能开出适合的处方。

为特殊儿童制订个体化教育计划(IEP)时要考虑辅助技术。当儿童进入幼儿园,开始正规的学校教育时,辅助技术就成为 IEP 的一部分,以保证其能够在最少受限制的环境中进行支持性安置,从教育中获益,实现 IEP 的目标。辅助技术的使用能够使学生朝着 IEP 小组制定的目标前进,特殊教育教师要为特殊儿童提供必要的辅助技术。[1]

---

[1] 刘志丽,许家成. 辅助技术——特殊教育发展值得关注的新趋势[J]. 中国康复理论与实践,2007,4:42-44.

本章小结

  本章在第 1 节重点叙述了辅具对特殊儿童具有的功能,第 2 节重点叙述了辅具对特殊儿童的特别作用,最后一节分析了我国辅助器具在特殊儿童中应用的问题,并提出了我国辅助器具发展的相应对策。

 思考题

1. 辅具有什么功能?
2. 辅具有哪些作用?
3. 我国辅助器具的现状及其对策是什么?

第3章 适合视觉障碍儿童的辅具

 学习目标

1. 了解各种盲用辅具,掌握典型的视障辅具的使用方法。
2. 了解各种光学辅具,熟练掌握几种典型的光学辅具的使用方法。
3. 了解各种非光学辅具,熟练掌握电子助视器的使用方法。
4. 掌握视觉障碍儿童辅具评估数据的采集和适配方法。
5. 学会利用光箱对视障儿童的视觉进行评估和康复训练。

第1节 视觉障碍辅具的概述

眼睛是心灵的窗口,是人们了解和接触社会的重要器官。正如大家熟知,人类80%的信息都是靠眼睛获得的。外界的信息通过双眼传递到大脑,再由大脑进行处理后,人们才能获得对外界世界的认识。在我们生活当中,有许多视觉障碍者无法看到多彩的世界,严重地影响了他们的学习、工作和生活。经国务院批准,2006年我国进行了第二次全国残疾人抽样调查。根据调查数据推算,视觉残疾1233万人,占到残疾人总数的14.86%。如何解决这部分人正常学习、工作和生活的问题成为社会关注的焦点,也是构建和谐社会的重要组成部分。

视觉障碍是由于先天或者后天原因致使视觉功能部分或全部丧失,以致无法对外界事物进行准确辨识。依据相关规定,最佳矫正视力未达到0.3为视觉障碍。根据障碍程度不同,视觉障碍可以分为两类:一为低视力,即两眼视力测定值在0.05以上且未达0.3;二为全盲,即优眼视力测定值未达0.05。

低视力人群通常可以利用视觉进行日常生活,可借助光学辅助设备或特殊放大设备来观察事物。全盲人群完全不能依赖视觉进行学习与生活,通常只能采取替代方式,例如,利用触觉辅助设备、听觉辅助设备和其他类型辅助设备来替代视觉。

视觉障碍人群需要的辅助技术和设备是最多的。视障辅助器具也是最多、最复杂的,按视觉障碍程度的不同大致可以分为:盲用辅助器具和低视力辅助器具。盲用辅助器具主要是学习、生活、信息辅具以及定向行走等方面的辅具;低视力辅助器具主要包括光学、非光学以及电子助视器。

第2节 盲用辅助器具

由于视力的损伤,视障儿童在日常生活中、在定向行走时、在学习过程中会遇到很多困

难。科技的发展使明眼人的生活越来越便捷,辅助器具也为视障儿童带来更多便利。辅助器具使得视障儿童能够克服其视力缺陷所带来的部分信息缺失的不便,做自己想做的事,更好地生活。

一、盲用常用生活学习辅具

视障儿童在日常生活中常用的辅具有盲人手表、钟语音报时器、体温计、血压计、语音电子秤等;盲人休闲可用到的辅具有盲人黑白棋、象棋、跳棋、五子棋、扑克牌等;盲用球类如盲人足球、篮球、排球、门球、乒乓球、桌球等;另外盲人学习用品主要有盲用量角器、三角尺、算盘、圆规、直尺、卷尺、写字笔、写字板、打字机、阅读机、读书机、复印机等。表3-1 罗列了一些盲人常用的辅具并对其进行了使用说明。

表3-1 各种盲用日常生活辅具

辅具名称	辅具说明
水位警告器(浴缸用)	将警告器贴于浴缸壁,当水位到达警告器时即会发出声音以提醒使用者
水高测知器	使用此器具,可以准确地测知杯子中水位的高低,可避免在测量水位时发生危险
光源探测器	此器具在有光的地方会发出声音来告知使用者
盲用手表	1.语音手表 2.大字体手表 3.点字手表
盲用温度计	1.语音温度计 2.大字体温度计 3.语音体温计
语音体重计	人站上体重计后,经过机器扫描,会自动报出数字
语音血压计	此器具是电动膨胀式血压计,它的最大特点是能用中文语音播报测试结果。该血压计可以调整膨胀压力,且具有液晶显示屏幕,方便读取,是盲明兼用的血压检测工具
颜色侦测器	颜色侦测器面板上有凹、凸两颗按钮,将颜色侦测器紧贴想要测量颜色的物体表面,按下表面凸出的按钮即会告知颜色;按下表面凹陷的按钮即会告知颜色的亮度、色调、明度
求助器	求助器上有一个按钮,若想向人求助,按此按钮即可发出声音
防暴器	防暴器可以随身携带,遇到危险时,只要将黑线用力拉出便会发出尖锐的鸣声
盲用厨房辅具	1.切割器 2.语音秤 3.防烫锅架 4.高压锅固定器 5.双色砧板
多功能电子笔记本	此器具的外表和普通计算器非常相似,除了有计算器的功能以外,还可以当做记事本,可以记录人名、电话号码,另外还有语音报时的功能
语音计算器	此器具既可以液晶显示,也可以语音播报
盲人电视	此器具是一种专门为视障人士设计的可实时同步语音说明,以帮助视障人更好地了解电视图像内容的辅具
盲用 MP3	支持电子书朗读、MP3/WMA 播放的多功能便携硬件终端设备
智能阅读器	阅读器可全自动地将报纸、书籍、杂志、文件等纸制文字资料转化为标准普通话语音输出
盲人专用手机	手机上主要有语音识别 VR 技术和文字—语音转换 TTS(Text-to-Speech)技术
语音式多功能测量仪	此器具是一款盲人使用的新型语音式测量仪,它具有多种测量功能,如可以测量电压、电流、电阻、电容、频率、功率、长度、直径、厚度、温度等
大字体电话	此器具与普通电话的不同之处在于以大字体来标示数字、号码。有的大字体电话还具有语音输入、输出系统,按键上有点字符号,可以存储多个电话号码

二、盲人常用行走辅助装置

随着技术的发展以及盲人对盲杖的实践应用,盲杖的结构和使用方法有了长足的改进。盲杖由起初的树枝、藤条或竹竿等简单的棍棒,逐步演变成更具应用效能的弯把式盲杖、直段式盲杖、折叠式盲杖、红白相间的盲杖以及激光盲杖等。

盲人行走辅助装置有许多种,最典型的盲人辅具是盲杖,除此之外还有盲用指南针、电子行走辅助装置等。

(一)普通盲杖

尽管盲杖的形式多种多样,但基本上是由腕带、手柄、杖体和杖尖四个部分构成,如图3-1所示。

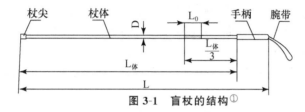

图 3-1 盲杖的结构①

1. 盲杖的结构

腕带:盲杖的腕带也称杖带,是固定在盲杖顶端上的一个宽窄适宜或松紧有度的套带。盲人持杖时可将杖带套在手腕上,以防盲杖脱落,不用时可用腕带将盲杖悬挂起来。手柄:盲杖的手柄也称杖柄,是盲人持杖时手握之处。手柄位于盲杖的上端,其长度约20厘米。为了使盲人持杖行走时稳固抓握和便于对杖体的控制,杖柄的一面制成扁平状。盲杖的手柄可用硬橡胶制成,也可用皮革包其表面。杖体:杖体是盲杖的主体部分,盲杖的杖体是由重量较轻的硬质铝合金材料制成,杖体直径约13毫米,上接杖柄下连杖尖,其长度可随盲杖的长度不同而不同。杖尖:杖尖是盲杖的远端与地面接触的部分,杖尖可用耐磨的硬质尼龙或塑料制成。杖尖的长度约为8厘米,上粗下细。盲人持杖行走时,杖尖首先探知地面的信息后通过杖体传至盲人的手部。

2. 盲杖的选择

盲杖的长度:盲杖的长度要根据使用者的身高来确定,一般是选择由地面到腰和肩连线中间的长度,如图3-2所示。

盲杖的质地:标准的盲杖一般是由重量较轻的硬质铝合金制成。没有标准的盲杖,也可用结实而不笨重、长而直,又不太粗的木棍或竹杖代替。最好使用竹杖,因为竹杖探水感知灵敏,而且较轻,冬天又不冷,敲击地面的声音也比较清脆,便于利用回声判断距离。为了保持美观,可以用白色和红色油漆装饰一下,给人一种良好的心理感受。

图 3-2 盲杖的长度

---

① 中国残疾人联合会CBM中国项目组协调办公室.国家盲杖标准(试行).2008-4-43.

3. 盲杖的使用技巧

(1)基本握法。大拇指放在盲杖上方,虎口朝上,食指在盲杖的一侧伸直,其余三指在盲杖下方弯曲。食指放在盲杖一侧伸直有助于盲人在任何时候都知道盲杖末端(触地端)的位置。

(2)手腕的动作。握好盲杖以后,腕关节很自然地像鱼尾那样左右摆动,要注意手臂不动。盲杖末端应在身前左边、右边触地,不要总指向一边或一边指的多,另一边指的少,这会使杖端移动不均衡。

(3)手臂的位置。手臂的位置对盲人能否直线行走具有决定性的作用。最适当的位置是握杖的手应常放于身体的中线上,此时肘关节微屈,靠近身体。若盲杖握在身体一边,走路时会因走不直而改变方向。

(4)盲杖的摆动。盲杖左右摆动接触地面的宽度应比肩的宽度稍微宽一点,摆动高度离地面大约 5 厘米左右。杖端落地离身体大约两步距离(1 米左右)。

行走时,盲杖应轻轻接触地面,以免杖端被卡住。盲杖末端不能从一边跳到另一边,否则会漏掉路中间的障碍物。

切记:盲杖是用来保护盲人行走时的安全的,因而盲杖应先于人触到障碍物及找到水沟或泥坑。

(5)对障碍物的处理。行走中,当盲杖碰到障碍物时应立刻停下来,然后用盲杖探测障碍物两旁,寻找可以通过的地方。

如果要查看是什么障碍物,应保持盲杖与障碍物的接触,然后向前走一步,把盲杖垂直,用另一只手顺着盲杖下滑,直到能轻轻碰到物体为止。

切记:盲人要想绕过盲杖探到的障碍物,一定要用盲杖找出一条无障碍的通路,不能不经盲杖探索,就往边上走,因为这样有可能撞到路上其他的障碍物,发生危险。

(6)盲杖跟踪行走技巧。盲人可以用盲杖沿墙根、草地边、篱笆根、马路沿、马路边等跟踪行走,具体做法为:盲人与所沿的物体(如墙根、马路边等)保持约 15 厘米(半步左右)的距离。保持盲杖的基本握法及位置,杖端沿物体边沿行走。每走一步,盲杖都应左右划动一次,一边轻轻撞击跟踪行走的边沿,同时也必须将盲杖轻轻向另一边划动,以免被路上障碍物绊倒或碰伤。

(7)利用盲杖上楼梯。盲人到楼梯前停下,面对楼梯站好。

用盲杖试探楼梯最下一级台阶的宽度、高度和长度,楼梯两边是否有扶手及是否有障碍物(如自行车等),最后选好安全地方(通常靠近楼梯右侧),准备上楼梯,如图 3-3 所示。

伸直握盲杖的手臂与肩同高,以拇指顶直盲杖,即盲杖的握法改为拿毛笔的手法,并使杖末端与第二级台阶的边缘接触,往上行走。

盲杖与楼梯保持自动叩击,直到没有与楼梯接触的声音,就表示已到了最上层。但注意仍要再踏上一级台阶才能上完楼梯。

切记:上完楼梯后,一定要用盲杖探测一下前面是否有障碍物后,才能继续行走。

图 3-3 持杖上楼

(8)利用盲杖下楼梯。到楼梯前停下,面对楼梯站好。

用盲杖探测楼梯最上一级台阶的边缘。

试探台阶的高度、宽度及长度,楼梯两边是否有扶手及是否有障碍物(如自行车等),然后选好安全地方(通常靠近楼梯右侧)准备下楼梯,如图3-4所示。将盲杖倾斜在第二级台阶上,并稍微提起一点,使盲杖不接触台阶面,仅与台阶的边缘接触。当盲杖末端触及地面时,表示快到地面了,但注意还应再下一级台阶才能到达最底面。

切记:下完楼梯后,一定要用盲杖探测一下前面是否有障碍物后,才能继续行走。

(二)盲用指南针

1. 语音指南针

语音指南针的特点是可以利用语音指示方向。使用时对着想要知道的方向按下按钮,它就能说出该方位方向。其优点是体积小而且携带方便,有中英文发音。

图3-4 持杖下楼

2. 点字指南针

其大小与一般指南针基本相同,不同之处在于其方位是用点字标识,视障人可以通过触摸来分辨方位,其优点是体积小且携带方便。

(三)电子行走辅助装置(ETA)

目前,许多ETA都必须与其他辅具一起使用的,如长手杖。一般来说,设计一种电子行走辅助装置应考虑以下几点。

(1) 能探测障碍物并指明它们大概的位置和距离。

(2) 能探测台阶、坑或者低障碍物。

(3) 不与自然的感觉通道互相干扰。

(4) 或有听觉输出,或有触觉输出,或兼有两种输出。

(5) 能与其他线索同步,并容易进行解释。

(6) 可靠、耐用、防水。[①]

(四)导盲手机

普通手机与全球定位系统匹配后,便可以告诉使用者所在方位的准确地点,该装置即为导盲手机。该装置还可以识别街道名称,告诉使用者如何到达想去的地方。它还有探测功能,一旦前面有障碍物,或周围有什么重要的路面标志,都会及时提醒使用者。这套装置还可提供火车、电车和公交车时间表,如果火车延误,也会及时通知使用者。在我国,广东移动通讯广州分公司和广州市残疾人联合会专门为盲人设立了盲人定位导向和语音短讯服务。

三、盲用电脑辅具

随着信息技术的发展,视障儿童使用电脑越来越普遍,甚至盲用的手提电脑已经开始进入视障儿童家庭。盲用电脑辅具主要由读屏软件、电脑、盲文刻印机及点显器构成。

---

① 孙承鉴.康复用电子装置[M].北京:华夏出版社,1992.

(一)读屏软件

目前我国视障儿童用得比较多的两款读屏软件是阳光读屏软件和永德读屏软件。阳光读屏软件专业版,主要用于省、市、县的残联、图书馆、盲校、盲聋哑学校、特教学校、视障儿童培训机构和盲文出版单位印制盲文会议资料、材料和培训教案、教材、考试试卷、校刊以及其他书刊等,可为视障儿童提供直接阅读盲文书刊、写作,进行明盲文字信息交流等。该系统适应当今电脑主流操作系统,能将汉字文章直接翻译为盲文,将盲文直接翻译为汉文,还能将电子版的汉文翻译为盲文。该系统可选用现行盲文和双拼盲文两种盲文文字,可印制纯盲文文本或盲汉对照文本两种版式,提供盲汉对照文本的同步编辑修改功能,为不懂盲文的人提供编印盲文的条件,为学习盲文的人提供学习条件。该系统能自动处理盲文版式,具有制作简单图形、图表,处理标题、封面、封底,自动形成目录文件,校改、处理多音字等功能。用户可对专业词库、人名库进行添加、修改、导入、导出。该系统可选择键入点位、汉语拼音等各种输入方法,为明眼人和视障儿童使用提供方便。该系统提供盲文点显器和盲文刻印机输出接口。点显器能够将电脑上的信息用盲文同步显示,便于视障儿童摸读。刻印机能够将电脑上的文件在纸上刻印成凸起的盲文资料。该系统能与盲文出版社早期研制的 DOS 盲文操作系统制作的盲文资料和 ASCII 码刻印文件兼容。该系统有单机版和网络版供选择,网络版有服务端程序和客户端程序,在域中指定一台机器为服务器,安装时要求先在服务器上安装服务端程序再在其他机器上安装客户端程序,把加密狗插在服务器上,每次运行时,先行启动服务器。

永德读屏软件是运行在后台的工具软件。在一台装有声卡、耳机或音箱的普通电脑上安装后,Windows 操作系统就变成了带语音的操作系统。视障儿童每按一次键盘,或者可操作界面上状态出现任何变化,系统都会有语音提示。通过清晰悦耳的语音提示,视障儿童可以轻松上网浏览、收发电子邮件、上网聊天、炒股、写文章、英汉翻译,还可以用它来操作扫描仪以阅读汉字书籍、操作刻录软件制作光盘……总之,明眼人通过电脑能做的事,视障儿童一样可做。永德读屏软件的特点是:第一,无组件、无模块化设计。永德读屏软件的功能是完完全全的朗读屏幕内容。与视力健全人士在 Windows 界面中使用的各种软件及软件的操作方法没有区别,这就从根本上缩短了视障儿童与普通儿童之间在操作电脑方面的距离。第二,软件反应速度快、运行稳定。在电脑操作过程中,永德读屏软件运行不但非常稳定,还可以做到"一触即读"的状态,即键盘按下,马上就会有语音提示,按键反应时间可达到 0.02 秒。

(二)盲文刻印机

盲文刻印机是一种打印盲文打字机,如图 3-5 所示,它包括可与电脑相连接的打印机本体和设置在打印机本体内的打印辊和打印机针头,打印辊上设有盲文点字生成槽,与打印辊相配合的打印机针头上设置有两根打印针,且打印针的直径与盲文点字生成槽的直径相等。目前使用的新型打印辊上开设有盲文点字生成槽,当盲文打印针击在纸上的时候,纸张的相应处就会随着打印针进入点字生成槽,当打印针收回时在纸的对应处就留下了盲文点字。

图 3-5 盲文刻印机

(三) 点显器

点显器又名盲人显示器或点字机,它能将计算机上的信息用盲文同步显示,便于盲人摸读。通过与读屏软件配合使用,能将读屏软件读出的文字通过盲文显示到点显器上,点显器上的盲文按点会自动地凸起,盲人通过触觉来感受文字。国际上先进的盲用电脑软件,无一例外支持语音提示和点字显示两种方案。

图 3-6　METEC 点显器

图 3-6 所示的为 METEC 点显器,它有以下特点:可以显示 40 方盲文点字,通过功能键实现文件的翻行或翻页功能,传输端口为 USB 接口,无需外部电源,设有光标定位键,机壳为铝合金材料。

第 3 节　低视力助视器

眼睛能看到物体是由于来自物体的光线通过瞳孔,经过晶状体成像在视网膜上,再经过神经系统传到大脑,我们就看到了物体,其中的晶状体相当于一个焦距大小能够变化的凸透镜。

助视器是对改善低视力患者视功能、提高其活动能力的所有装置或设备的总称。Faye 认为,可以改善低视力患者活动能力的任何一种装置或设备,均称为助视器。

现在使用的助视器有两大类,即光学性助视器和非光学性助视器。[①] 光学性助视器是一种借助光学性能的作用,以提高低视力者视觉活动水平的设备或装置。光学性助视器又分远用和近用两种。对于一个低视力的儿童来说,助视器验配也是非常必要的。

非光学助视器是通过改善周围环境的状况来增强视功能的各种设备或装置,这一装置不是通过光学系统进行放大物体的,往往与各种光学助视器联合使用。

一、光学助视器

它可以是凸透镜、凹透镜、三棱镜、平面镜或电子设备等。透镜可以改变目标的大小,改变程度取决于该透镜屈光度的大小;三棱镜或平面镜可以改变目标在视网膜上的成像位置。

光学助视器的种类很多,有远用的(如眼镜式望远镜、单筒式望远镜、指环式望远镜等),近用的(如眼镜式助视器、手持式放大镜、立式放大镜等),有些光学助视器在一定照明条件下可以发挥更大的作用。

(一) 近用光学助视器

近用光学助视器也称放大镜。近用助视器的放大原理简单,但种类繁多。按使用方式

---

① 李学喜.眼科专家谈眼病防治[M].上海:第二军医大学出版社,2006.

大致可分为两大类:手持放大镜和立式放大镜。

手持放大镜是一种手持的可在离眼不同距离使用的凸透镜,即眼与透镜可任意改变的近用助视器。

手持放大镜是儿童常用的助视器,可以用来阅读、抄写、查看字典等。各种手持放大镜的屈光度从＋4.°D～＋80.°D,但常用范围在＋4.°D～＋20.°D。手持放大镜的优点是工作距离可以随意变化,可以和其他近用助视器合用,如阅读帽。有的手持放大镜是折叠式的,可改变其大小,携带方便。有的手持放大镜本身带有光源,多见于放大倍较高者。一般而言,放大倍数高,透镜直径小;反之,放大倍数低,透镜的直径较大。

(二)远用光学助视器

远用助视器也称望远镜。望远镜是由物镜和目镜两个光学系统组成。望远镜的功用主要在于当观察者与目标之间的距离固定不变时,能缩短两者间的距离,借此提高远视力。

1. 远用光学助视器使用

单筒望远镜并不一定能使一个低视力者独立行动,但是实验证明它确实是提高低视力者远视力的一种最好装置。原因有三点:一是它能使远处目标放大拉近,可有效地提高低视力者的远视力;二是因为大部分低视力者都是一只眼睛的视力优于另一只眼睛,使用时用视力较好的那只眼睛;三是单筒望远镜体身小巧精致,携带方便,不惹人注意。由于以上原因,因此单筒望远镜备受低视力者的欢迎。单筒望远镜的结构由目镜、镜筒和物镜三部分组成,一般还有挂绳。在望远镜镜筒上常常标明放大倍数,视野大小,例如镜筒上标明6×16,9.5°,说明该望远镜可以使目标放大6倍,望远镜的物镜直径为16mm,通过望远镜看到的最大视野是9.5°。现在我们常用的几种是:4×12,12.5°,视距范围为23cm至无限远;6×16,9.5°,视距范围为30cm至无限远;8×21,7.2°,视距范围为40cm至无限远。这三种望远镜既可看远也可看近。

远用光学望远镜的不足之处是视野缩小明显,目标会因变近变大而使低视力者有时错估了使用者与目标的距离和所看物的大小,有时也会因视野小不好寻找目标,这就需要我们对低视力者实行专门的训练。下面简单介绍单筒望远镜的使用原则和方法。

2. 使用原则

个别训练。先易后难。先裸眼看再用望远镜看。先在500Lx照度以上的光线下训练,再在低于500Lx照度以下的光线训练(先明后暗)。先室内后室外等。

3. 使用方法

在使用单筒望远镜时用哪只眼看就用对应哪只手握住眼镜,四指并拢靠近目镜胶皮最边缘处,将望远镜拿到眼睛上,尽量使眼与望远镜的目镜接近,这样可以使视野更大一些。将食指大拇指同时翘起,食指抵住眉骨,大拇指抵住鼻梁,胳膊尽可能地靠紧身体。这样的握姿可以固定

图3-7 单筒望远镜的练习

眼镜,避免后边的人误撞了低视力者造成眼镜插入眼眶的危险,如图 3-7 所示。[①]

(三) 低视力儿童放大需求检测箱

低视力儿童放大需求检测箱是一套适用于检测视力在 0.05 以上的低视力儿童放大需求的仪器装置。放大并不是倍率越大越好,因为随着倍率的提高,视野会相应的减小。对于近用的助视器而言,注视距离也会随着放大倍率的提高而变短。

因此,助视器的使用在某方面提高了视力残疾者的残余视力,一定程度上方便了他们的生活,但是,使用这些助视器时又会带来一些新的问题,因此,助视器的选择一定要与各方面的条件相关,需要结合目标的实际情况做出相应的判断和调整。

通常情况下,视力残疾者注视不同目标时应选用不同倍率的助视器。例如:近残余视力为 0.05 的患者,如果要达到 33cm 的 0.4 需求时,需要提供 8 倍的放大需求,也就是需要将 0.4 的视标放大 8 倍。但是如果这个视标的标高不是 0.4 时,就不需要 8 倍的放大需求了,如果该视标的标高相当于 0.2 视标标高的时候,只要 4 倍就足以达到近用的放大需求了。相对于 8 倍的放大需求而言,4 倍有更大的视野和更远的注视距离,近用阅读时也会更加舒适。

图 3-8 为低视力检测箱,下面对该检测箱里的一些器材进行简要的介绍。

1. 8× 可折叠台式放大镜

折叠后可手持使用,打开后可作为立式放大镜直接放于阅读物上,距离固定,放大倍率大。适用于残余视力大于 0.05 的近用放大需求检测。

2. 低视力检查头盔

如图 3-9 所示,头盔由两片组可双眼注视 2.5× 放大镜和两个单片 3× 放大镜组成,组合后可有 2.5×、3×、5×、8× 四种组合。头盔两侧有辅助光源,在需要时可以打开辅助光源。戴头盔时可佩戴原有的远用屈光矫正眼镜,以及屈光检查后需要佩戴的试镜架。适用于残余视力 0.05 以上的低视力者的近用放大需求检测。

图 3-8 低视力检测箱

 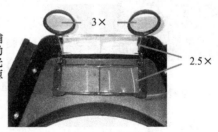

图 3-9 低视力检查头盔

---

① 南京特殊教育职业技术学院学生在进行单筒望远镜使用和练习。

3. 8×非球面镇纸式放大镜

该放大镜成像质量好,无球面像差,倍率大,适合残余视力为 0.05 者检测时使用,如图 3-10 所示。

图 3-10　非球面镇纸式放大镜

4. 注视眼镜

该检测箱中有 5 副注视眼镜,屈光度分别是 +6.00DS、+8.00DS、+12.00DS、+16.00DS 和 +20.00DS,倍率按照前面顺序排列,分别是 1.5×、2×、3×、4× 和 5×。适用于残余视力在 0.08 以上的低视力者放大需求的测定。

图 3-11　助视眼镜

注视眼镜可单独使用,也可配合屈光矫正眼镜或助视眼镜使用。适用于一、二级低视力的近用阅读。每个放大镜手柄上都标注有放大倍率,如图 3-11 所示。

(四)光学助视器的使用注意事项

助视器的核心部件是它的光学元件(如透镜、棱镜、反射镜等)。光学元件大都是玻璃制品,光学面经过精细抛光,有的还镀了膜,这样的玻璃制品的机械性能和化学性能都很差,极易损坏。

不要用手触摸助视器的光学面,只能拿元件的磨砂面,如透镜的边缘、棱镜的上下底面,应避免对着助视器呼吸、说话、咳嗽、打喷嚏。

当光学面有轻微污痕和灰尘时,可用清洁的镜头纸轻轻擦拭,注意不能加压力擦拭,更不能用手、手帕、衣服及其他纸片擦拭。助视器应防潮,应保持清洁及完好无损,避免化学腐蚀(如酸、碱腐蚀)。

助视器是精密仪器,不要因好奇而将其拆卸。仪器上的锁紧螺钉、锁紧螺母不要拧得过紧,被固定的部位不能搬动或转动,可动部件不能强行移动。

严禁戴上助视器看太阳。使用时要挂好,以免掉到地上。要轻拿轻放,勿使助视器受到碰撞。

在黑暗中取用助视器须格外小心,手应贴着桌面,动作要轻柔,慢慢摸索,以免碰倒或带落助视器。暂时不用的助视器,要放回原处以备取用,不能随便乱放。

外出戴上助视器时一定先找一个安全的地方站稳,不要边走边戴助视器看,以免发生危险。

助视器不合适要随时调整。

二、非光学助视器

非光学助视器不是通过光学系统的放大作用,而是通过改善周围环境的状况(例如照明、控制反光、控制光线传送、加强对比度)来增强视功能的各种设备或装置。它们可以单独应用,也可以与各种光学性助视器联合运用。视力残疾儿童常使用的非光学助视器有特殊照明装置、阅读架、阅读裂口器、大字印刷品、太阳帽装置等。

(一)可调节的台灯和照明笔

照明对低视力患者十分重要。低视力患者常常需要强的照明,有时也需中等或低程度的照明。他们常常对眩光及对比度很敏感。他们有时对明或暗适应的时间也较长。控制照明对某些低视力患者有时帮助很大,甚至可以不必再用其他光学助视器。当然,在一般情况下需用助视器再加照明的控制,图 3-12 所示的为可任意改变照明高度或角度的台灯。照明笔与普通笔的不同在于笔的尖端有一灯泡,可以照亮手在纸上投下的阴影。

图 3-12 可任意改变照明高度或角度的台灯

(二)可调节阅读书架

许多低视力患者需要在很近距离阅读,这样身体很易疲劳,例如颈部、背部、腰部等。如有阅读架,则不但可以采取舒适体位,减轻疲劳,而且把书放在阅读架上,手也可以自由活动。阅读架可有效培养和矫正低视生的阅读习惯,如图 3-13 所示。

图 3-13　可改变角度的阅读书架[①]

(三) 阅读裂口器

为了控制白光进入眼内,患者阅读时,可以用"阅读裂口器"(如图 3-14 所示),从裂口看到字句,对比明显又避免了反光。看远时可用太阳帽、眼镜遮光板、涂膜太阳镜等阻挡或滤过周边光线,避免其直射入眼,提高成像对比度,改善视功能。

图 3-14　自制的阅读裂口器

---

① 可改变角度的辅助器具、阅读裂口器、阅读架及辅助照明的应用图片由南京盲人学校吉棱提供。

三、电子助视器

电子助视器(Close Circuit Television,简称CCTV),在台湾也叫扩视机,如图3-15所示。电子助视器按外形大小分可以分两类:一类是便携式,一类是台式。下面以台式电子助视器为例来介绍电子助视器的结构及其使用的方法与注意事项。

1959年博斯(Potts)在《美国眼科学会志》(*American Journal of Ophthalmology*)上提出CCTV可作为视障者的辅具。1968年维特(C. A. Weed)在《哈特福医院特刊》(*Hartford Hospital Bulletin*)解释了CCTV对视障者的意义。1997年荷兰Tieman公司推出了第一部数字扩视机。1999年美国Enhanced Vision公司发展出第一部语音CCTV,该设备可利用声音控制,供多种障碍者(视障及肢障)使用。2000年美国Enhanced Vision公司发明了"视障电子眼"。2002年新西兰PulseData公司发明了"口袋型扩视机"。

20世纪80年代个人计算机开始流行,计算机屏幕放大软件随之出现,比较有名的如Zoomtext及Vista放大软件。目前微软Windows系统内部的辅助工具选项,Microsoft放大镜可使计算机屏幕更加便于视力不好的用户阅读。

图3-15 电子助视器

(一) 电子助视器的主要结构

电子助视器主要由显示器、摄影机、可移动的阅读平台(亦称拖板、X/Y阅读台)、照明系统、电源系统及各种功能按键等组成。

摄影机由摄像头、焦距调节和光电信号转换等系统组成,主要功能是通过焦距调整,将摄像镜头从阅读架上读取的光学信号转化成电子信号,并输送到显示器。

显示器是呈现放大后的图像或文字的荧光屏,它和电视机、电脑的显示器一样,有液晶式和电子管式两种。根据设计功能的需要,其大小也各不相同。显示方式有黑白及彩色显示两种,可以随意设置并保存字体的前景色和背景色。

要观察的东西或阅读的图书可以平放在移动阅读平台上,随平台水平和垂直移动。

(二) 电子助视器的使用

1. 了解各按键开关的功能

电子助视器面板上的主要按键有:放大和缩小按键、正反色按键、灯光按键、电源开关等。

放大和缩小按键的主要功能是调节合适的放大倍数。根据低视力儿童的需求,按住放大或缩小按键不放,屏幕上就会出现放大倍数,以供选择。正反色按键是专门为低视力儿童设计的,反色往往是低视力儿童最需要的,反色能够防止眩光,如图3-16所示。灯光按键是在环境照度不够的情况下附加灯光,可提供足够的照度。其他的按键与一般显示器的功能相同(LED、CRT显示器)。

图 3-16　利用反色显像进行阅读

2. 学会正确移动平台

学会水平和垂直移位调整。移动平台移至右下角时,在台面上对在屏幕中可见的部位加上标记(用快贴片或胶带)。用同样的方法对横和竖版面用胶带作出标记。

3. 学会阅读

将文本平放在移动平台上,纸页或图书靠着移动平台上沿。起点应处于屏幕图像的左边缘。如果其他各页的版面和纸边完全相同,可加上标记。阅读一行后将拖板沿此行退回左端,然后再寻找下一行。轻微的横向锁定(如果有可能)有助于防止提前跳行。小臂要尽量平贴桌面。图书可用尺子、玻璃或有机玻璃板压平。

4. 学会书写

书写时大多采用正色显像。书写时放大需求小于阅读,因为书写的字迹大于印刷的文字。粗壮的笔画会使笔迹不清,并会把字写得比实际需要更大。书写时要采用有横格线的纸。注意使用适合的书写工具(根据正色图像还是反色图像选择),不要使用表面反光的笔。握笔时要使笔尖能显现在屏幕上。如果书写姿势很别扭,原因可能出在缺乏手眼的协调配合上,这就需要较长时间的训练。在刚开始使用 CCTV 工作时,常常会很难在纸面上找到笔。书写课开始时的要求如下:

移动平台至起始位置(右下角),左手按住纸的左边缘,双手合向一起。肢体感觉有问题的孩子会感到很困难。不要使用溶剂颜料笔,否则会很难清洗。颜料/墨水很容易渗透到纸的背面,所以不要在纸的正反两面书写。只有在对电子助视器有了足够的操作经验才可采用填空文本。

5. 查阅地图

首先,在无地图的情况下,用电子助视器识读坐标网格。不加或只加很小的放大。然后逐渐识读放大的坐标网格。在屏幕上至少应能看到两个坐标格。假如放大需求大到在屏幕上只能显现一个坐标格,那么,学生需要十分熟练地掌握对坐标网格的定向判断。

其次,在有地图的情况下,关于地图在阅读平台上的摆放位置,如果地图超出阅读平台的边沿,可在阅读平台上加铺一个大垫板。阅读平台在地图右下角时,坐标格 A1 及其四周边缘应处于屏幕上。放大到了一定的倍数,如果不推移地图,某些坐标格(例如:D4)就无法被看到。然而,如果地图册上沿推到屏幕支柱时就无法再上移了,在这种情况下就有必要将地图册拆解,以将单页顺着子午线进行折叠。

(三)电子助视器使用的注意事项

第一,只要条件允许,应优先考虑光学放大助视器具,后考虑屏幕助视器。放大镜使用方便,便于携带,价格低廉,即使十分靠近读物,也不会伤害眼睛,特别适合较短的文本阅读。

第二,视野太狭小的人使用电子助视器会有很多麻烦(例如:管状视野)。对于严重的中心视野缺失者,基于放大需求必须采用中型到大型显示器。阅读距离应在 20 至 50 公分之间。

第三,光学放大助视器具往往不能满足 0.1 以下的视力,这时需要 6~8 倍的放大倍数。高度视障者(视力 0.05~0.02)往往要完全依靠助视器。

第四,反色图像更受青睐,因为这样可使反差调整得更完美,并可因人制宜地调节亮度。用反色显像还可降低眩光,观看正片图像时,降低反差使灰度更加显而易见,通过亮度调整可使图像的再现更加完美。

第五,偶尔才需要遮盖字行和辅助行线。

第 4 节　视障辅具的选配原则和方法

国内外从事视障辅具的厂商众多,提供的辅具也是琳琅满目。选用适用且经济的辅具,成为每个视障者关心的问题。由于视障者的个别差异极大,因此每个视障者对于视障辅具的需求都不尽相同。从视障类型上分,视障辅具大致可分为弱视及全盲两大类,弱视者可使用放大镜、放大软件及电子助视器等,而全盲者则需点字显示器、盲用 PDA、盲用软件及点字打印机等科技辅具的协助,如此方可直接获得实时信息。不同视觉障碍人群需要的辅助技术和设备也各有不同。

一、采集视觉功能相关的数据

使用适合的助视器能够有效地提高视觉障碍儿童的视觉水平。由于视障个体之间差异相对较大,因此适配助视器的第一步必须全面评估视障儿童的视觉功能。需要采集的数据包括:眼病名,病史及该类眼病的特征,远近视力,反差视力,放大需求,反差视力,色觉,视野,身体其他机能状况。

(一)熟悉各种眼病的基本特点

1. 需要强照明

有些低视力儿童,需要高于正常人的强照明,以提高视力敏度。下列各种眼病需要强照明。

光眼瞳孔明显缩小者:瞳孔直径小于 2 毫米,或者一侧瞳孔较对侧明显缩小。

视神经萎缩者:有不同程度的中心视力减退、丧失及视野缺损。

病理性近视:多数近视眼的度数不大,容易用眼镜、接触镜或者手术矫正。在罕见情况下,近视程度非常严重,屈光度超过 6D 被称为病理性近视眼或者高度近视眼。

黄斑部病变:视野改变和色觉异常。

视网膜色素变性：视力进行性下降，夜盲、视野缺损。

除此之外，还包括先天性视网膜、脉络膜及视神经缺损、术后无晶体眼等。

2. 不需要强照明

一般来说，低视力儿童需要强照明，但也有一些视力儿童不需要强照明，下列各种眼病所引起的低视力不需要强照明。

白化病：白化病儿童由于色素膜缺乏黑色素，所以无法忍受强光，其照度为 5~10 个烛光较为适宜。

白内障：特别是核性或后囊下浑浊者，要求低照明，必要时可加上黄色滤光片，照明亮度减弱后患者瞳孔自然放大，使有效成像光束通过晶状体周边透明区进入眼内，进而提高视力。

先天性无虹膜：这类低视力儿童因瞳孔不能调节射入光的强度，其照明可以比正常儿童稍低，有些患儿可用正常照明。

角膜中央浑浊：这类低视力儿童如果提高照明，会使瞳孔缩小而看不清东西。使用低照明可以使瞳孔开大些，有利于光线进入眼内，看清东西。

全色盲：这类低视力儿童需要低照明，以避免强光等不适感觉。

(二) 反差视力的测量

在评定视觉能力时，对比敏感度即反差视力测试是不可忽视的。SZB-LCS Test 测试图卡是一套低视力测试反差的很好工具，如图 3-17 所示。下面以这套图卡为例说明低视力儿童反差视力的具体测量方法。

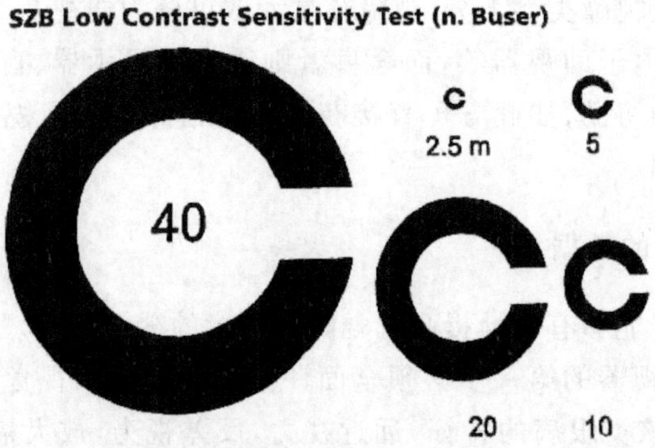

图 3-17 反差视力的测试卡

1. 准备卷尺

从卷尺的 2m 刻度起，依次在如下刻度上做标记分别标为 0，-1，-2，-3……

2m	1.6	1.26	1.0	0.8	0.63	0.5	0.4
0	-1	-2	-3	-4	-5	-6	-7

2. 测试方法与步骤

摆放卷尺，0 刻度位置为被试者站立位置，2m 刻度为测试者所持测试卡的位置，从最大视标开始，且从正常反差测试卡测起，如图 3-18 所示。

(1)第一种测试情况。在 2m 处测量找出能辨认的最小正常反差度的 C 环(以连续 3 次成功辨认开口方向为准)。在原地出示相应的低反差 C 环,若看不清,测试者应适当前移,直至能正确辨认开口方向为止。此时测试卡所对应的卷尺上的对数级别即为反差视力的级数。

(2)第二种测试情况。如果在 2m 处不能辨认正常反差的最大 C 环,则测试者应适当前移直至刚好能辨别为止。此时记录测试卡所对应卷尺上的对数级负值。在原地出示相对应的低反差 C 环,看被测者是否能正确辨认其开口方向,若看不清,测试者可向前适当移动,直至看清为止,此时记录测试卡所对应的卷尺上的对数级。将第二次测得的对数级减去第一次记录的对数级,所得即为反差视力的级别。

图 3-18 反差视力的测量

(3)测试时的注意事项。级数的确定:当测试者持卡位置在两个刻度之间时,建议以靠近的刻度为准记录。反差视力测量结果的评定有以下标准:0 为反差视力正常;-1,-2,-3 级为轻度受限;-4,-5,-6 级为反差受限;-7 以上级为严重受限。

(三)放大需求测量

使用低视力汉字阅读视力表[①]可测量视觉障碍者的放大需求。

1. 低视力汉字阅读视力表标准检查距离为 25cm。低视力汉字阅读视力表标准检查距离为 25cm。测试时要求能较流利地阅读,正确率达 90% 以上,如图 3-19 所示。

2. 检测时须考虑每个低视力人士的不同照明需求,用合适的台灯以调整照度。

3. 此表由小学生最初学会的几个字当中选出并组成句子。所采用的字体为目前印刷字体中最通行的宋体。

4. 此表还可用于测定各种低视力助视器的主观放大率,也可以用此表测算出低视力患者要达到阅读某号数汉字所需助视器的放大倍率。

图 3-19 放大需求的测量

5. 此表采用的记录法为国际上通行的点数制(point)。

6. 测试距离非 25cm 时,其计算公式是:放大需求=25cm×测得放大倍数÷实测距离 cm。

二、选配合适的助视器

视障教育工作者在进行选配助视器时,首先要采集与视障儿童相关的视力数据,其次还必须充分了解助视器的种类、等级、特点、功用和适用对象,最后不仅要懂得常用近、远用助

---

① 低视力汉字阅读视力表是由南京特教学院的蒋建荣、宋春秋以及南京盲人学校侯锦海、吉凌等研制而成。

视器的特点和使用方法,而且要根据任务的需要有针对性地加以选择。例如知道一名低视力者在看电视时用什么助视器?读书时用什么助视器?外出行走时用什么助视器?在进行选配助视器时,还要注意以下原则。

良好沟通:听取儿童的反馈,即儿童佩戴助视器的主观感受,选配的助视器不是一蹴而就的,而是不断调整直到一段时间内最合适为止。

实用性:应结合考虑佩戴者身份所要承担的经常性任务的需要来选配。每个学生可能需要配备几种助视器才能基本满足个体的需要,但并不是助视器越多越好、功能越强大越好。

方便性:助视器太多会给生活工作带来一些麻烦,特别是年龄较小的学生,可能会因此而拒绝佩戴助视器。

实际能力:科技含量较高的助视器虽然功能强大,但并不见得适合每种情况,因此要从实用性和经济性双方面加以考虑。

除了上述原则外,根据儿童个体和家庭情况,还有一些需要综合考虑的因素,如美观、经济、使用和携带方便等。

(一) 近用光学助视器的选配

基本步骤:根据已有的近视力数据进行初步的选择,即近视力的倒数即为屈光度,根据放大需求换算选择眼镜,根据放大需求的倍数换算屈光度(1倍=4D),配镜,根据学生的试用情况进行调整。

注意事项:对于高年级的学生来说,课本字体较小,应尽量使其看清1倍的数字。理论上以测量换算所得数据作为配镜的标准和依据,并在所测得的数据基础上往下调一级,例如:实测20D,则先选用16D。原因是屈光度越低镜片越轻,而且可以离阅读面更远一些(视野大、遮光少、对身体影响小)。而放大倍数越大,视物距离越近,视野越小。当然也要根据学生情况进行调整,个别时候需要往上调一级。

总之近用眼镜助视器并不是倍数越大越好,实际眼镜的倍数不一定和放大需求完全一致,需调试。选配时,由近到远逐渐移开来寻找最佳的阅读距离。注意验配和试用助视器时的光线,选择良好的自然照明,一般需要台灯辅助照明,防止阴影(阅读架)或眩光。

(二) 单筒望远镜的选配

基本步骤:儿童配镜一般先用远视力表测量视力。在课堂上,主要以学生是否能看清老师板书为准;在室外,主要以学生是否能看清远处景物而定,并根据个人的感受和兴趣进行适当的调整。

注意事项:常用单筒望远镜有4,6,8倍,常用4倍,其次是6倍。一般来说4倍的望远镜就能满足大部分学生的望远需求了。4倍的视野大,容易寻找目标,8倍的成像晃动厉害,视野太小,不容易定位目标,如果个别儿童特殊需要选择8倍望远镜,那么要注意使用时的技巧。

在学生试用单筒望远镜时,常常由于学生不会使用而无法体会使用的效果,因此,教师在配镜时一定要先教会学生如何使用,特别要注意调焦。值得注意的是,有时教师常给视障儿童调好焦距,由于教师和学生的眼睛屈光度不同,所以,调好的焦距不一定适合学生,要指导学生在此基础上调节。

验配任何助视器后,不仅应该跟踪观察学生的使用情况(使用频率和使用的舒适度及有效性),及时督促并调整不适应的情况,还要及时训练学生更加有效地使用自己的助视器(尤其是光学助视器,又特别是近用眼镜助视器和单筒望远镜)。

为非视觉障碍者配一个普通的眼镜与为低视力儿童开一个低视力助视器的处方,或配制一个助视器不是一回事,因为后者必须学习如何使用助视器,并学会理解通过助视器所接收到的视觉信号。这是一个长期而又枯燥的过程,在这个过程中,必须经常鼓励儿童,让他们坚持使用。

对许多低视力患者来说,增强光照可以显著增强阅读能力。检查照明情况,尤其是阅读区域的照明,可以帮助视障儿童改善阅读舒适度。自然光是最适合阅读的光线,视障儿童家庭或工作单位可以通过室内布局,使低视力患者在白天坐在窗前阅读。使用人工照明时,建议患者使用全光谱的白炽灯泡,它比普通白炽灯泡更接近自然光。荧光灯可导致眩光,低视力患者应避免使用荧光灯。

三、利用光箱进行视功能的相关评估

光箱顾名思义是一个带光源的箱子。箱子的内部光源一般是日光灯或 LED 灯,如图 3-20 所示。光强可调的光箱,是评估和训练视障儿童的很好工具。下面介绍利用光箱进行的一些评估和训练活动。

图 3-20 光箱

(一)利用光箱进行的评估活动

1. 活动 1

把孩子放在光箱前面,打开光箱,并注意他是否眨眼睛、退缩、安静或者突然变得活跃,通过该活动可以知道他有无光感。

2. 活动 2

在黑暗的房间内,将光箱竖直放置于离孩子一侧距离 1m 远的地方,注意他是否朝着光箱转头。如果他没有作出反应,轻拍一下光箱,以将其注意力吸引到光箱上。试着将光箱放置在围绕孩子的不同位置,并变换与他的距离,鼓励他通过视觉定位光箱。

3. 活动 3

当孩子在不同的位置面向光箱时,请将光箱放置在距离他较近的地方,并让他朝光箱移动,并请尝试不同颜色和样式的背景。

4. 活动 4:醋酸纤维薄膜背景

在光箱上放置彩色背景,并注意孩子是否表现得对一种特定的颜色具有较强的感知力或者能更长时间地集中注意力。如果发现了一种他偏爱的颜色,在之后进行其他活动时便使用这种背景色,比如伸手拿不透明的光箱物体、追踪在光箱表面被拖曳的不透明物体以及用黑色标记绘图或描摹。

5. 活动5：亚克力块

将块状物分散或安排在光箱表面，为孩子创建一个有趣的观看图案。

6. 活动6：亚克力块

在光箱中放置几个亚克力块，手把手地教孩子如何将他们捡起来，或告诉他捡起他看到的块状物，尽可能地撤销对他的辅助。注意孩子是否对看到特定的形状或颜色感到明显的困难，或者是否遗漏放置在工作台表面特定区域（比如左上角）的块状物。如果孩子不能捡起块状物，请使用吸盘固定作为把手。

7. 活动7：旋转球

使用提供的旋转球图案或者用彩色投影笔或润滑脂铅笔在旋转球上绘制各种图案。尝试给运动的轮子和静止的下部涂颜色，或在清晰的醋酸纤维薄膜上绘制图案。在旋转球上面放置一张醋酸纤维薄膜，下面放置一张，旋转轮子以吸引孩子的注意力。

8. 活动8：旋转球

在一个透明的塑料瓶中放一些大的彩色透明的珠子、穿线珠子或彩色塑料纸屑，制作一个拨浪鼓，将拨浪鼓来回倾斜，这样珠子会从一端滚到另一端。请注意孩子的眼睛是否跟随珠子移动。

9. 活动9：旋转球

让孩子透过瓶子底部看彩色珠子以及拨浪鼓内部投影的反射光。静静地来回滚动珠子，注意孩子是否随着珠子在拨浪鼓两端滚动过程中眨眼睛。

（二）利用光箱进行的训练活动

1. 追踪物体

在一个清晰的塑料吸管或木钉末端绑一个小玩具或黑色圆形硬纸板，慢慢地沿着光箱表面移动物体，让孩子在视觉上跟随。

2. 手眼协调

在一个透明塑料瓶中放穿线珠子或其他物品，制成拨浪鼓。将拨浪鼓放置在光箱上，并让孩子坐在它前面。如果有必要，朝着拨浪鼓引导他的目光，并摇晃拨浪鼓。当把拨浪鼓放置在光箱的不同地方时，鼓励孩子定位并伸手达到拨浪鼓所在的位置。

3. 简单区分

让孩子观察、探索光箱表面各种熟悉的物体（喜爱的玩具、球、蜡笔、鞋、杯子、薄脆饼干），并指出这些物体大小上的区别。帮助孩子开始理解较大和较小的概念（大和小），如图3-21所示。

4. 区分颜色

在光箱上分散放置小圆形块，在孩子控制每个圆形块时，帮助他给各种颜色命名。

5. 匹配与分类

当孩子具有了区分哪三项是"相同的"经验时，进行各种"与样品匹配"的训练。

图 3-21 在光箱区分形状

6. 视觉记忆

让孩子观察光箱表面的一些熟悉的物体,如一支蜡笔。几秒钟后,将物品移走或将其盖上,在光箱上放一个不同的物体。询问孩子新的物体与前一个物体是否相同或者不同。通过使用不同的物体改变任务内容,并增加演示时间。

7. 部分/整体关系

将装配好的拼图放置在光箱上,帮助孩子对拼图进行探索。手把手地教孩子一次拿走一小块拼图,然后再把拼图框架内的小块拼图放回原处。

图 3-22 拼图[①]

四、提供视障环境改善的方法

对于全盲儿童,应尽可能地提供听觉触觉环境。例如:在学校要尽可能地设置盲道。盲道一般由两类砖铺就,一类是条形引导砖,引导盲人放心前行;另一类是带有圆点的提示砖,提示盲人前面有障碍,该转弯了,如图 3-23 和图 3-24 所示。

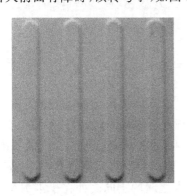

图 3-23 行进盲道砖

图 3-24 提示盲道砖

对于视障儿童而言,除了要提供良好的照明,还要尽可能地满足他们的反差需求,来改

[①] 该图由中德低视力合作项目黄冬博士提供。

善视觉环境。

天然光线是最佳的光源,视障儿童宜安排坐在窗旁或白板旁边。光线往往可提高视障儿童的感知能力,但应避免阳光直接照射,百叶窗帘能够控制光的照度。家具或墙壁的表面,应尽可能地经过消光加工,避免不必要的反光。

对于视障儿童而言,单一背景色上的东西显得很清楚,因此存放在课室或特别室里的教材及器材,应清楚地贴上色差明显的大字或点字标签,以方便儿童取用。[①]

对于视障儿童而言,因为眼睛的分辨能力有赖于反差(对比度),应提供高反差。越能辨别清楚的反差越大,反之反差越小。因此应注意在灰色的楼道加上黄色的标记,在门框或把手上加上红色和黄色标记,白色的桌面上把白色的餐具改成黑色或红色的餐具,为白色的餐具铺上蓝色的桌布,在白色的盥洗室和瓷砖上加上蓝色的标记。[②]

反差界定了在视野中空间和时间上不同光亮密度之间的关系。[③] 有专家认为,视障者的理想反差值为0.8,即当两种物体的亮度反差达到0.8以上时,多数视障者才可以将他们较好地分辨开来。

下面介绍两种提高反差的设计方案。

第一种方案是利用德国的RAL-色卡进行反差设计,其方法如下。

RAL是德国有关机构注册和证明的色卡,在欧洲各国和世界各地作为一种选择颜色的系统,已有70多年的历史。我国在十多年前的集装箱制造业已在使用RAL色卡,其中包括美国TRI/TON国际标准箱。现在我国许多涉外钢结构制造业对面漆的颜色要求均采用RAL色卡系统。RAL设计系统是为专业色彩设计而开发的配色系统,如图3-25所示。

RAL设计系统

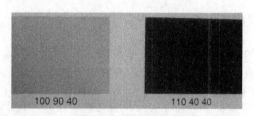

彩度相同,色度不同的亮度比较

图3-25 RAL设计系统

RAL色卡系统分为传统RAL色卡系统、RAL设计系统和RAL数据系统三种。传统RAL色卡系统:此系统用四位数字来表示不同的颜色标准,刚开始时该系统仅有40多种颜色,现已发展到210种颜色,并广泛用作选择颜色的标准。RAL设计系统:该系统广泛用于各种专业色彩的设计,该系统包含一个有规律的次序排列颜色,所有这些7个数字的色彩明暗被划分为单独的RAL颜色。这与RAL传统色卡之间的不同之处在于本RAL设计系统的颜色代码不是任意排列的,它们显示了色调、亮度及彩度的工业技术测量值。例如:

---

① 孙葆忱.临床低视力学[M].北京:华夏出版社,1999.
② Henriksen, Anne.中德视觉康复项目:盲和视障儿童的视觉能力测定[R],成都.2005年.
③ 斯文Sevn Degenhardt Hamburg [R],成都盲聋哑学校.2005.

RAL100 90 40 是一个色度 100、亮度 90、明度为 40 的颜色,RAL110 40 40 是一个色度 110、亮度 40、明度为 40 的颜色。

根据颜色比对,得出该颜色的亮度值,查找表 3-2 中亮度因数 Y 值,颜色的反差计算公式是:

$$K = (Y_1 - Y_2)/(Y_1 + Y_2)$$

式中 K 在 $0 \sim 1$ 之间,Y 是亮度因数。

表 3-2　德国 RAL 色卡系统亮度和亮度因子 Y 对应表

亮度	RAL 的亮度因数 Y	亮度	RAL 的亮度因数 Y
15	1.91	55	22.93
20	2.99	60	28.12
25	4.42	65	34.12
30	6.42	70	40.75
35	8.50	75	48.28
40	11.25	80	56.68
45	14.54	85	66.01
50	18.42	90	76.30

实际工作中,可用已知的两种色彩亮度值通过直接查表 3-3[1] 得出理论反差值。其使用的方法是用 RAL 色卡系统比对测得第一颜色的亮度 L_1 值,再比对第二颜色的亮度 L_2 值,分别以 L_1 为纵坐标、L_2 为横坐标找到它们的交点,所在点的值就是这两种颜色的反差 K。

表 3-3　两颜色反差速查表

20	0							
30	0.36	0						
40	0.58	0.29	0					
50	0.72	0.5	0.25	0				
60	0.81	0.64	0.43	0.21	0			
70	0.87	0.74	0.57	0.38	0.19	0		
80	0.9	0.8	0.67	0.51	0.34	0.17	0	
90	0.93	0.85	0.75	0.62	0.47	0.31	0.15	0
L_1 \ K \ L_2	20	30	40	50	60	70	80	90

第二种方法比较简单,不需要进行计算或查表,可以根据已有的实验结论,采取相对应的颜色搭配。在低照度下的色彩搭配顺序[2]如表 3-4 和表 3-5 所示。

---

[1] 吉凌.利用 RAL 设计系统确定反差[R],南京盲人学校,2006 年.
[2] 何国兴.颜色科学[M].上海:东华大学出版社,2004.

表 3-4 反差大的颜色搭配顺序

图形	黄	黑	白	黄	白	白	白	黑	绿	蓝
底色	黑	黄	黑	紫	紫	蓝	绿	白	黄	黄
顺序	1	2	3	4	5	6	7	8	9	10

表 3-5 反差小的颜色搭配顺序

图形	白	黄	绿	蓝	紫	黑	绿	紫	红	蓝
底色	黄	白	红	红	黑	紫	灰	红	绿	黑
顺序	1	2	3	4	4	6	6	8	8	8

五、视障儿童辅助器具适配登记表

登记表共有二张，一张是"视障儿童基本情况检查登记表"，另一张为"助视器适配辅具检查表"，如表 3-6 和表 3-7 所示。

表 3-6 视觉状况基础表

姓名		性别	男□ 女□	出生年月	年 月 日
家庭住址			邮编		
视障成因	青光眼□ 白内障□ 黄斑部病变□ 视网膜＿＿＿□ 视神经＿＿＿□ 意外伤害□ 其他□：＿＿＿＿＿＿				
残疾开始时间	年 月 起 共 年 月（医生诊断证明以方便进行评估）				
是否伴有其他残疾	肢体□ 听力□ 语言□ 智力□ 其他□				
视觉状况	1.光觉 有光感□ 无光感□ 是否怕光：否□ 是□ 是否夜盲：否□ 是□ 是否习惯使用台灯补充光线：□是 否□ 2.视力 裸眼视力：左眼：＿＿＿＿＿ 右眼：＿＿＿＿＿ 优眼视力：一样□ 左眼□ 右眼□ 视力是否持续退化：否□ 是□ 3.反差视力：＿＿＿＿＿ 4.视野 视野持续退化：否□ 是□ 视野是否缺损：否□ 是□ 中心缺损□ 周边缺损□ 其他＿＿＿＿＿ 色觉 色觉功能：正常□ 色弱□ 无□，请自述：＿＿＿＿＿ 合适之对比色：＿＿＿＿＿ 自述自己的色觉功能：＿＿＿＿＿ 是否眼球震颤 否□ 是□ 视力疲劳状态：我觉得使用视力＿＿＿＿分钟需要休息,如果过度使用视力,将会发生眼压升高□ 流眼泪□ 酸痛□ 看不清楚□ 想睡□ 其他□＿＿＿＿＿ 其他：＿＿＿＿＿				
康复员签名		登记日期	年 月 日		

表 3-7　助视器适配表

助视器选配	光学性助视器	近用光学助视器	近用眼镜式助视器□	放大倍数是
			手持放大镜助视器□	放大倍数是
			立式放大镜□	放大倍数是
			柱棒状放大镜□	放大倍数是
			在望远镜上加阅读帽□	放大倍数是
			胸挂式近用放大镜□	放大倍数是
		运用光学助视器	远用双眼眼镜式望远镜□	放大倍数是
			单筒望远镜□	放大倍数是
		其他光学助视器	远近两用眼眼镜式助视器□	闭路电视助视器□
			手持电子助视器□	其他助视器□
	非光学助视器	特殊照明□　　控制反射光□　　加强对比度□　　阅读架□　　大字印刷品□　　其他□		
	计算机应用能力	我完全不会使用计算机(请直接回答辅具使用状况栏) 我用的是： 1. 适合盲生使用的计算机,使用软件有＿＿＿＿＿等 2. 适合低视力学生使用的计算机,(Windows 放大镜□　其他□;＿＿＿等)软件 3. 普通计算机,无特殊视接口		
	建议			

本章小结

本章主要叙述了视障辅具的涵义、分类及功能。在叙述盲用辅助器具时,重点介绍了盲用辅具中盲杖的使用方法。在叙述低视力助视器时,重点介绍了单筒望远镜的使用。在介绍电子助视器的过程中,主要介绍了台式电子助视器的使用方法及注意事项。最后详细叙述了如何给视障儿童进行辅具的适配方法,并提出了各种视障的需求,还重点介绍了在适配中如何测量视障儿童的反差视力和放大需求的测量方法,给出供视觉康复人员使用的"视障儿童基本情况检查登记表"和"助视器适配辅具检查表"作参考。光箱对视障儿童的康复训练是非常重要的,本章也作了比较详细的说明。

思考题

1. 视障辅具主要有哪些?
2. 盲杖的使用技巧和注意事项有哪些?
3. 单筒望远镜的三个参数之间有什么关系?
4. 如何使用电子助视器?
5. 反差需求如何测定?
6. 放大需求如何检测?
7. 近用助视器如何选配?
8. 如何计算颜色反差?
9. 如何利用光箱对视障儿童进行评估和训练?

第4章 适宜听障儿童的辅具

 学习目标

1. 了解助听器、人工耳蜗的历史与发展趋势,知道助听器的分类。
2. 理解助听器的结构,掌握助听器的性能指标等参数的实际意义。
3. 了解人工耳蜗系统的基本组成和基本工作原理,掌握人工耳蜗的适应证。
4. 了解听障儿童助听器验配的过程,掌握听障儿童助听器适应训练方法。
5. 掌握听障儿童助听器效果的评估方法以及使用和简单的保养。

第1节 听障儿童辅具概述

俗话说:"十聋九哑。"人们把听障儿童比做铁树开花,称听障儿童为"聋哑人"、"哑巴",近年来,通过助听器、人工耳蜗等听觉辅具技术,对他们进行听力—语言康复训练,就完全有可能使这部分听障儿童走出无声世界,回归主流社会。

大多数听障儿童尚有残余听力,可以通过听力语言训练得到康复,开口说话。在进行听障儿童听力语言康复工作中,听力康复设备起着非常重要的作用,这些设备包括听力测定仪器,助听器选配仪和各种类型的助听器、人工耳蜗等。其中助听器、人工耳蜗等听觉辅具技术在解决听障儿童听的问题上起到了决定性的作用。

听障儿童辅具包括听力补偿辅具和听力替代用具。听力补偿辅具包括助听器、助听系统、人工耳蜗;听力替代用品包括各种信号接收发生器,如声光门铃,震动闹钟等。

助听器(Hearing Aid)是指一切有助于听力残疾者改善听觉障碍,进而提高与他人会话交际能力的工具、设备、装置和仪器等。广义上讲凡能有效地把声音传入耳朵的各种装置都可以看作为助听器;狭义上讲助听器就是一个电声放大器,通过它可以将声音放大,使听障儿童听到原来听不到、听不清楚的声音。助听器的发展历史可以分为七个时代:手掌集音助听器时代、炭精助听器时代、真空管助听器时代、晶体管助听器时代、集成电路助听器时代、微处理器助听器时代和数字助听器时代。

助听器从集声装置到电学放大仪器,伴随着电话、电子管、晶体管、集成电路等技术的发展,今天的助听器已越来越被广大的听障人士所接受。伴随着数字技术的发展,今后的助听器的发展趋势主要有两大方向。

方向一是助听器将趋于更"隐蔽"化,这是为了适应大多数人对外观和心理的要求。随着生活水平的提高,更多的人已经不仅仅停留在对助听器性能的要求上,人们更多地开始注意助听器的人性化改变,美观、舒适、实用、物美价廉的东西才能获得更多人的信赖。

方向二是助听器的数字化。数字助听器有很多优点,数字助听器将经过麦克风收集到的声音信号转换为数字代码,按照一定的程序进行处理,最后经数模转化为模拟信号,推动

耳机发声。数字助听器具有极高的处理速度、低失真等优点,能更好地满足人们多方面的要求。

第2节 助听系统

一、助听器的种类与特点

助听器的分类有很多种,常用的分类方法有三种,第一种是按助听器外形分类,第二种是按输出功率的大小分类,第三种是按电路原理分类。

(一)按助听器外形分类

按外形可以将助听器分成四类,分别是:盒式助听器、耳背式助听器、耳内式助听器和骨导助听器。

盒式助听器也称为体佩式助听器,其出现较早,体积较大,外观如同一个微型收音机,佩戴在身前,有一根导线将声音输出信号送至耳机。盒式助听器多采用普通晶体管元件,故价格低廉。由于其体积较大,便于制成大功率输出、宽频谱范围、多功能调节的助听器,且适于手指活动不灵便的人使用。此种助听器的元件热噪声较高,因而使得助听器的本底噪声较高。又由于盒式助听器常与衣物摩擦,因此摩擦声往往成为干扰噪声。

耳背式助听器是现在使用最广泛的助听器,它外形纤巧,依赖一个弯曲成半圆形的硬塑料耳钩挂在耳后,外壳可借用皮肤或头发的颜色加以掩饰,放大后的声音经耳钩通过一根塑胶导声管传入耳模的声孔中。

严格地讲,耳内式助听器应分为耳甲腔式助听器和耳道式助听器。耳甲腔式助听器中还可分成全耳甲腔式助听器和半耳甲腔式助听器。耳道式助听器还发展出完全耳道式(CIC)助听器。耳内式助听器外形更加精巧,可依据每个人的耳甲腔或耳道形状专门定做,使用时直接放在耳甲腔或耳道内即可,不需要任何电线或软管,十分隐蔽。但耳内式助听器的输出功率不是很高,仅适用于轻度、中度、中重度耳聋的听障儿童使用。

骨导助听器适合先天性外耳发育不全(如外耳道闭锁,耳部畸形)的听障儿童及某些因患外耳、中耳疾病(如化脓性中耳炎)而不适于佩戴气导助听器的听障儿童使用。

(二)按助听器输出功率的大小分类

按助听器饱和声压级的不同,可以将助听器分为:小、中、大功率等型号,详见表4-1所示。

表4-1 助听器分为:小、中、大等功率型号

类型	饱和声压级(dB SPL)
小功率 A	<105
中小功率 B	105~114
中功率 C	115~124
大功率 D	125~134
特大功率 E	≥135

注:饱和声压级数值为采用耳模拟器(IEC 711)产生的最大输出声压级。

(三)按电路原理分类

按电路原理分,可分为模拟式助听器和数字式助听器两类。模拟式助听器由大量电子元器件组成,采用模拟线路,核心是模拟放大器,信号处理是模拟的;而全数字式助听器的机芯是一个电脑芯片,相当于一台小电脑,采用逻辑电路,即对输入的信号作一定的计算后再输出,信号处理是数字的。传统型助听器大多是线性放大,即对轻、中、重的声音同等放大,导致小声听不清,大声听得很难受,严重的会损害耳朵,加重听力损失;而数字式助听器是非线性放大。从功能上说,全数字式助听器的处理速度极快,就像一个探测器,会自动地随环境变化而变化,它会自动地分析环境,如果在嘈杂的环境中,它就发挥自动降噪功能,放大讲话声。全数字式助听器还具有体积小,电池寿命长,稳定度高,抗干扰能力强等优点。

二、耳背式助听器的原理与结构

助听器的基本原理是先将声信号转化为电信号,对电信号加以放大后,再转换为声信号,从而将声音放大。在能量转换过程中,实现换能器功能的是麦克风和受话器,如图 4-1 所示。

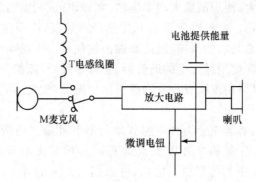

图 4-1　助听器的基本原理图

一般的助听器主要由麦克风、放大器、耳机(收话器)、音量控制电位器、电池以及电感和音频输入构成。图 4-2 所示的为带耳模的耳背式助听器结构图。

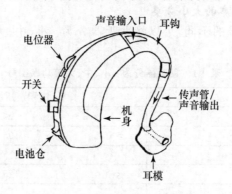

图 4-2　带耳膜的耳背式助听器

(一) 麦克风

助听器的麦克风俗称话筒,是将声音信号转换为电信号的换能器。麦克风主要有电磁感应式、压电陶瓷式和驻极体式三种。自 20 世纪 80 年代以来,驻极体式麦克风几乎取代了所有形式的麦克风,它可以看作一只永久极化的感应线圈,其频响范围宽且平坦,对声音灵敏度高,依靠膜片运动,被广泛应用于助听器领域。不论是何种麦克风,都是将机械振动形式的声音转换成振动变化形式一样的电信号,这个转换的电信号很微弱,通常需要一个放大器进行信号放大。目前通常使用的麦克风主要有全向性和指向性两类,如图 4-3 和图 4-4 所示。

图 4-3 全向性麦克风

图 4-4 指向性麦克风

全向性麦克风也称为全指向性麦克风,此种麦克风能够接收各方向的声波,且对声波的灵敏度大致相同,其特点是能放大各方面的声音。但全向性麦克风信号被放大的同时,噪声也随之被放大,因而这种麦克风的信噪比较低。

一般我们在获得声音信息时更多地偏向于来自正面的信号,全向性的麦克风往往会将正面和其他各方面的声音信号同时加以收集和放大,这样使用者会感觉噪音很大,影响了重要信息的获取。

指向性麦克风也称为方向性麦克风,是针对全向性麦克风提出的。指向性麦克风,顾名思义就是能对某个方向(一般都是前方)的声信号比较敏感,因此能够降低来自其他方面的噪音,从而提高信噪比。指向性麦克风可以根据麦克风的数量分为单麦克风(双端口)、双麦克风、三麦克风三种。

(二) 放大器

麦克风能将接收的声信号转换为电信号,但是这个电信号很微弱,因此需要放大器对其进行放大处理。老式的放大器主要由晶体管、电容、电阻和开关等元件组成,体积大、失真大、噪声大,但因不受体积的限制可以把功率做得很大。随着电子技术的发展,电子线路高度集成化,放大器也变成玉米粒大小的集成电路,这种放大器具低失真、低噪音、高清晰度的特点,并可以根据病人听力损失的不同和需要增加压缩、电脑编程及各种微调功能。一般放大器分为前置放大器和后置放大器(功率放大器)。

(三) 耳机

助听器的耳机和我们随身听使用的耳机功能类似。现在的耳背式和定制式助听器,已经用受话器取代了耳机。受话器(或者说耳机)的工作原理正好与麦克风相反,经过麦克风处理的电信号传到受话器,受话器再通过电磁原理将电信号转换为声音信号,受话器其实就是一个电—声信号的转换器。

(四) 音量控制电位器

音量控制电位器一般以轮盘式装在助听器上,旁边标有数字,用以帮助使用者调节音量大小。音量控制电位器一般是一个可变电阻或电位器,调节通过放大器的电流。音量调控并非一直以线性方式工作,在前半部分音量变化较多,后半部分音量变化较少(音量调控的锥度特性)。

(五) 助听器的附件

在耳背机和定制机中常能见到"T"档选择,这是为了方便使用者接听电话的电感档。

电感档通过电感线圈(图 4-5)与电话机受话器泄漏的电磁场发生反应,将磁场信号转换为电信号再放大。电感档不仅可以用于接听电话,也可以用于其他有感应线圈的场所。电感档的使用一般不会发生啸叫,在噪音环境下,信噪比很高。遗憾的是现代一般意义的电话机的磁场比老式电话机弱许多,用"T"挡听电话比较费力,需其他辅助手段。

大部分耳背式助听器都有音频输入的接触片或插孔,符号是 A,一般是三个金属接点,可接一个靴状适配器,主要用于听收音机、看电视以及语训。

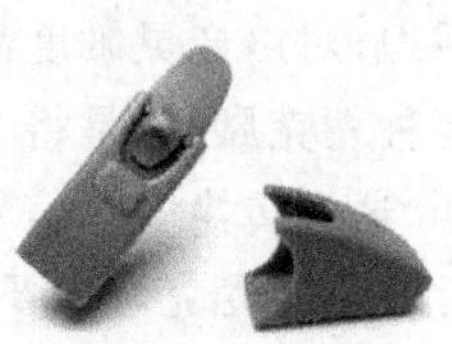

(六) 电池

电池一般是助听器工作所需能源的唯一来源。助听器可以使用的电池有锌汞电池、锌银电池、锌锰电池等,目前我们常用锌汞电池作为助听器的使用电池,锌汞电池在正极上会有小孔,未使用前小孔是被胶纸封闭的,使用时将胶纸揭开,空气进入小孔与电池发生化学反应,助听器就可以通过电池开始工作了。

图 4-5 电感线圈

电池使用寿命长短与助听器的使用功率、助听器的线路、助听器使用时间的长短以及电池本身的材质等都有关系。

三、助听器的主要性能指标

我国的国家标准规定对助听器的测量采用国际电工委员会出版的 IEC118-7 或 IEC118-0 规定的要求,根据这两个标准可进行产品出厂检验、产品注册、质量抽检。

一个合格的助听器至少应考虑下述六项性能指标。

(一) 频率范围

低档助听器的频率范围至少在 300~3000Hz,普通助听器高频应达到 4000Hz,高级助听器的频率范围可在 80~8000Hz 之间。

(二) 饱和声压级(SSPL)

饱和声压级是助听器所能达到的最大输出声压级(即助听器处于饱和状态)。饱和声压级描述的是助听器的最大输出"功率"(音量开满档)。通常饱和声压级的表示方法有三种,第一种:饱和声压级曲线上的峰值为最大饱和声压级(maximum SSPL);第二种:取饱和声压级曲线上 1000Hz,1600Hz,2500Hz 三点的平均值,1000Hz,1600Hz,2500Hz 这三点频率在 ANSI S3.22 称为高频平均饱和声压级(High Frequency Average,简称 HFA);第三种:可在 1000Hz,1600Hz,2500Hz 三个频率中任选其一,该频率对应的饱和声压级值即为饱和声压级(要注明测试频率)。

输入声压级为 90dB 时的输出声压级(OSPL90):即将助听器增益调到满档,输入声压级为 90dB SPL 时,在声藕荷器中得到的输出声压级。在此情况下,几乎所有的助听器都进入饱和状态,故常以 OSPL 90 作为 SSPL 的测量标准。

使用助听器时的最大声输出应低于患耳的不舒适阈,尤其对重振阳性的患耳,必须控制最大声输出以保护患耳。

(三) 最大声增益

助听器的增益是指在某个频率上输出声压级与输入声压级之差。通俗讲就是助听器能把音量"增大"多少。助听器的增益主要表示助听器的放大能力,各国生产的助听器增益多在

30～80dB之间。一般来说,耳聋程度轻的应选择增益小的,程度重的应选用增益中等或增益大的助听器。在具体使用中,助听器上都备有使增益在一定范围内变动的音量调节开关。选配适合的助听器可依一些公式预先计算,最简易的方法是按照纯音听力图,对 500Hz,1000Hz,2000Hz,4000Hz 四个音频的增益补偿进行调节,以其阈值的一半或稍多为宜。

(四) 助听器的失真

当助听器输出的信号与原有输入的信号有差异时,即成为失真,也叫畸变。助听器的失真度应越小越好,但是完全不出现失真是不现实的,按规定失真应小于10％,而小于5％的基本上可以保持语言的逼真性。

(五) 等效输入噪声

等效输入噪声为评价助听器内在固有噪声的一个指标,一般由电子元器件工作时产生的热噪声构成。在没有声输入时,噪声大小≤30dB 为合格。

(六) 频率响应和音调调节

为满足听障儿童的听力要求,助听器应提供各种不同的频率响应,频率不同反应在听觉上就是音调不同。为了使助听器的频率响应比较符合听障儿童的听力损失特点,音调调节钮上一般设有不同的音调,通常 L 代表低音,N 为正常,H 为高音。

四、FM 调频系统

FM(无线调频)语训系统是专门用于聋儿语训的设备,其所使用的信号传输技术为 FM 无线调频。一套 FM 无线调频语训系统由发射机、接收机和助听器(或人工耳蜗)组成。

(一) FM 调频系统使用

当讲话者对着麦克风讲话时,声信号便可被调频转发器以特定调制频率送出。助听器上装有调频接收器,调频接收器可接受特定的调制频率,将声信号还原,确保了信号的质量,较适合语训中心使用。在使用时,说话者利用

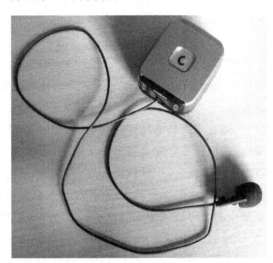

图 4-6　教师佩戴发射器

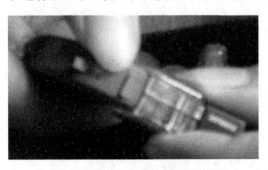

图 4-7　与助听器连接的 FM 接收器

一个远距的麦克风和发射器,如图 4-6 所示,使用单一频率传送及接收信号,听障儿童则戴着接收器收听。接收器与听障儿童的助听器连接,如图 4-7 所示,并从说话者的麦克风直接接收到讯息。当说话者的麦克风被装置在靠近嘴巴的地方(理想的距离是麦克风距嘴巴 10 厘米),即使说话者与听障儿童相距稍远,听障儿童也仿佛是在说话者身边听他说话一样。

(二)FM 调频系统的优点

使用 FM 无线调频语训系统可以有效地克服距离、噪声和回声对聆听效果的不利影响,提高了信噪比。

信噪比取决于教室中信号(教师的声音)的强度与背景噪音,这两者间的差便是信噪比。假如教师的声音约是 65dB,环境噪音是 60dB,那么,信噪比是 5dB(65dB-60dB=5dB)。15 到 20dB 的信噪比是让人满意的。

第 3 节 人工耳蜗

一、人工耳蜗简介

人工耳蜗(Cochlear Implant System),又称人造耳蜗、电子耳蜗,是现代医学和科学技术相结合的产物。人工耳蜗是一种替代人耳功能的电子装置,它可以帮助患有重度、极重度耳聋的成人和儿童恢复或提供听的感觉。这里的重度、极重度耳聋患者是指双耳听阈大于 90dBHL 听力级以上,佩戴大功率助听器无效的人。

1957 年,法国医师在一例胆脂瘤手术中,将单个电极置于病人暴露的听神经上,术后用电流刺激,该病人称听到了声音,并能感觉到刺激速率和刺激强度的变化。1966 年,美国的西蒙斯(Simmons)等人将 6 通道的电极植入听障儿童的耳蜗并获得成功。自 20 世纪 70 年代开始,全球共有十多个研究小组相继开展工作,并对人工耳蜗植入的安全性能进行了广泛研究,随着相关科学技术的发展,早期研制的单通道、经皮插座传送方式的人工耳蜗已被多通道、透皮肤传送方式的产品所取代,植入体的体积逐渐缩小,电极系统也由原来的直电极逐步发展为预弯曲电极,声音处理器由单一的体配式处理器发展为耳背式,处理能力也随着芯片的制造水平不断升级,声音处理策略的更新得益于产品软硬件的改进,听障儿童的使用效果也随之得到飞跃式的发展。20 世纪 80 年代以后,澳大利亚 Cochlear 公司生产的 Nucleus 系列(如图 4-8 所示),美国 Advanced Bionics 公司生产的 CLARION 系列,以及奥地利 Med-EL 公司生产的 COMBI 系列多通道人工耳蜗成为市场的主流,均已获得美国食品和药品管理局 FDA 认证,允许在成人和儿童中使用。我国从 20 世纪 70 年代末开始人工耳蜗的研制,目前我国的多通道人工耳蜗也已经研制成功。

图 4-9 澳大利亚 Cochlear 公司生产的人工耳蜗产品

人工耳蜗是由耳蜗内的植入电极、言语处理器、方向性麦克风及传送装置所组成。声音由指向性麦克风接收后转换成电信号再传送至语言处理器将信号放大、过滤，并由传送器传送到接收器，产生的电脉冲送至相应的电极，从而刺激听神经纤维兴奋并将声音信息传入大脑，产生听觉。

言语处理器将编码信号送到传输线圈，传输线圈将编码信号以调频信号的形式传入位于皮下的植入体的接收/刺激器。

人工耳蜗植入体将适量的电能传至耳蜗内部电极系列，沿着在序列上分布的电极刺激耳蜗内的残余听神经纤维。电声信息沿听觉通路传至大脑进行编译。

言语编码策略控制着对环境声音及言语的数字化处理。不同的编码策略所侧重的音调、响度和时相亦不同。人工耳蜗植入者对声音质量的倾向性有所不同，并且在使用根据他们个人需求设计出的言语编码策略时，其言语感知能力表现出显著的提高。

二、儿童适应证

对于双耳重度或极重度聋的听障儿童，不能受益于特大功率的助听器，若诊断病变位于耳蜗者，可选择植入的方式安装人工耳蜗。安装人工耳蜗需要有充足的财力；需要具备放射学上无放置植入物的禁忌；需要有家庭、朋友和康复机构的大力支持；需要有适当的心理素质和主观能动性；需要有改善听力的强烈愿望；需要有对人工耳蜗的正确认识和适当的期望值。[①]

（一）小儿患者选择标准

小儿患者在选择是否安装人工耳蜗时要重点考虑以下几点。

（1）双耳重度或极重度感音性聋（纯音平均听阈≥80dB）。

（2）年龄在18个月（美国FDA通过）～9岁。

（3）佩戴3～6个月合适助听器进行听力康复训练后听力改善基本无效或微效；5岁以下患儿，不能建立有效的听觉交流能力；5岁以上患儿，开放式言语认知≤50%，2kHz及以上频率的助听听阈在言语谱范围之外。

（4）无手术禁忌证，如未处在急慢性外中耳炎发作期或全身其他器官不适合手术。

（5）父母及家人对小儿改善听力具有强烈愿望。

（6）良好的家庭支持和良好家庭聆听环境。

（7）对人工耳蜗有正确认识和适当的期望值。

（8）针对小儿患者具有一套完整的听力语言康复教育计划。

（二）青少年患者选择

青少年患者一般指9～20岁的语前聋患者。语前聋患者指在口语和语言学习经验之前发生的耳聋。青少年患者在选择是否安装人工耳蜗时主要要考虑以下几点。

（1）双耳重度或极重度感音性聋（纯音平均听阈≥80dB）。

（2）自幼有助听器佩戴史，听力或言语训练史。

（3）助听器无效或效果很差，在最好助听聆听环境下言语识别率测试得分≤40%。

（4）可利用口语/听交流或唇读交流。

---

① 陈建福,张悦. 我为什么听不清[M]. 北京：人民卫生出版社,2004.

(5) 无手术禁忌证。如未处在急慢性外中耳炎发作期或全身其他器官不适合手术禁忌证。

(6) 有家庭和朋友的支持，本人强烈希望回到有声世界，并具有良好的心理素质。

(7) 有良好的文化知识获得环境。如继续在聋校学习，有良好的聆听训练环境。

(8) 对人工耳蜗有正确认识和适当的期望值。

(三) 人工耳蜗禁忌证

人工耳蜗是通过电刺激听神经而使病人感知声音的。人工耳蜗主要适合耳蜗性聋，不适合蜗后性聋；听力损失的程度为重度和极重度聋。从理论上讲，病人必须具备一定数量功能正常的听神经才能进行人工耳蜗植入。但是目前还未实现检查能准确、客观地了解听神经的数量、状态以及分布情况，因此要从各个方面综合考虑是否适合进行人工耳蜗植入。以下几种情况会影响人工耳蜗植入，因此要加以重视。

(1) 耳聋时间过长。

(2) 期望值过高。

(3) 缺乏术后语训的准备，不能长期随访检查。

(4) 智力障碍。

(5) 中耳有急、慢性炎症者。化脓性中耳炎病人，植入电极会把感染灶带入内耳，因此不能植入。如果要植入人工耳蜗，首先要将中耳炎病灶彻底清除，6个月后才能考虑进行人工耳蜗植入。因此，化脓性中耳炎发作期是人工耳蜗手术的禁忌证之一。

(6) 蜗后病变。

(7) 严重的内耳畸形、内听道狭窄或未发育。[①] 内耳畸形致内听道直径不足2毫米是人工耳蜗植入手术的禁忌证之一，这是因为内听道内缺乏听神经和前庭神经。

耳蜗术后需要进行调试以使听障儿童手术伤口愈合完全。患者需要在接受人工耳蜗植入术后1个月左右返回医院，由听力学专业人员为听障儿童开机，即安装人工耳蜗体外设备并对人工耳蜗系统进行调试。开机后听障儿童需定期由专业人员对人工耳蜗进行调试，调试的内容主要包括：电极阻抗测试、T级和C级测试、电极响度平衡测试及电极排序测试。[②]

耳蜗植入前后都要进行听觉言语训练，特别是语前聋的听障儿童，他们的训练在时间上和难度上都要远远超出语后聋的听障儿童，教师与家长对此要有心理准备。只有在具备充分的信心、十分的耐心与科学的康复方法与手段的指导下，才会取得成功。[③]

第4节 助听器的验配

一、适配越早越好

儿童期，尤其是6岁以前，是建立语言的关键时期。孩子在与母亲之间的呼唤过程中，

---

① 余力生. 耳鼻咽喉科疾病[M]. 北京：中国医药科技出版社，2004.
② 韩德民，许时昂. 听力学基础与临床[M]. 北京：科学技术文献出版社，2004.
③ 汤盛钦，等. 教育听力学[M]. 上海：华东师范大学出版社，2000.

模仿母亲说话,开始形成自己的语言能力。在这个时期,正常的听力是孩子捕捉与琢磨别人语言的必要条件。相反,即使只是轻度听力损失的儿童,由于得不到别人与自身的真实声音的印象,不能自动纠正自己的发音质量,也会影响其学说话的能力。

助听器几乎可使所有的听障儿童受益,尤其是处在听觉、语言、智能诸方面发育阶段的听障儿童,如果能尽早佩戴合适的助听器并进行听觉语言训练,就能最大可能地恢复听觉言语功能,回归主流社会。然而,无语言、不能合作是听障儿童的共性,他们对助听效果不能作出主观评定,因此,听障儿童助听器验配较之成年耳聋听障儿童的难度大、周期长,需要耳科医生、听力学家、听障儿童家长及教师的通力合作,遵循验配助听器的程序,使听障儿童获得最佳的助听效果。

二、了解听障情况

选择助听器最首要的是要掌握准确的听力资料,并与家长沟通了解孩子听障的性质与听障的程度。

(一) 听力障碍性质

听力障碍的类型有传导性听力损失、感音神经性听力损失和混合性听力损失。听力障碍性质不同对助听器的要求也有很大的差异,对中枢性及非器质性听力损失的听障儿童,助听器不起任何作用。

1. 传导性听力损失

传导性听力损失主要是空气传导性听觉功能丧失造成的,一般可能是外耳、中耳的结构异常导致功能障碍。传导性听力损失一般不超过 60~70dB。单纯的传导性听力损失的听力图常常表现为骨导曲线正常,气导在低频损失较明显,动态范围接近正常范围,因此在使用助听器时很少出现重振现象。这类听力损失可能导致在噪音环境中,人反而听得比正常人更清晰。这类听力损失人群在使用助听器时有较好的信噪比,但可能会有明显的自听过响现象。

2. 感音神经性听力损失

造成感音神经性听力损失可能是耳蜗对声音的初步分析和换能功能的障碍、或听神经的传导、听中枢的损伤等因素,其外耳及中耳的结构和功能正常。这类听力损失一般在 70dB 以上。感音神经性听力损失的听力图常表现为气导和骨导曲线重合或非常接近,高频损失较明显。这类听力损失人群通常会出现以下表象:(1)感觉听力明显下降,严重的几乎听不到什么声音。轻中度的可以感觉到声音,但声音的清晰度明显下降。(2)动态范围变窄,若不使用助听器,轻度和中强度的声音不能听到,若使用助听器,轻度和中强度的声音可以听见,但大的声音被放大后将很难被接受,这样对助听器有了一定的要求。(3)言语的理解能力下降。

3. 混合性听力损失

混合性听力损失即是兼有传导性和混合性的特征,主要是传音和感音同时受损的表现。听力图显示气导(气导是指声音凭借空气经过外耳、中耳传到内耳的过程)曲线下降,骨导(骨导是指声音凭借颅骨的振动传到内耳的过程)曲线也下降,一般气导下降更为明显。这类受损人群可能同时体现出传导性和感音性听力损失的特性。

(二) 听力障碍程度

听力学家对助听效果的数量进行了评估,测试了从 250 Hz 到 4 kHz 每一倍频程对听障儿童听阈的影响,了解通过精确地调试助听器的音量、音调,可使听障儿童佩戴助听器后的听阈在正常的"香蕉图"(言语香蕉图是指正常人的言语频次分布和强度分布的范畴,根据此范畴描画出的曲线形似香蕉,故称香蕉图)内,听力损失得到最佳补偿。另外,还须依据听障儿童听觉动态范围调试助听器的自动增益和声输出控制,保护听障儿童残余听力不受损害。

听力图一般以方框图表示(如图 4-9 所示),横轴表示声音的频率(即声音音调,单位是 Hz),从左到右代表声音音调从低到高。纵轴表示声音的强度(即声音的大小,单位是 HL),从上到下代表声音从小到大。

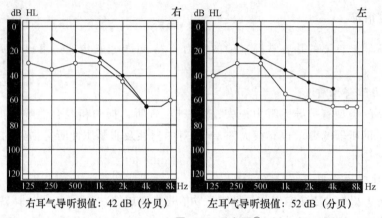

右耳气导听损值: 42 dB(分贝)   左耳气导听损值: 52 dB(分贝)

图 4-9 听力图[①]

在听力图中,右耳的气导听阈(即戴上耳机以后测得的听阈)以"O"表示,左耳的气导听阈以"X"表示。左右耳骨气听阈(即戴上骨导振子,像发夹一样的东西)分别以">"和"<"表示;平均听力损失的计算方法是 0.5kHz,1kHz,2.0kHz,4.0kHz 四个频率听力损失 dB 数的均值。

正常情况下,骨、气导应一致,且都在 25dB 以内。若骨导在正常范围以内,气导在正常范围以外,此为传导性耳聋。传导性耳聋是由于外、中耳有病变,阻止了声音向内耳的传导。若骨、气导一致,且都在正常范围以外,此为感音神经性耳聋。感音神经性耳聋是由于听神经或听中枢发生了病变。若骨、气导均在正常范围以外,且两者分离,则为混合性聋,表示以上两种情况同时存在。

图 4-9 中,该听障者的右耳听力损失是 42dB,左耳听力损失是 52dB,右耳是优耳,所以该听障者的听力损失是 42dB。听力残疾等级分级标准为:一级听力损失 ≥ 91dBHL、二级听力损失为 81～90dBHL、三级听力损失为 61～80dBHL、四级听力损失为 41～60dBHL;听力障碍分级标准为:听力损失在 26～40dBHL 为轻度、听力损失在 41～60dBHL 为中度、听力损失在 61～80dBHL 为中重度、听力损失在 81～90dBHL 为重度、听力损失 ≥ 91dBHL 为极重度。

---

① http://www.tingkelai.com/tkl/ad/a5.jpg。

三、全数字式助听器的适配

数字式助听器的发明是科技进步的结果。比较典型的数字式助听器由七个部分组成：第一部分为传声器（麦克风），负责以模拟的方式将输入声信号转变为电信号；第二部分为输入信号处理器，负责将模拟信号转变为数字信号；第三部分为分流装置，负责将数字信号分向若干信号处理通道；第四部分为信号处理（通道）装置，具有独立、灵活、合理地处理信号的能力；第五部分为整合装置，负责将不同通道传来的信号合并为高、低频两大部分进行运算；第六部分为输出信号处理器，是将前段运算完成的高、低频信号合并，以模拟字方式输出；第七部分为受话器，负责将电信号还原为声信号。

数字式助听器可以随时到装配中心请技术人员用专用软件进行调试。这个软件就好比是调音师所用的键盘，可以使各声道的声音想高就高，想低就低，大大提高了声音的质量。数字式助听器非常适用于听力曲线不平坦的人，如低频听力较好、高频听力很差的听障儿童。

四、听障儿童适配的注意事项

（一）确定选配耳

婴幼儿童应建议在 2～3 岁前使用大功率助听器，这对利用残余听力发展口语能力有重要意义。

若双耳损失一致，且动态范围相近，双耳同时助听效果最好。

若双耳听力损失差异大于 30dB，可用单耳助听器，应为语言辨别率高和动态范围大的一侧佩戴。

若一耳听力损失小于 40dB，而另一耳损失为 60～70dB 左右，应为损失较多的耳朵配用。

若一耳听力损失为 60～70dB，而另一耳听力损失远大于此值，则应为前者配用。

若双耳听力曲线起伏不一致，应为较平坦一侧配用。

对于药物中毒性聋等重振现象阳性患者，他们主要以内耳毛细胞病变损害为主，响度变化的忍耐度减低，应推荐其使用带有 AGC（或 AVC、ARC）及 PC 装置的助听器。

长期反复发作的功能性聋（癔病聋或神经官能症耳聋）使用助听器效果较好。

双耳全聋者不能配用助听器，但有些国家的学者主张全聋儿童在 1、2 岁前使用大功率助听器，采用全面交往法有助于语言交际能力的发展。

若一耳全聋，另一耳正常，一般不用助听器，但近来有些国家的一些听力专家主张使用"对侧信号交联（CROS）式"助听器，即在全聋耳上佩戴助听器的传声器，而受话器则使声音导入健耳，这样有助于收听坏耳一侧来的声信号。

若双耳听力损失达到 70dB 以上时，应当配用双耳助听器。为避免引起反馈啸叫，有些国家使用双耳对侧交联（BICROS）式助听器。

（二）双耳选配

对于双耳均需助听器帮助的听障儿童，原则上应双耳选配，这不仅符合听觉生理要求，也符合听觉心理要求,双耳佩戴助听器会使听障儿童听到的声音更为自然、均衡、清晰。双耳选配助听器的优点有以下几点。

第一,可保持听觉平衡,辨别声音方向,辨别声音层次。由于双耳能根据声波的响度、时间差、相位差、频率差来定位,因此单耳是不可能具有定位功能的,用单耳听声时,常常觉得声波均来自佩戴耳侧,如果对侧有声波又觉得很遥远。

第二,可提高信噪比,改善语言分辨率。双耳听觉平衡有助于在有背景噪声时提高信噪比,周围噪音可降低 4dB,言语识别率可提高 20%。双耳听觉平衡可帮助听力损失儿童在噪音环境里更好地听懂别人的讲话,听到更自然、均衡、舒服的声音。

第三,可改善听觉剥夺现象,保护残余听力。若长期弃用助听器,会逐步丧失其残余听觉功能,导致语言分辨率下降。

第四,可消除头影效应。如果单耳佩戴助听器,头颅对声音的传播起阻碍和衰减作用。

第五,可提高声音响度。如果双耳佩戴助听器,将提高声音总体响度约 6~10dB,声场测听时双耳听阈一般会比单耳低 3dB 左右。

(三) 定制耳模

耳模不仅是一个固定装置,还具有改善声学的效果。耳模制作的关键是制取合格精确的耳印模,这就要求助听器验配师有专业的耳科医学知识和熟练的制取耳印模的技能。图 4-10 所示的为耳模与助听器的连接。

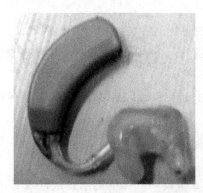

图 4-10　耳模与助听器的连接

1. 耳模的作用

耳模最基本的作用是密封,在助听器的受话端和鼓膜之间建立一个封闭的声学孔道,耳模外的声音被适度隔绝,耳模内放大的声音也不会从外耳道泄漏出去,造成声反馈。

耳模的第二个作用是具有改善声学效果的功能。修正耳模的形状及其各种孔径的尺寸,可以在一定程度上弥补助听器声学特性上的不足,进一步改善助听后的音质。除此之外,还能满足听障儿童在美观和舒适度上的需要。

耳模的第三个作用是固定各种助听器。助听器的使用者,总是担心助听器会在无意间坠落而损坏。由于耳模是完全依照耳廓、耳道形状制成,耳轮、耳甲腔、外耳道弯曲部这些生理结构都会保证耳模及助听器佩戴得牢固。对于盒式助听器,耳模也可保证助听器受话器的牢固。

2. 耳模的选用

耳模材料应不产热,无形变,对人体无毒,不产生变态反应,且符合国家有关规定。根据制作材料的不同,耳模可分为软耳模、半软耳模和硬耳模三种。软耳模与耳廓和外耳道软组织相容性好,不容易造成损伤。因此,小龄听障儿童使用助听器时可作为首选。硬耳模可随意设计声孔和气孔,可根据听力图确定耳模的类型,通气孔、声孔的类型以及直径的大小等,更能体现良好的声学特性。

3. 耳模的更换

由于小龄听障儿童的耳廓和外耳道处于不断发育中,因此耳模在使用一段时间后,密封性会降低,对于听力损失较重者,会出现反馈啸叫现象,影响助听效果,因此,需定期更换耳模。对于听力损失较重且佩戴的助听器声输出较大的小龄听障儿童,更是如此。一般3～9个月的小龄听障儿童,应两个月更换一次耳模;9～18个月的儿童,应三个月更换一次耳模;18～36个月的儿童,应六个月更换一次耳模;3～6岁的儿童,应九个月或一年更换一次耳模。对于成人听障者,当助听器出现反馈啸叫或耳模变形时也应及时进行更换。

如果部分小龄听障儿童对耳模材料产生过敏反应,应立即停用。

(四) 适应训练

听障儿童戴上助听器后,需要经过一段时间的适应性训练,才能对声音产生认识。适应训练的成功与否是决定助听器验配周期长短的重要环节。这一阶段的训练内容,应在听力学家的指导下,由家长和教师密切合作完成。

在训练期间,要认真观察听障儿童佩戴助听器的反应,尤其是不适反应。一般来讲,经过2～3个月的严格训练,听障儿童适应佩戴助听器、熟悉不同频率的纯音和啭音、能分辨声音的有无并做出行为反应,才能对听障儿童助听效果进行评估。

这阶段应当注意:开始要把助听器的调节钮开小,然后渐渐增大,以便于适应。戴助听器的时间应从短到长。

听障儿童戴助听器后语训的大致步骤如下所示。

1. 辨别外界声源

戴助听器后所听到的声音、音量与音质均与自然音不同。因此,首先要让听障儿童聆听一切声音,当熟悉这些声音之后,再练习辨别房屋内的各种噪声,如冰箱工作的噪声、风扇转动的声音、抽油烟机工作的声音、门窗关闭声等。有了这个辨认的能力,就能使大脑对这些无关的噪声予以抑制,并选择聆听有意义的声音。

2. 戴得舒服

助听器戴进耳甲腔,或外耳道一定要很舒服。初戴之际,会存在异物感和耳内涨满感,佩戴时间长了,可能有些会适应,但仍旧会有不适感,一定要在不适感之前取出,佩戴时间可逐日增长,直至全天。有人说:助听器不可久戴,可损坏耳,这是不正确的。戴助听器可使静止的毛细胞重新活跃起来,不戴,则毛细胞长期静止不动,反而更会退化。

3. 语言先简后繁

初戴者与人交谈,先要求谈一些熟悉的话题,尽量使用一些常用的名词、数据等。讲话者的表情也很重要,应使听障儿童尽可能理解,这样可以提高听障儿童对恢复听力的兴趣及追求。经过几日之后,听障儿童可与他人在有电视声或其他音响的情况下交谈,谈话时要注意对方的口唇与表情,猜测其用意,勿过于紧张(用单侧助听器会有所紧张,双侧助听器会好一些),即使漏听了一些词句也不必紧张,可以用视觉及大脑来补偿。

4. 噪声再大也不可灰心

若出现噪声应首先询问专家出现的噪声是否在助听器工作的正常范围内。听障儿童要知道自己是在适应一个新的生活习惯,正如戴眼镜一样,要有一个适应过程,要努力去抑制那些无用的噪声,听你所想听的。

5. 声源方向辨别训练

单耳助听器的音源辨别能力较双耳助听器差。训练方法:闭目静坐一室,训练者在各个方向发出声音,令听障儿童辨别,练习多时,自有成效。音源方位感对听障儿童有益,是安全保障所需,行路中可以躲避危险。

6. 强音耐力训练

助听器均有 SSPL-90dB 的设计,利用该设计可以把使用者觉得不舒适阈以上的声音切割去,即使这样,但特大强音仍能令听障儿童不适,可以将电视或收音机的音量调至不适阈,反复多次训练其对强音的耐受力。

7. 语言分辨力的训练

语言是通过学习获得的,没有经过语言学习,听障儿童只能听到声音,而听不懂。家长(或教师)首先选择双音节词进行听觉训练,待听障儿童熟练掌握图片的语言和语义后,家长(或教师)与听障儿童并排而坐,但要回避视觉对听障儿童进行听声识图训练。

8. 自声适应训练

由于音量扩大及耳道的声学共振作用,听障儿童听到自己的声音也与平时不一样了,为此应认真进行自声适应训练,其方法即每日用半小时来读报或其他文章,直至听得习惯为止。

9. 复杂噪声环境的训练

经过以上八个步骤训练后,听障儿童已具备戴上助听器和他人在公共场所谈话的条件了。应当注意的是,助听器的音量要开得小一些,听障儿童最好不要靠墙且远离噪声源,最好利用视听结合法来交谈。

10. 电话训练

电话已是人们日常生活中离不开的重要通信工具。一般在 70dB 以下的听力障碍者,戴助听器以后打电话是没有问题的,大于 80dB 的听力损失,要经过特殊的训练才能正常打电话。

(五)助听效果评估

听障儿童选配助听器的最终目的是能够听清语言,进行正常的社会交往。因此,用言语测听对助听效果进行功能评估十分必要。评估应伴随听障儿童逐渐掌握的词汇和语句跟踪进行。

1. 简易评估法

使用便携式听力计可对低龄听障儿童的听力情况进行评价。方法为：在安静的房间内，测试者站在低龄听障儿童背后，避开受试者目光，手持便携式听力计，按照听力计规定的测试距离给声刺激，观察低龄听障儿童的行为反应，分别对两耳进行测试。此测试对一些不具备隔声室条件的助听器验配机构，拒绝进隔声室或不能配合的低龄听障儿童有较强的操作性。

由于听障儿童的特殊情况，有时可采用由家长或教师对听障儿童进行密切观察的方法对其进行评估，如观察听障儿童对自然界各种声音的反应来初步评价助听效果。听障儿童不同于成人听障者，许多感受不是用语言表达而是用行动或通过表情的变化来表达的。下面介绍几种听障儿童可能出现的反应及其与助听器功能设置的关系。

当听障儿童出现以下反应时，可能是由于最大声输出设置过高：拒绝戴助听器；对突然出现的较大声响感觉不舒适，表现出痛苦的表情；头痛；佩戴助听器时间较长，一天后感到疲劳；放学或家长将其接出康复机构时自行摘掉助听器；反复上下调节助听器音量等。

当听障儿童出现以下反应时，可能是由于最大声输出设置过低：经常自行将音量放置满档；对于自动增益控制助听器，听障儿童抱怨声音不连续；当接触较响的声音时，听障儿童感觉响度无明显变化。

当助听器的频率响应和增益与听障儿童的听力损失不匹配时，可表现为：对声音反应变迟缓或无反应；对某些刺激声感觉不舒适；依赖唇读或视觉等其他刺激理解语言；抱怨助听器内有振动感；拒绝佩戴助听器；对Ling氏五声（a、i、u、sh、s）测试反应较差。

对助听器进行调节，根据听力改善其频响和增益后，听障儿童听力改善的表现为：对声音较过去敏感；语言的清晰度增加；对视觉的依赖减少；对声音、语言的理解和分辨能力增强；用六音测试反应较过去敏感等。

2. 助听器效果评估标准

助听器效果评估标准一般分为以下四级，如表4-2所示。

一级为最适范围，音频感受范围在250～4000Hz，言语最大识别率约在90%以上。

二级为适合范围，音频感受范围在250～3000Hz，言语最大识别率约在80%以上。

三级为较适范围，音频感受范围在250～2000Hz，言语最大识别率在70%以上。

四级为看话范围，音频感受范围在1000Hz以内，言语最大识别率在44%，需借助看话来理解语言。

表4-2 助听器效果评估标准

音频感受补偿范围(Hz)	言语最大识别率(%)	助听效果满意度	听觉康复级别
250～4000	≥90	最适	一级
250～3000	≥80	适合	二级
250～2000	≥70	较适	三级
250～1000	≥44	看话	四级

3. 声场测试

此方法在低龄听障儿童助听效果评估时较为常用。

声场测试要求在隔音室内进行，隔音室应按照国际标准建立声场，背景噪声等于或低于40dB；测试声场要进行校准，扬声器要与测试耳成45度或90度角，高度与受试者测试耳等高，距测试耳1米；测试刺激音为250～4000Hz的啭音、脉冲啭音或窄带噪声。

在进行测试之前，应对受试者作必要的指导。例如测听前应由合格人员做耳镜检查，了解戴压耳式耳机会不会将外耳道压瘪。

向受试者说明检查步骤和如何做出反应，例如告诉受试者先检查哪一耳，告诉受试者将会听到哪些检查项的类型以及如何作出反应，与此同时请受使者注意在测试过程中避免不必要的活动。

依据受试者的年龄不同可选择视觉强化测听、游戏测听及听声应答等测试方法。在测试时，先关掉非测试耳助听器，将测试耳助听器的音量、音调等置于已设置好的位置，测其听阈，然后用同样方法测另一耳的助听听阈。

4. 言语测试

听障者寻求帮助的最主要目的是能听清、听懂言语，进而发展言语。

言语测试是测试听障者佩戴助听器后对语言听懂程度直接、客观的评估方法，是对助听器效果评价的重要组成部分，尤其对全数字助听器的评价更有实际意义。

言语测试主要分为言语识别阈、言语识别率、言语察觉阈等，其中，儿童言语识别测试推荐选用中国聋儿康复研究中心(1991)研制并在康复系统广泛推广使用的以图画为主要表现形式的儿童言语测听系列词表《聋儿听力语言康复评估题库》，词表内容包括自然声响识别、声调识别、单音节词识别、双音节词识别、三音节词识别、短句识别、语音识别、数字识别、选择性听取等9项。

第5节　听障儿童助听器的使用和保养

助听器使用的传声器尺寸很小，所以可将它和电路及电池一起放在有外壳的主体里面。传统的助听器耳机用导线从主体引出来插到外耳道口。助听器在外壳上设有小旋钮，用来调节对声音的放大能力，这个旋钮通常兼有电池开关的作用。助听器的外壳一般标有三个符号(O,M,T)(见图4-11)"O"表示电池的开关；"M"表示声音会从传声器进入助听器；对准"T"表示电话机、门铃、电视等的电磁感应信号会进入助听器，这是专为听障儿童使用电视、电话而设计的。

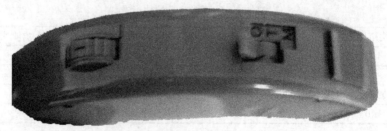

图 4-11　助听器的外壳一般标有三个符号(O,M,T)

一、助听器使用

听障儿童戴助听器要有一个适应过程。助听器是听障儿童不可不戴的必需品。

第一,必须注意助听器啸叫,专业术语称之为"声反馈",这种现象是由于放大后的声音从耳道泄漏出去,再次被麦克风接受并重复放大造成的。若经常出现这种故障,说明耳模的制作可能存在一些问题,需要修改或重做;病人耳道长期被耳模堵塞,容易造成耵聍累积,这是产生啸叫的另一个主要原因。若用手摘戴助听器时,电话靠近助听器,会有啸叫,这是正常现象,与助听器无关。

第二,注意有些孩子拒绝佩戴助听器,比如有的孩子一戴助听器就哭、闹或用手抓。如果孩子出现这种情况,家长应当首先把助听器戴在自己的耳朵上,给孩子做个示范,要表示出很舒适、很得意的样子,或是用更好的方法去引导孩子戴助听器,培养孩子戴助听器的良好习惯。

第三,注意摘戴前先把助听器的开关关上,耳模和耳甲腔吻合,戴牢后再打开开关。没有语言的孩子,音量调节要根据孩子的反应而定。如果音量过大,孩子会表现出惊恐不安的样子;音量太小,孩子则没有反应。有语言的孩子可以用简单的语言表示,回答助听器好不好、有没有声音等问题。

第四,睡前关好开关,取下耳模及助听器,以免造成不良后果。因耳模较坚硬,易把外耳道压疼、压伤。

第五,在炎热的夏季,孩子不停地活动,容易出汗,汗水会沿电池盒浸入机芯,应采取恰当措施,如用橡皮套、钩针钩的线套等套在助听器上,预防汗水的侵蚀,以延长助听器的寿命。

第六,听障儿童初戴助听器往往感觉不舒适,需要一个适应过程,一般在两周左右。

二、助听器的保养

保养助听器也很重要。要让听障儿童体会到助听器对他们是相当重要的,并尽量培养他们保养助听器的责任感。应该经常对助听器进行保养,受潮或者耳垢的堆积,均会影响助听器的使用效果。对助听器的精心保养与维护可以延长其使用寿命。

(一)防潮

助听器的保养,防潮是关键。告诉听障儿童切记助听器不能浸水,在洗脸、洗澡、游泳及下雨时务必将助听器取下。任何助听器的防潮方法都一样,每晚临睡前应将助听器取下,放入盛有干燥剂的容器中(如果每天使用,此时可打开电池仓,而无需将电池取出)。当干燥剂的颜色发生变化时需做相应处理,必要时应更新。助听器不要直接接触干燥剂,以防被受潮的干燥剂腐蚀。

(二)清洁

适当地清洁助听器可以提高其使用寿命及效果。因助听器需要经常佩戴,人体产生的排泄物(如耳垢、耳的分泌物等)会不同程度影响助听器的使用寿命,所以要求每一个佩戴助听器的用户必须经常清洁助听器。助听器的具体清洁方法如下:每天使用完后,用干燥的软布将助听器表面的耳垢和汗液清洁干净。对于定制机,应检查声管是否被耳垢堵塞,麦克风入口是否有灰尘堵住。如发现该情况,则应用专用小毛刷将其清洁干净。对于耳背式助听器,如发现耳模的导声管被耳垢堵塞,应及时清洁干净,如耳模声管中有小水珠,应将小水珠吸出或甩干。对于盒式助听器,应将耳塞中的耳垢清洁干净。

(三)电池的保存与更换

购买助听器电池时,需注意电池型号,且不宜一次购买过多,电池需保存在阴凉干燥处。

使用者不用助听器时,应将电池仓门打开,将电池取出。当电池电量低于一定程度时,助听器将停止工作,或发出"嘀"的提示音,或音质变得粗糙不稳定,此时,应立刻更换电池,更换时注意电池极性。如长期不用则应将电池取出,以防电池漏液腐蚀助听器。

(四)助听器一般故障及处理

助听器一般故障及处理方法见表4-3所示。

表4-4 助听器常见故障及处理方法

1.故障现象:啸叫	2.故障现象:无声
标准耳塞不适用——定作耳模 耳模不密封——修改或重做耳模 耳模通气孔过大——修改耳模或取消通气孔 耳钩破裂——更换耳钩 助听器增益过高——调低助听器增益或选用带有DFS反馈抑制功能的助听器	没开机——将开关置于"N"或"H"档 开关坏——更换开关 电池电量不足或没电——更换电池 电池与电池夹接触不良——将电池夹或电池表面的氧化物刮掉 电池漏液——清洗或更换机芯 耳模或耳塞内堵塞——清洗、除去异物 耳机口、麦克风口过滤网堵塞——清除异物 盒式机导线断、耳机损坏——更换导线、耳机
3.故障现象:声音小	4.故障现象:杂音与噪音
音量电位器放置偏低——把音量电位器调高 电池电量不足——更换电池 耳塞或耳模内堵塞——清洗、除去异物 耳垢过多——咨询医生,清除耳垢 用户听力下降——提高音量或更换大功率助听器	电池电量不足——更换电池 电池与电池夹接触不良——将电池夹或电池表面的氧化物刮掉 音量电位器磨损——更换电位器 开关接触不良——更换开关 噪音大——麦克风故障 正常的低频噪音——了解顾客听力情况,区别杂音与噪音
5.故障现象:声音时断时续	6.故障现象:声音失真
电池电量不足——更换电池 电池与电池夹接触不良——将电池夹或电池表面的氧化物刮掉 耳机导线接触不良或断线——更换导线 助听器内部电路问题——送维修	麦克风导音口堵塞——小心清除异物 授话器损坏——更换授话器 盒式机耳机损坏——更换耳机
7.故障现象:耗电大	
电池品质不良或电量不足——更换高品质电池 助听器受潮局部漏电——做干燥处理或送维修处清洗	

本章小结

本章主要介绍了助听器的基本构成是由微型传声器、放大器及耳机等组成,助听器的工作原理是通过传声器将声能转变成电信号,经放大电路将电信号放大,再经耳机将放大的电信号又转变为声波等。还介绍了人工耳蜗的基本组成,人工耳蜗是由电子元件等和植入电极制成的一种装置,用来刺激听障儿童耳蜗内残存的听神经,使听障儿童重新恢复有用听觉的一种新技术;重点介绍了人工耳蜗对于特殊儿童的适应证。指出听障儿童助听器的选配方法,特别指出了听障儿童助听器的使用和保养,最后介绍了最新的全数字助听器的电脑验配过程。

 思考题

1. 助听器有哪些类型及其各部分的功能是什么?
2. 助听器的主要性能指标有哪些?
3. 听障儿童的助听器如何适配?
4. 耳膜的主要功能是什么?
5. 根据听力图如何计算听力损失?
6. 如何解决助听器的啸叫?
7. 人工耳蜗系统由哪几部分组成?
8. 人工耳蜗的适应证是什么?
9. 听障儿童如何适应助听器并进行语训?
10. 听障儿童佩戴助听器效果怎样评估?
11. 助听器一般故障有哪些?如何处理?
12. 请根据纯音听力图,完成一个数字助听器的配验。

第5章 适宜智障儿童的辅具

1. 了解各类生活辅具功能和特点,懂得培智辅具的常见分类。
2. 了解培智学校常有的辅助器具的原理,并学会它们的使用方法。
3. 掌握蒙台梭利教具的特点,懂得指导智障儿童使用教具的方法。

第1节 培智辅具概述

智力障碍,是指智力显著低于一般人水平,并伴有适应行为的障碍。此类残疾是由于神经系统结构引起的功能障碍。它使个体活动和参与受到限制,因此需要环境提供全面、广泛、有限和间歇的支持。[①]

智障儿童康复训练的主要领域包括生活自理、运动、感知、认知、语言、社会适应等六大领域。

目前,培智学校的主要教育对象是智力发育迟缓、脑性瘫痪、自闭症、语言发育迟缓等类型的特殊学生。由于随班就读的发展,培智学校的学生逐渐向中重度和极重度障碍以及障碍类型多样化发展。这些学生都普遍存在运动、言语与语言、情绪与行为、心理、认知以及感觉统合能力等方面的问题,而且大多数存在多重障碍。这些学生都需要接受系统的个别化训练或康复治疗,才能达到康复和教育的目的。在培智学校的教育教学中,针对每一个学生个体的评估和训练是教育教学的重要基础和任务。

2007年教育部颁布的《培智学校课程设置实验方案》中课程设置原则的第四条(教育与康复相结合)规定:"在课程特色上,针对学生智力残疾的成因,以及运动技能障碍、精细动作能力缺陷、言语和语言障碍、注意力缺陷和情绪障碍,课程注意吸收现代医学和康复技术的新成果,融入物理治疗、言语治疗、心理咨询和辅导、职业康复和社会康复等相关专业的知识,促进学生健康发展。"这一原则着重强调了培智学校康复理念的加强和康复技术的应用。[②]

因此,对上述培智学校的教育对象,应该及早进行各类康复评估训练,对其症状进行合理评估和有效训练,力求使其最大限度地获得身心功能的补偿与康复。为迎合培智学校多重障碍特殊学生进行多重康复的需要,培智学校应配置物理治疗(PT)、作业治疗(OT)、言语语言康复(SLP/ST)、认知干预(CI)、音乐治疗(MT)、感觉统合训练(SI)的相关辅具,应用

---

① 中国残疾人联合会,2006年我国第二次全国残疾人抽样调查残疾标准.
② 教育部.培智学校课程设置实验方案,2007.

现代化的康复技术与设备，对特殊学生进行相应的康复与教育。

表 5-1　培智学校教学康复专用辅具选择指南[①]

教学康复专用辅具	康复理念与技术	干预对象
物理治疗仪器	物理治疗(PT)	粗大运动障碍
作业治疗仪器	作业治疗(OT)	精细动作障碍
言语评估与训练系统 听觉评估与训练系统 语言评估与训练系统	言语语言康复(SLP/ST)	言语障碍 语言障碍 听处理、听记忆障碍 交流障碍
认知干预(CI) 认知评估与训练系统	认知训练	认知障碍
可视音乐治疗系统 可视脑电波诱导系统	音乐治疗(MT)	注意力缺陷与多动障碍 情绪与行为障碍
感统训练仪器	感觉统合训练(SI)	感觉统合障碍

第 2 节　培智辅具的分类

一、生活辅具

生活辅具指的是可以帮助使用者完成日常生活中的各种活动，并提升使用者生活质量的辅助用具。智障儿童、脑瘫儿童、感觉统合失调儿童等儿童的生活自理能力存在一定的缺陷，有的甚至不会自己吃饭，要训练其独立地进行吃饭、进食，在初期可以用适当的辅具帮助其训练。

日常生活辅具的种类大致上可分为生活自助辅具、清洁沐浴类辅具、阅读书写类辅具、特殊家具类辅具、休闲娱乐辅具等五类辅具。

（一）生活自助辅具

1. 进食类辅具

（1）乐餐筷。具体详见图 5-1 所示。

图 5-1　乐餐筷

[①] 华东师范大学言语听觉科学系，培智学校教学康复专用仪器设备，2008。

功能特点：乐餐筷使用叠层强化木质及不锈钢弹簧制作，可拆卸的树脂套与叠层强化木质筷子结合使用（筷子可取下清洗）。

适用对象：手指变形、握力不足或颤抖等原因导致进餐困难者；伤病等原因导致常用手一时不便使用者。[1]

（2）轻便勺（左弯型和右弯型）。具体见图 5-2 所示。

图 5-2　轻便勺

功能特点：耐高温不锈钢勺体为空心结构，勺体重量适中。同时勺把设计偏粗，便于使用。可与"固定辅助带"配合使用。

适用对象：手指变形、疼痛或握力低下者；肩肘部或腕部伤病者；老年人等。

（3）固定辅助带。具体见图 5-3 所示。

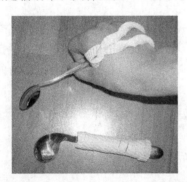 

图 5-3　固定辅助带

功能特点：由 EDPM 海面橡胶制作的螺旋设计可随意固定。可将餐具牢固地固定在手上。

适合人群：手指轻度抓握不良者。

功能特点：耐高温不锈钢勺体为空心结构，勺体重量适中。同时勺把设计偏粗，便于手指轻度抓握不良者使用。

适用对象：手指变形、疼痛或握力低下者；肩肘部或腕部伤病者；老年人等。

---

[1] 图片由江苏省残疾人联合会辅具用品中心提供。

(4) 儿童乐餐叉。具体见图 5-4 所示。

图 5-4　儿童乐餐叉

功能特点：勺部分为不锈钢，握柄部分为形状记忆聚合物。握柄部分浸泡在 70℃ 热水中 3～5 分钟可自由确定形状，随后在 20℃ 水中放置 3～5 分钟便可固定形状。握柄部分可重复变形使用。

适用对象：手指变形、疼痛或握力低下者；肩肘部或腕部伤病者；老年人等。

(5) 餐盘护围、防撒盘。具体见图 5-5 所示。

图 5-5　餐盘护围、防撒盘

功能特点：主要材料为硬塑料，可固定于餐盘上，防止食物向外滑落。配合防滑垫使用效果更好。

2. 穿着类辅具

(1) 穿脱方便的室内鞋。

功能特点：拉链式或开口宽大，方便穿脱；超轻量，弹性材料，穿着舒适。

(2) 护理裤。

功能特点：护理裤的前挡、后挡装有尼龙搭扣控制的可开启或关闭的开口，正面、背面左右侧装有由尼龙搭扣控制的开口。免除脱卸整条裤子的麻烦，方便了病人的护理工作，减轻了病人的痛苦。

(3) 成年人高腰裤。

功能特点：为了适应轮椅使用者，便裤后挡部位的边很高。它的特点还包括，全弹力的裤腰带、平直的缝合线、宽大的后挡、装饰用的纽扣盖。

(4) 透明拉锁环。具体见图 5-6 所示。

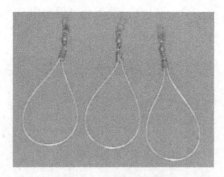

图 5-6　透明拉锁环

功能特点：透明拉锁环可以帮助合上并打开拉链。它有一个金属的回形针，用于和拉锁的拉环连接。大环用手去拉拖。当不用的时候，这个拉锁环可以收藏起来。

适用对象：抓握功能困难和精细动作障碍的残疾人。[1]

(二) 清洁沐浴类辅具 [2]

1. 便携式洗浴升降装置

功能特点：便携式洗浴升降装置（升降椅）有一个可以用水压阀门操作的圆柱，一个座底为波浪形座椅，一个为吸入式的底座。底座固定在浴盆中，座位沿圆柱进行升降。这个可以调整高度的座位能够旋转 360 度。如图 5-7 所示。

图 5-7　便携式洗浴升降装置

---

[1] 中国残疾人辅助器具网. http://www.cjfj.org/index/index.asp.
[2] 中国残疾人辅助器具网. http://www.cjfj.org/index/index.asp.

适用对象：平衡能力差、移动能力差和四肢能力低下的残疾人。

2. 完整洗浴者

功能特点：完整洗浴者是一个可以挂到墙上或浴座上的洗浴用品盒，该洗浴用品盒可以根据使用者的需要来换吸盘（用来固定到墙上）或者皮带（用来固定到浴座上）进行固定。用品盒由乙烯基的网眼材料构成，这样能够排水。用品盒还分成几个小盒，可以储存不同规格大小的物品。如图 5-8 所示。

适用对象：移动能力差的残疾人。

图 5-8　完整洗浴者

3. 漩涡式洗浴设备外带担架

功能特点：漩涡式洗浴设备外带担架，长 2 米，高 0.88 米，宽 0.75 米，建有 4 个漩涡出口，浴缸槽由玻璃纤维制成，内表面覆盖有凝胶层。镀铬不锈钢元件，担架椅可以调整靠背角度。控制台具备以下功能：控制洗头膏和洗浴液流出，调节混合阀，可发出热水警报和自动切断系统，并控制淋浴的出水量。如图 5-9 所示。

适用对象：平衡能力差、移动能力差和四肢能力低下的人。

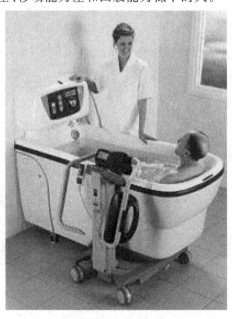

图 5-9　漩涡式洗浴设备外带担架

4. 可以升降的洗脸池

功能特点：洗脸池高度可以调节，方便使用轮椅的人洗漱。如图 5-10 所示。

适用对象：使用轮椅的人。

图 5-10　可以升降的洗脸池

（三）阅读书写类辅具

1. 通用握套（左手型和右手型）

功能特点：由不锈钢、尼龙及铝合金制造，并根据手腕部的自然动作开发而成。根据不同人的手形及大小选择适当型号佩戴使用；可上下左右根据使用方便进行角度调节；方便书写及进餐。如图 5-11 所示。

适用对象：由于手部伤残等原因导致书写、进餐不便者（左手用/右手用两款）。

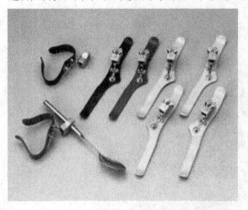
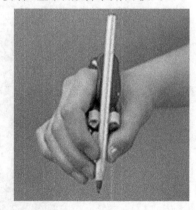

图 5-11　通用握套

2. 握笔器

功能特点：成人用，由抗破裂塑胶制成，可以根据笔调整握笔器的角度，可适用于大多数笔。一个蝶型螺母锁定的转角和笔可以适用于左手和右手。如图 5-12 所示。

适用对象：手指抓握能力差者；动作僵硬不协调者。

图 5-12　握笔器

(四) 特殊家具类辅具

特殊家具类辅具主要指家庭和其他场所使用的家具和配件。如图 5-13 所示。例如，多功能康复床等。

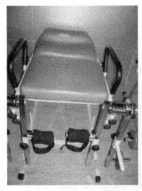 

图 5-13　特殊家具类辅具

功能特点：床尾可轻松装卸，带制动的万向脚轮稳定可靠，可实现坐起，脚下垂，左右侧翻身及坐立。有效解决了长期卧床病人翻身难的问题，护理更方便。

适用对象：肢体残疾人，行动不方便、长期卧床的病人。

(五) 休闲娱乐辅具

1. 药剂定时器

功能特点：液体药剂定时器是一种靠声音来提醒吃药的辅助器具用品，这个药盒经过设置，能在患者需要吃药的时候发出"哗哗"的声音，它还能装将近 62 克的水和吸管，有一个能够轻弹开的安全顶盖，打开它可以让人获得水和吸管。药盒还带写有服用剂量的标签。如图 5-14 所示。

适用对象：为记忆力减退和视力障碍者设计。

图 5-14　药剂定时器

2. 牙膏挤压器[①]

功能特点：用一只手就能轻易做到从牙膏管底部开始挤牙膏。其独特的设计能让牙膏管在被挤到关口的情况下还能挤出最后一滴。对于牙膏、软膏、涂剂等家庭用品也非常适用。如图 5-15 所示。

适用对象：手部功能障碍者或只能单手活动者。

图 5-15　牙膏挤压器

3. 指甲剪

功能特点：装配包括一个稳定的操作杆，一个可调大小的放大镜，一套能够适用于左右方向的指甲剪。

适用对象：可帮助那些有特殊需要的人，比如后背有问题，修正指甲的活动受限的人；低视力人士。

图 5-16　指甲剪

二、物理治疗的专用辅具

（一）物理治疗基本定义

1. 定义

物理治疗（Physical Therapy，简称 PT），是基于现代西方医学的非药物治疗方法之一，

---

① 中国残疾人辅助器具网. http://www.cjfj.org/index/index.asp.

是通过躯体运动、按摩、牵引、机械设备训练等力学因素和电、光、声、磁、冷、热等其他物理因素预防和治疗伤病的一种治疗方法。物理治疗是为了缓解症状或改善功能而进行全身或身体某一部分的运动训练以达到康复治疗目的的方法。

对于培智学校的残疾儿童,物理治疗主要是对其躯体运动功能,如肌力、关节活动度、平衡、姿势控制、步态等方面进行训练和治疗,从而提高他们的机体运动功能。物理治疗一般包括主动运动和被动运动治疗两个方面,主动运动是要求受训者主动参与的运动,如关节的运动、肌肉力量的训练、日常生活动作的训练等;被动运动治疗是利用机械设备或徒手的方法进行治疗,受训者不需或不能主动活动,如牵引、按摩等。

2. 对象

物理治疗的对象是培智学校中的具有运动障碍尤其是粗大运动障碍的学生,包括:智力发育迟缓、脑性瘫痪、自闭症、语言发育迟缓等伴有粗大运动障碍的学生。

3. 作用

物理治疗通过徒手或借助器械设备,可以增加肌肉的力量,提高关节活动的灵活度,增强运动的协调性,改善机体的平衡能力等,从而使患者的各种大运动功能得到改善。

(二) 物理治疗的工作原理和内容

1. 工作原理

粗大运动障碍包括躯体或四肢大运动障碍或不能完全完成,如弯腰困难、歪颈、驼背、脊柱侧弯、上肢或下肢大关节僵硬、关节活动范围小、足下垂、足内翻或外翻、肌力过低或亢进等。

因此,物理治疗的辅具应该能够对关节运动及活动范围、肌张力、上肢或下肢畸形、平衡协调能力、步态等方面进行评估和功能训练。

2. 主要内容

(1)粗大运动能力的评估主要是对肢体大关节运动范围、活动幅度以及大肌肉的肌力、身体姿势、步态等进行评估。

(2)粗大运动能力的训练主要是对肢体大关节的运动范围、活动幅度以及大肌肉的肌力、身体姿势、步态等进行训练。

(三) 物理治疗辅具

1. 粗大运动能力评估

目前,可用于粗大运动能力评估的辅具主要有角度尺、肢体运动功能评价器等。

(1)肢体运动功能评价器。主要用于检测上、下肢运动能力,评估上、下肢功能受限程度。如图5-17所示。

图 5-17 肢体运动功能评价器

（2）角度尺。角度尺主要用于评估关节活动范围及脊柱弯曲程度。

2．粗大运动能力训练

目前，可用于粗大运动能力训练的辅具主要有关节训练器、站立架、坐姿矫正器、系列哑铃、助行器等。

（1）关节训练器。包括上肢训练器和下肢训练器，主要用于训练肩、腕、髋、踝等四肢关节的活动功能，如站立架，主要用于下肢站立的训练。

（2）肌力及耐力训练器械。如系列哑铃，主要用于肌力的训练。

（3）姿势矫正器械。如坐姿矫正器，用于矫正异常坐姿。

（4）步态训练器械。如助行器，主要用于辅助和训练步行功能。

3．物理治疗床

用于进行按摩、理疗等治疗。根据中医基本原理，结合现代高新技术，将推拿按摩、远红外线热疗、磁疗及震动集于一体。此外还有牵引床等。如图 5-18 所示。

图 5-18　物理治疗床

4．按摩手套

按摩手套主要用于进行按摩。

随着科技的发展，目前许多物理治疗仪器越来越向智能化、数字化、便携化发展，简化了操作，增加了物理治疗的可选性，大大提高了康复的效果。如图 5-19 所示。

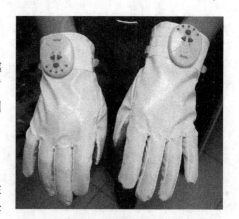

图 5-19　按摩手套

三、作业治疗的主要辅具

作业治疗的辅具主要用于对智力发育迟缓、脑性瘫痪、自闭症、语言发育迟缓等具有精细运动障碍学生的精细运动功能进行评估和训练。

(一) 作业治疗的基本定义

1．定义

作业治疗（Occupational Therapy，简称 OT）是以有目的的、经过选择的作业活动为主要治疗手段，用来维持、改善和提高患者精细运动功能的治疗方法。

2．对象

作业治疗的对象是培智学校中的具有运动障碍尤其是精细运动障碍的学生，包括智力发育迟缓、脑性瘫痪、自闭症、语言发育迟缓等伴有精细运动障碍的学生。

3. 作用

作业治疗是培智学校智障和多重残疾儿童的一种基本康复手段。能够帮助因躯体、精神疾患或发育障碍造成的暂时性或永久性残疾者,能最大限度地改善与提高其自理、工作及休闲娱乐等日常生活能力,可提高其生活质量,使其回归家庭与社会。

(二)作业治疗的原理和内容

1. 工作原理

精细运动障碍表现为手指及小关节的精细运动障碍,如手指畸形、拇指不能与其余四指对捏或难以协调性地抓握,难以用手准确地穿物体或将东西放到指定位置,难以完成穿衣、系鞋带等日常动作。

因此,作业治疗的辅具能够对手指畸形、手指精细动作、手眼协调能力等精细动作障碍进行评估和功能训练。

2. 主要内容

(1)精细运动能力评估。精细运动能力评估主要是对小关节运动范围、活动灵活度、小肌肉的肌力以及协调运动进行评估。

(2)精细运动能力训练。精细运动能力训练主要是对小关节运动范围、活动灵活度、小肌肉的肌力以及协调运动进行训练。

(三)作业治疗的辅具

传统的作业治疗设备主要包括儿童组合拼装类训练器具等。目前,可用于精细运动能力训练的辅具主要有上肢协调功能练习器、橡筋手指练习器、插板、螺丝、螺母、分指板、作业训练器、手功能组合训练器等。

1. 上肢协调功能练习器

上肢协调功能练习器由多组弯曲的钢丝支架和活动彩色珠子构成,彩色珠子可在钢丝支架上进行滑动。上肢协调功能练习器用于对受训者上肢稳定性、协调性的训练。通过训练,可提高训练者上肢的稳定性,特别是手指的协调性,并提高上肢的日常活动能力。如图5-20所示。

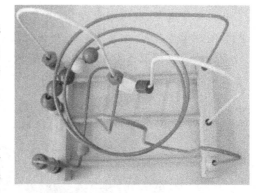

图5-20　上肢协调功能练习器

2. 橡筋手指练习器

橡筋手指练习器由金属框架、垫板、橡筋挂钩和橡皮筋构成,橡皮筋和橡筋挂钩组成网状结构。用于对受训者手指活动能力进行训练,提高手指的主动屈伸能力。如图5-21所示。

图5-21　橡筋手指练习器

3. 插板

插板由底板(带不同大小的圆形凹洞)和不同粗

细的圆柱体构成,圆柱体可以插入底板上的凹洞中,由木、塑料、铁等材质制成,底板可以有不同的形状(正方形、长方形、半弧形等),也有可倾斜型。插板可用于上肢协调功能的训练,通过将练习棒准确插到位来对受训者进行协调性训练,提高其手眼协调能力。如图 5-22 所示。

图 5-22　插板

4. 螺丝、螺母

可单独成套,也可组合成套,由底板(带不同大小的螺丝洞)、不同粗细的螺丝和与螺丝配套的螺母构成,可由木、铁、塑料等材质制成。用于对受训者进行手眼协调性和灵活性进行训练。通过模拟日常生活中的上螺丝、上螺母的动作,改善受训者的手指功能。图 5-23 为婴幼儿玩具螺丝车。

图 5-23　婴幼儿玩具螺丝车

5. 作业训练器

作业训练器由各种日常生活中的常用开关(如水龙头、插销、挂钩、合页、电插头)、衣夹等构成,将上述材料固定在底板上,便于受训者反复练习。用于对受训者进行手指功能的训练,通过对日常生活中的各种常见开关的使用,改善受训者的对指功能,并提高其手眼协调性、灵活性以及手的感觉功能。如图 5-24 所示。

图 5-24　作业训练器

6. 模拟作业工具

模拟各种日常生活中的常用工具,如锤子、斧子、钳子、螺丝刀、扳手、锯子、螺丝、螺母等。用于对受训者进行手眼协调性、灵活性的训练,通过对日常生活中的各种模拟工具的使用,重点改善受训者的对指功能。

7. 分指板

分指板主要用于矫正手指的痉挛畸形。用于抑制手指屈曲紧张,防止手指屈曲挛缩。手指分开并保持手指在正确伸展位,完成穿戴。每次穿戴不超过 20 分钟。有带方向轮和不带方向轮及弧形三种。如图 5-25 所示。

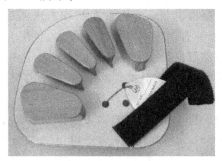

图 5-25　分指板

8. 手功能组合训练器

手功能组合训练器用于训练手指精细动作,改善手指功能;组合训练患者眼—手协调功能,提高手协调性和灵活性。

图 5-26　手功能组合训练器

四、认知干预的主要辅具

(一)认知干预概述

认知干预(Cognition Intervention,简称 CI)是指对认知障碍者进行注意力、观察力、记忆力、推理能力等方面的认知能力训练。认知干预的对象主要是指由智力发育迟缓、脑性瘫痪、自闭症、语言发育迟缓等原因所导致的认知发育迟缓和认知障碍的学生。

(二) 认知干预的主要辅具

在认知干预过程中,应有相应的辅助用品用具。这既使学生的认知能力评估和训练丰富多彩,能引导学生进行积极主动的康复训练,又能使认知干预专用的仪器与设备得到更好的使用。智力障碍儿童的认知、感知类训练器具用于提高儿童对事物的感知和认知能力。它包括儿童图形认知组件、仿真水果、分类盒、大算盘等。

1. 玩教用具

配置一些能帮助学生进行认知评估和训练的玩教学具,力求贴近生活、操作简单、内容直观、形式活泼,在难易和抽象程度上富有层次性。在形式上,所选物品可包括实物、玩偶、模型、折纸、画笔、橡皮泥、游戏板、棋子、塑封的实物或卡通图片,还可配备一些儿歌DVD。在范围上,所选的物品应该能够有助于对学生的注意力、观察力、记忆力、分类能力、数字和图形认知能力以及联想和想象等各种能力进行干预训练。

可帮助儿童在操作中手脑并用,体会探索的乐趣,并全面发展认知能力。

2. 儿童认知能力测验与训练系统

目前可用于认知干预的辅具主要有"启慧博士工作站",即儿童认知能力测验与训练系统。它包括:学前儿童认知能力测验和训练系统及学龄儿童认知能力测验和训练系统两个部分。

(1) 学前儿童认知能力测验和训练系统。学前儿童认知能力测验与训练系统是依据当代认知心理学理论,采用先进的计算机技术对3~5岁儿童进行认知能力定量评估和实时训练的现代化认知干预设备,是目前国内应用最广泛的儿童认知能力评估与训练设备之一。

(2) 学龄儿童认知能力测验和训练系统。学龄儿童认知能力测验与训练系统是依据当代认知心理学理论,采用先进的计算机技术对6~15岁儿童进行认知能力定量评估和实时训练的现代化认知干预设备,是目前国内学龄阶段应用最广泛的认知能力评估与训练工具之一。

认知干预辅具的发展趋势:随着计算机技术的进一步发展,今后认知能力的测评和训练的手段会更加先进。从显示效果上,有望出现三维立体型的显示器,从而为特殊学生营造高仿真的训练环境;从训练对象上,有望出现网络联机版的训练形式,可供多名特殊学生以合作或竞赛的方式同时进行训练,既可提高他们的认知能力,又可促进其社会交往能力。

第3节 蒙台梭利教具

在智障儿童的教育领域中,法国缺陷儿童教育家伊塔和塞贡把听觉训练的教育方法运用到了听觉智障的儿童教育中,并取得了一定的成功。到19世纪末,蒙台梭利探索出了一系列具有蒙氏特点的智障儿童教具和教育方法。

一、蒙台梭利教学设施与教具

蒙台梭利曾公开地表示,她不喜欢"教具"这个名词,她认为正确的名称应该叫"工作材料"。它的主要作用是供给幼儿作成长"工作"时所用的"材料",是以兼具增进智力和改善性格为目的的。

(一) 儿童之家的设施[①]

1. 三套立体插件。
2. 三套立体图形,尺寸有区别。还包括:
(1) 粉红色立方体(积木)。
(2) 棕色棱柱。
(3) 薄板:分两种颜色——绿色和红蓝相间的。
3. 各种各样的几何立体图形(棱柱、棱锥体、球形、圆柱体、锥体等)。
4. 粗糙表面和光滑表面的矩形小板。
5. 各种布料。
6. 不同重量的木块。
7. 两个盒子,每个盒子中都装有64块颜色各异的小方块板。
8. 装有平面插件的小柜子。
9. 三套卡片,上面有纸糊的几何形状。
10. 一套圆柱形密闭式盒子(音响)。
11. 两套音乐钟和画有五线谱的木板以及用于标示音符的小圆片。

另外练习书法和算术需要准备的教学用具有:

12. 两个有坡度的桌子和各种各样的金属插片。
13. 写有砂面字母的卡片。
14. 两个字母表,背景是彩色纸板,纸板的大小要有区别。
15. 一套写有砂面数字的卡片(1、2、3等)。
16. 一套有光纸数字的大卡片,用于计10以上的数字。
17. 两盒用于计数的小棒。
18. 适合教学方法的图画书及彩色铅笔。
19. 用于练习系带子、扣纽扣等的四方框,用于锻炼手的动作。

(二) 蒙台梭利教具的种类

蒙台梭利教具主要分日常生活教育教具、感官教育教具、数学教育教具、语言教育教具、科学文化教育教具及音乐教育教具六大领域。在蒙台梭利教具中,最经典的教具为感官教育教具部分,例如:插座圆柱体、粉红塔、棕色梯、长棒等。蒙台梭利教具最大的特点在于,孩子通过自主地操作教具,从中主动地获得大量感官经验及掌握不容易被理解的数理知识。蒙台梭利教具是依据孩子的年龄段而设计的,不同年龄段的孩子适用不同的教具。

依蒙台梭利自己为儿童之家写的手册说明,有动手教育、感官教育、语言与知识、自由、书写、阅读、做算术、品德教育等八项。后人为方便陈述,又将它们归纳成以下四项(以学前儿童所用到的教具为主)。

1. **日常生活教具**

依照美国的分类,将日常生活这项练习分为四大类。(1) 动作:例如,划直线走路等。(2) 照顾自己:例如,穿脱鞋子、衣服等。(3) 照顾自己的环境:例如,拔草、浇花等。(4) 礼

[①] 玛丽亚·蒙台梭利.儿童之家[M].洪友,等译.天津:天津社会科学出版社,2007.

貌;例如,打招呼等。

日常生活教育的最主要目的是在于训练感官能力和肌肉活动两者之间的协调。第二个重要的目的是在人格形成上可以培养出孩子的独立、专心、协调、秩序等习性,为他们将来的发展奠定良好的基础。第三这些练习也可以培养社交能力。例如当活动室里的蒙台梭利教具只有一套且一个小朋友在玩倒水时,另外一个小朋友也想玩时,必须让小朋友学会"等待"。问候等日常生活常规也包括在这项练习中,提供了孩子相互交流和彼此配合的机会,使他们从中了解社会行为。

日常生活教育是蒙台梭利教育的入手处。假如这个部分没有做好,就出现不了蒙台梭利现象(秩序→专心→反复练习→协调),而往后的感官、数学教具部分也就不能做得很好,也就无法达到最大的开发效果了。

2. 感官训练教具

感官训练教具是最具特色的。这类教具的范围包括视、听、嗅、触、味、温、压、辨认立体以及色彩等各方面的感官训练,将颜色、气味等抽象的感觉带入具体实物,用来启发孩子认知的敏锐性,为进一步的教育"目的"立下根基。

(1) 触觉训练在于帮助幼儿辨别物体是光滑还是粗糙,辨别温度的冷热,辨别物体的轻重和大小、厚薄、长短以及形状。

(2) 视觉训练则在于帮助幼儿提高鉴别度量的视知觉,鉴别形状、颜色、大小、高低、长短及不同的几何形体。

(3) 听觉训练主要使幼儿习惯于辨别和比较声音的差别。使他们在听声训练中,培养起初步的审美和鉴赏能力。

(4) 嗅觉和味觉训练注重提高幼儿嗅觉和味觉的灵敏度。

3. 数学教育教具

蒙台梭利认为人类的学习是由简单到复杂、具体到抽象的过程,所以在面对"数学"这种纯抽象概念的知识时,唯一让孩子觉得容易学习的方法,也只有以具体、简单的实物为起始。让孩子们在亲自动手中,先对实物的多与少、大和小,求得了解,再自然而然地联想起实像与抽象间的关系。比如说为了要让孩子了解0、1、2、3、4等五个概念,在"纺锤棒箱"的设计上,我们就分别在5个空格的上方,标出0、1、2、3、4;然后再依据每个数目的多少,放入同数量的棒子。这样可以使孩子切身看到1和2、3之间多少的比较,而知道什么是1、2和3,结合起"数量"与"数字"。所以,蒙台梭利采用"数棒"为学习数概念的起步,然后循序渐进地指导幼儿了解数的意义(量)与数的字形(符号),而最后进入加、减、乘、除的四则运算。

4. 语言教育教具

语文练习是运用"间接"方法来帮助孩子书写、阅读、言语等能力的发展。先不直接教儿童拿笔写字,而是从日常生活练习开始,例如舀豆子时肌肉控制、协调,并且主张在孩子一出生时,大人就应该提供一个充溢语言与文字的环境,让他自然地"感觉"、"领悟"周围的一切。例如,自小就不断地对他说话;在孩子会走路以后,就在孩子用的毛巾上写上他的名字等。在生活环境中,为他准备一些书写能力的教具。另外大人也可在环境中,准备许多不同内容的书籍、图片,让孩子去接触、翻阅,使他们的知识逐渐丰富。

二、蒙台梭利教具的特点

蒙台梭利教具是符合智力障碍儿童身心发展规律和特点的。蒙台梭利感官教具具有很多适应儿童发展规律的特性。蒙台梭利教具具有以下特点。

(一) 强调吸引力

这是指教具本身具有调和的、优美的吸引力。蒙台梭利指出:"一件事物能否吸引儿童的注意力,并不在于事物本身的特征,而在于它能为儿童提供多少活动机会。"每项教具都有能够吸引小孩子的因素,例如粉红塔的重量、颜色;或舀豆子时,豆子沙沙的声音。无论从教具的形状、颜色,还是教具的排列方式等各方面都具有很强的吸引力。蒙台梭利教具不选用五彩杂陈的色泽,以朴实、干净的色调为主。教具通常用单色调,突显真正的教育目标,也具有孤立的特征。例如,粉红塔的十块木头全部都是粉红色。

(二) 具有孤立性

蒙台梭利要求在训练某一感官时,要排除其他感觉渠道的干扰,保证智力障碍儿童被训练的感觉器官得到的印象尽可能的纯正、清晰。例如,训练感知重量的感官教具中所有的部件均同质、同形,只是每个部件之间存在量的差异,以便使智障儿童通过操作这套教具,训练对重量感觉的敏锐性。这样的设计特点能将物体的不同特点非常明显地表现出来,使儿童将注意力集中在关键的概念上,并且以此来奠定儿童区别物体的兴趣基础。操作蒙台梭利的教具时,智障儿童所要面临的困难只有一个,即只需接受一个新知识。这完全符合智障儿童注意力易分散的特点。通过孤立的特性,智障儿童在接受教具刺激时,能够更好地集中注意力,可以增强儿童的学习效果。

(三) 适合儿童的尺寸

教具的最重要目标是为了符合儿童的内在需要,所以在尺寸上,应以儿童的能力为设计重点。在蒙台梭利教室里,儿童主动参与操纵学习环境时要做的事情,包括抬东西、搬运、维持平衡、堆东西、倒水、打扫、装配、度量各种物体等。如,粉红塔最大的一块是10立方厘米,大小孩子都能够搬得动。蒙台梭利教具不是固定在教具架上的,而是可以由儿童在一定的规则下任意选取的教具,是可以搬到任何地方去操作的教具。在儿童将教具进行多次聚集分散,移动来移动去的过程中,不仅促进了智障儿童双手的运动,还加深了他们对教具的认识,为智障儿童的实际生活提供了前期准备。例如大小、长度、重量等应使儿童容易搬动、取用、握拿等。[①]

(四) 错误控制的特性

可以使智障儿童发现错误,并能自己改正。对于正常儿童在操作过程中能够根据教具的"暗示"进行"自我教育",直到操作完全正确为止。对于智障儿童在操作教具的最初阶段,由于缺乏自我纠正的能力,需要教师的不断提醒和帮助,但只要经过反复的练习和教师耐心地引导,智障儿童也能够在观察和实验的过程中发现"错误",获得这个经验后,智障儿童逐渐学会判断,教师就可以在以后的操作中,减少对智障儿童所犯错误的外部控制。

(五) 等级限制的特性

例如在视觉训练练习的第一套教具中,所有的小圆柱体的高度是一样的,都是55厘米,

---

① 郭玲.蒙台梭利智障儿童感官教育思想研究[D].济南:山东师范大学,2006.

但直径却不相同。最小的直径只有1厘米,其他的小圆柱体直径依次增加0.5厘米。蒙台梭利发现缺陷儿童和正常儿童对按刺激等级构成的教具表现出的反应不同。对于智障儿童,必须从具有更鲜明对比的练习开始。

三、蒙台梭利教具操作的方法

蒙台梭利认为教具具有促进儿童心理发展和人格形成的功能。教具能够唤起儿童"专心",当儿童自由地选择了教具以后,他就会专心地操作教具,并且练习一直到完成一个活动的周期,在这样的"专心"中活动,儿童心理得以发展,人格得以形成。蒙台梭利主张通过所谓 P(Pairing)、G(Grading)、S(Sorting)即配对、排序、分类的对教具的操作方法帮助儿童运用教具实现感觉教育。P 是从教具中找出相同的加以"配对",G 是把教具按照一定的序列(从大到小或从小到大)进行"排序",S 是对教具进行"分类"。

(一) 重视儿童早期教育方法

蒙台梭利认为,造成儿童低能的大多数原因是忽视了在儿童敏感期内(0~6岁)的教育重要性,只要在相应敏感期之前开始教育,就能使智障儿童的缺陷得到纠正。蒙台梭利认为视觉、听觉、触觉、味觉、嗅觉等感觉能力的发展在3~7岁处于最迅速的时期,假如在这一时期忽视了感觉教育,成人之后感觉发展进入相对停滞期,则无法进行任何形式的补救。现代心理学研究已经验证,早期干预应在3岁前开始,最迟不要超过6岁。

如果能在智障儿童的早期,借助感官教具,开发他们的大脑功能,就有利于智障儿童智力缺陷的康复。如果误了早期干预的时间,过了学龄期才进行干预,改善效果就远不如在早期的效果了。所以只要发现了孩子在智力方面有一点问题,即使不严重,也要尽早开始训练,以求得更好疗效。

(二) 遵守儿童循序渐进方法

蒙台梭利强调,实施智障儿童感官教育应该遵守循序渐进的原则。蒙台梭利教具操纵的顺序性有以下两个方面的含义。

第一,由具体到抽象。

教具的操作由具体到抽象。以数棒为例:幼儿在经常使用数棒的过程中,逐渐知道"2"是由2个"1"、"10"是由10个"1"组成的。开始,儿童的"1"并不是一个抽象的概念,而是一个最短的数棒;"2"这个数棒和两个最短的数棒"1"接起来一样长,"10"这个数棒则和十个最短的数棒"1"接起来一样长。渐渐地,儿童便懂得了"2"中包含2个"1",10中包含10个"1"……再如,筹码的使用是在写"1"的地方放了1个筹码,写"10"的地方放10个筹码,这是开始学习数目和数目间配对关系的方法。逐渐地,儿童理解了数的组成和数的实际意义,获得了较为抽象的概念。

第二,由简单到复杂。

蒙台梭利教具本身具有层次性。例如:带插座的圆柱体由直径的递减(第一组)和高度的递减(第二组)逐渐过渡到高度与直径同时递减(第三组)和更复杂的高度递增直径递减(第四组)。因此,教具的使用也有层次性,或渐进性。

(三) 遵循分解训练方法

蒙台梭利认为,智障儿童训练要采取分解的办法进行。就是说,要把复杂的整体练习过程分解为简易的几部分进行。关于这个原则的运用，蒙台梭利接受了早期德国实验心理学家冯特的理论——"把复杂的现象分析成各种最小元素，再以这些元素的统和来说明现实复杂的现象。"

在蒙台梭利早期的缺陷儿童感官教育实验中，不仅充分运用了分解训练原则还取得了极好的训练效果。分解智障儿童的感官训练程序和步骤，既符合智障儿童感官发展水平，又能够适应智障儿童的心理和生理发展水平。表 5-2 列举了蒙台梭利部分感官教具训练项目和内容。

表 5-2 蒙台梭利感官教具训练项目

项目	训练目标	训练内容	训练说明
视觉	训练智障儿童提高视知觉，通过眼睛的观察认知事物，能够通过目测对事物做出基本的判断。学会鉴别学具的大小、高低、粗细、长短、形状、颜色及不同的几何形体	1. 比较学具的大小、高低、粗细、长短、形状； 2. 通过色板认识基本的颜色，并学会分辨； 3. 认识一些简单的几何形体	训练中学具为主要的教学载体，在儿童掌握之后要在日常生活中加以指导，提高学习的实用性
触觉	训练智障儿童的触觉能力，提高儿童的感受性，能够通过触摸感知事物外在基本的情况，辨别物体光滑与粗糙、冷热、轻重、大小、厚薄	1. 触摸光滑和粗糙的平面，学会辨别； 2. 通过手感知水的冷和热； 3. 通过触觉感知物体的轻重、大小、厚薄	这项目训练主要针对触觉障碍的学生进行，在训练中要蒙上学生眼睛完全靠触觉来进行判断
听觉	训练智障儿童认真地去听声音，并且习惯于区分声音的差别，使他们在听声的训练中不仅能够分辨音色、音高，还能培养初步的审美和鉴赏能力	1. 辨别音的强弱、高低； 2. 辨习简单的节奏； 3. 辨别常见的乐器音； 4. 学习欣赏简单的儿童音乐	在智障儿童中有不少在音乐方面有特长，对这一类学生可以在掌握的基础上做拓展和延伸
嗅觉味觉	训练智障儿童的嗅觉和味觉，能够根据闻或尝到的味道做出简单的判断，提高嗅觉和味觉的灵敏度，并能对味道和气味做出反应	1. 辨别常见的气味，如：香味、臭味、刺鼻的气味； 2. 辨别酸甜苦辣咸的味道	训练中要关注自我防范和保护能力的训练，如：分辨一些有害气体

（四）提供预备性练习方法

依据智障儿童思维发展缓慢，缺乏学习的兴趣和主动性，且情感发展迟滞的特点，在实施智障儿童教育时，必须从相对简单的预备性练习入手。如进行书写训练前，必须让儿童进行的一种非正式的书写活动，也是为顺利进入正式书写活动前的预备性或准备性学习活动。也有人认为是通过画图和涂写，运用图画、图形、文字及其符号，表达信息、传递信息的游戏活动。前书写是为幼儿将来写字做的准备工作，前书写技能培养是有关的基本动作、方位知觉、字形辨别、书写方式、书写习惯等技能的学习与培养。掌握前书写技能，引发他的书写兴趣，丰富他的书写经验。

蒙台梭利做过一个实验：一个11岁的智障女孩，她的身体和手的运动能力正常，但就是学不会缝纫，或者说连缝纫的第一步缝补都学不会。该实验只是要求这个智障儿童把针扎过第一层及其下层织物，然后再挑起来，抽过线，反复如此缝而已。于是蒙台梭利先让这个女孩用福禄培尔席子学编织，就是把一根纸条横着一上一下地穿过两头都固定着的一排纵向纸条。这两种练习间有很大的相似性，经过一段时间的练习，智障女孩能够熟练编织后，蒙台梭利又让她学缝纫，结果智障女孩学会了织补。因此，蒙台梭利指出，"应该在让孩子完成一个任务之前，真正找到如何教他去完成这个任务的办法。"

(五) 知觉和语言结合教学的方法

蒙台梭利主张，在教学过程中，教师只需对感官教具材料作简单的介绍、示范。教师的话要简短、明了、客观。蒙台梭利建议把感觉的培养同知觉与语言的发展结合起来。蒙台梭利继承了塞贡采用的三阶段"名称练习"。蒙台梭利三段式教学法即命名、辨别、发音。这三个阶段的学习方法，必须用于所有的每一个教具的介绍，也可以用于识字教育上。当要开始示范任何一种教具，须指示幼儿用不同物体加以比较，才能得到正确的认知。例如：大—小、大—较大—最大、长—短、轻—重、粗—细、硬—软等，也是逐次渐进地做精确的认识。要让孩子从五官的接触到心智的刺激，逐次地、确实地得到深刻的印象。

以蒙台梭利教智障儿童识别颜色的方法为例。

第一阶段——命名。向儿童出示红、蓝两种颜色。出示红色说"看这个！"并提高声音特别慢而清晰地说："这个是红的。"然后将另一颜色给孩子看，说："这个是蓝的。"

第二阶段——辨别。这时，老师对孩子说："请把红色的给我。"或者说："把蓝色的给我。"如果孩子在学的时候犯了错误，这时老师就不应该重复和坚持了，他应该对孩子表示友好，比如给孩子一个微笑，然后把那些颜色拿开。

第三阶段——发音。发音：这是什么？给孩子看一件物品，问他："这是什么颜色？"他应该回答说："红色"或"蓝色"。

蒙台梭利指出，"塞贡坚决地坚持这三个阶段，并坚持要一次一次把颜色放在孩子面前。他还建议绝不要一次只出示一种颜色，因为对比有助于颜色记忆。"

蒙台梭利通过不断的实验，用事实证明了，"再没有比这更好的教缺陷儿童识别颜色的方法了，用这种方法，他们能比一般学校中偶尔进行感觉训练的正常儿童学得好。"

再例如用三段式教学法认知苹果的方法：

指着苹果，以清楚、缓慢的语调对儿童说："这是苹果。"

然后问儿童："哪一个是苹果呢？"（必须至少还有另一件物品）

如果儿童用手指去指了苹果，就再接着指着苹果问儿童："这是什么？"儿童回答："苹果"。

(六) 禁止蒙眼练习法

在对正常儿童进行感觉训练时，蒙台梭利采用了一个重要的技术方法就是感觉隔离法，例如蒙眼训练法。蒙台梭利发现，蒙上正常儿童的双眼，"可以大大提高正常儿童的兴趣，不致使训练陷入嬉闹玩笑之中，也不至于把儿童的注意力集中到蒙眼上，而是集中到我们想进行的练习上。"

例如，为了训练触觉，蒙台梭利要求儿童在暗室里，蒙上眼睛，然后操作触觉教具，这种做法必然能提高儿童注意力集中的程度。但是,蒙台梭利经过试验发现,同样的方法不能用在智障儿童身上,"智障儿童一进暗室,往往就会睡觉,或者做不守规则的动作;当被蒙上眼睛时,他们的注意力就集中在蒙眼布上,把练习变成了游戏,达不到做练习的目的。"因此,智障儿童感官教育不适宜采用蒙眼练习的方法。

(七) 及时提醒操作错误的方法

蒙台梭利认为,在组织幼儿活动时,教师要以儿童的内在需求为出发点,教师应仔细观察儿童,并充分了解可以帮助他们发展的活动。教育内容的组织应以教具为中心,教具是依据儿童各敏感期设计的,其顺序性很清楚,儿童可以按自己的能力去发展,不需他人指定。但蒙台梭利在对智障儿童观察的时候发现,由于心智方面存在缺陷,智障儿童在纠正操作过程中发生的错误时,普遍缺乏正常儿童的自主性。

以典型的圆柱体组(见图 5-27)为例。在一块木板的一排圆孔中插上相应尺寸的 10 根小圆柱体,柱体的直径逐个递减 1 毫米。游戏方法是:先把圆柱全部拔出,放在桌上并打乱,然后让孩子们复位。一个缺陷儿童在做这项练习时,蒙台梭利发现,"总要不断提醒他注意,要他瞧着木板,把不同大小的圆柱给他看,如果他把圆柱都插回了原位,他就停止不动了,游戏就结束了,不论什么时候出了错,就需要替他纠正,或促使他纠正,即使当他能够自己纠正错误时,通常表情也很冷淡。"

图 5-27　插座圆柱体

因此,在对缺陷儿童进行感官训练的时候,教师必须注意及时提醒和纠正他们的错误操作,这一点与正常儿童练习时的要求完全相反。随着智障儿童智力和思维水平的不断完善,教师对智障儿童操作错误的纠正次数应该逐渐减少,以培养智障儿童的自主能力,完成智障儿童的自主教育。①

第 4 节　培智辅具应用案例

智力残疾儿童康复训练的主要领域有运动、感知、认知、语言、生活自理、社会适应等六大领域。

一、运动发展训练辅具的应用

智力残疾儿童的运动发展比正常儿童迟缓,平衡能力、协调能力都相对差些,因此就要对他们进行科学、系统的运动康复训练,最大限度地改善其运动能力,为其智力发展和适应

---

① 郭玲.蒙台梭利智障儿童感官教育思想研究[D].济南:山东师范大学,2006.

能力的提高打下基础。主要内容包括翻身、坐、爬、站、步行、上下台阶、跑、伸手取物、捏取、拧瓶盖、系扣子、穿珠子、折纸等。

(一) 翻身

训练目标包括由仰卧位翻到侧卧位、由侧卧位翻到俯卧位、由俯卧位翻到仰卧位三个目标。训练器具是垫子、训练床。具体方法如下：

1. 孩子取仰卧位,训练者在其左(右)侧,用一只手手掌搭在孩子的左(右)腿膝关节上部,用另一只手托在肩关节下面,两手同时用力,使孩子翻过身去从侧卧位到俯卧位;再用相同的方法使其到仰卧位。

2. 训练者在孩子头部的前方,两手掌放在其两颊,使孩子的头从仰卧向侧方轻轻转动(根据具体情况做),随着头部的转动,孩子的身体也随之转动。

3. 孩子取仰卧位,训练者在其左侧,辅助他将右腿搭过左腿,用言语诱导孩子完成动作,同时在其臀部给予辅助力。辅助力要恰到好处,目的是让孩子主动做。

4. 动作方法同3,只是最后不给予辅助力。

5. 观察孩子独立翻身,再根据孩子完成的情况,给予指导。

(二) 坐

训练目标包括端坐位和长坐位两个目标。训练器具是垫子、墙。具体方法如下：

1. 孩子背靠墙或其他物体,双膝伸展,髋关节屈曲(90°～100°)完成长坐位。

2. 孩子不用背靠物体做长坐位,在辅助下保持平衡。

3. 孩子在没有任何辅助下,完成长坐位并保持平衡。

(三) 爬

训练目标包括能用双手、双膝支撑身体和能手膝并用四肢爬和俯爬两个目标。训练器具是垫子、护膝。具体方法如下：

1. 孩子在语言提示下,模仿训练者正在做的爬行动作。

2. 孩子在辅助下做爬行动作：(1)在孩子前后分别有一名训练者,一个辅助上肢动作,一个辅助下肢动作。(2)训练者站在孩子身旁,用手抓住孩子的腰部衣服,使其四肢着地,然后带动其向前爬行。

(四) 站

训练目标包括扶物站立、独立站立两个目标。训练器具是墙、床、椅子、双杠。具体方法如下：

1. 训练者扶着孩子站立(手拉手,扶躯干)。

2. 孩子扶着物体(床、墙、桌子等)自己站立。

3. 孩子独立站立,不借助于任何帮助。

(五) 步行

训练目标包括维持支撑期、维持摆动期两个目标。训练器具是双杠。具体方法如下：

1. 两人辅助：一人拉住孩子的双臂保持其平衡,另一人蹲下提推其小腿,迫使孩子向前迈步。

2. 一人辅助：训练者站在孩子身后,两手扶住其两侧手臂,然后用下肢迫使孩子向前迈步。

3. 训练者示范走的动作或口头提示，让孩子模仿。

（六）上下台阶

训练目标包括上台阶与下台阶两个目标。训练器具是楼梯、牵引物(绳、棍等)。具体方法如下：

1. 训练者站在孩子身后，两手扶其双臂，用膝盖顶住孩子的腘窝上部，迫使其抬腿。
2. 训练者用手或横棍拉住孩子，同时用语言配合，拉着孩子上下台阶。
3. 用语言提示使孩子上下台阶。

（七）跑

训练目标包括在辅助下跑、独立跑两个目标。训练器具是跑步机、平整的地面。具体方法如下：

1. 两名训练者每人握住孩子的一只胳膊，架(拉)着孩子跑。
2. 训练者站在孩子左侧，用右手拇指掐在孩子的衣领里，另外四指伸直起到推动作用，同时也可防止孩子跌倒。
3. 训练者示范并口头提示。让孩子自己跑。

（八）伸手取物

训练目标包括有意识地伸手、五指抓握物体两个目标。训练器具是食品、玩具等。具体方法如下：

1. 训练者用孩子最喜欢的物品吸引其注意力，使孩子有伸手去取的愿望。
2. 让孩子张开五指抓到物体并取回来，及时给予强化。

（九）捏取

训练目标包括两指张开、捏住物品、取回物品三个目标。训练器具是细小的物品。具体方法如下：

1. 训练者辅助孩子利用食指、中指与大拇指捏取细小物品。
2. 训练者示范或口头提示，让孩子自己捏取物品。

（十）拧瓶盖

训练目标包括握住瓶盖、腕部旋转两个目标。训练器具是带盖的饮料、带螺丝扣的器皿。具体方法如下：

1. 训练者握着孩子的手反复做拧盖的动作。
2. 训练者示范或口头提示，让孩子自己拧盖，直至独立完成。

应用：训练精细运动和手指协调能力。

注意事项：为防止玻璃瓶口划伤手指，应选用塑料瓶。

（十一）系扣子

训练目标包括看准扣眼儿、两手配合扣好扣子两个目标。训练器具是带扣的上衣、扣扣子练习器。具体方法如下：

1. 训练者协助，扣子要和扣眼相应对准，用两手的拇指和食指相互配合扣好扣子。
2. 从大扣到小扣按照从易到难的顺序练习，逐渐熟练。

（十二）穿珠子

训练目标包括一手拿珠一手拿线、把线穿过珠子、双手配合摞珠三个目标。训练器具是大小不等、形状不一的珠子。具体方法如下：

1. 一手拿珠，一手拿线，把线从珠子的孔中穿出。
2. 抓住线头把珠子摞下。

（十三）折纸

训练目标包括把纸抚平、将纸对折、沿直线抹平纸三个目标。训练器具是纸。具体方法如下：

1. 拿起纸，平放在桌上，把纸抚平，一手将纸折起，另一手辅助将纸边对齐。
2. 用手将纸抹平。

（十四）搭积木

训练精细运动，手眼协调能力，空间知觉，数的概念，颜色形状的认识，以及对大小、多少的感知练习。使用质地为塑料或木头的积木，可搭成图案。

注意积木块不能太小，以防儿童误食。要着色均匀，不脱色。

（十五）彩色笔、纸

训练精细运动，手眼协调能力。彩色笔尖要粗圆、钝些。

（十六）各种玩具娃娃

训练社会适应能力，知道性别、年龄及人身体各个部位的名称。玩具娃娃应有男有女，大小不限。制作物要结实，不易损坏。

（十七）家居玩具

训练认知能力、精细运动。训练用具有锅、碗、厨具等。玩具最好是塑料的，要结实、耐用，以防易碎伤人。

二、球类康复训练案例

球类游戏（见图5-28）是古老的儿童游戏，是所有儿童包括弱智儿童都非常感兴趣的游戏之一。它不但可以训练孩子的手腕力量，还可以训练孩子手控制方向的能力，提高孩子的手眼协调性，增强孩子的快速反应能力。更重要的是球的变形、弹跳、滚动等特性，使孩子在球的操作、互动中产生动作智慧，并进一步加深对事物特性及运动方式的思考和认识，进而提高孩子的智力。唐氏综合征是一个混合有精神发育迟滞的综合征之一，唐氏综合征又称21三体综合征，先天愚型或Down综合征，属常染色体畸变，是小儿染色体病中最常见的一种。以下是一个唐氏综合征学生学习拍球技能的个案训练方法。

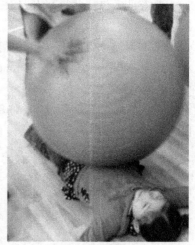

图5-28　球类训练

第一步：多感官训练。由于唐氏综合征多数感官都有缺陷，形成综合运动感觉比较困难。因此，在运动学习过程中应充分发挥相应感官的作用，加强感官机能的训练，如钻龙套、海洋球游戏等，同时利用滚球、抛球等刺激促进综合运动感觉的形成。

第二步：教师的动作示范、语言提示和动作指导。双手持球往下扔，当球反弹时双手抱住球。在这个过程中,需要教师手把手帮他练习。

第三步:双手连续拍球动作分解。教师先反复帮他练习双手拍球动作,让他掌握拍球的时机,熟悉球性、球感,最后独立完成双手运球。完成动作应及时给予口头表扬或贴五角星奖励他,使他体会成功的喜悦。

第四步:学会单手拍球。在这个过程中,教师先手把手帮他练习单手拍球,并不断示范运球动作,同时讲解动作要领,然后给他录像,让他了解正确的拍球姿势,最后让他独立正确完成单手拍球动作。应及时给予奖励。

经过近半学期的反复训练,他知道了正确的拍球姿势并学会拍球这项运动技能。渐渐地教师发觉他喜欢上了拍皮球这项运动,有时在活动中教师会让他做示范动作,在同学们和老师们面前,他感受到了荣誉。大脑的变化、学习和记忆及脑内神经元的联结程度决定于环境对大脑的刺激。脑的工作与肌肉在很大程度上是十分相似的——使用得越多,生长越快,服从"用进废退"的规则,不能缺乏足够的刺激。

三、粉红塔使用案例

适应年龄:2.5～3岁(有插座圆柱体C的练习经验)。

直接目的:初步感知三维物体体积的变化。

间接目的:培养专注的观察力;培养手眼协调及手指抓、捏的动作控制能力;培养逻辑思考能力;为数学学习做准备。

(一)准备材料

卷毯,粉红塔(见图5-29所示,10个粉红色立方体,边长以1厘米的等差从10厘米递减到1厘米),与粉色塔配套的图卡10张(作配对使用)。

图5-29 粉红塔

活动提示:

1. 与幼儿一同取来卷毯铺好。
2. 引导幼儿至教具柜前,向幼儿介绍教具的名称。
3. 示范幼儿拿取立方体的方法:用右手取,大块的需用左手托住底部,右手抓住塔上方。
4. 指导幼儿从小到大、将塔块一一取出,散放在毯上。
5. 教师坐在幼儿右侧。

(二)垂直垒塔

蒙台梭利认为教具能吸引孩子注意力。以粉红塔为例,它极易引发孩子的兴趣,"他们一搭好塔,就用手推倒它,欣赏撒在地毯上的粉红方块。然后又开始搭。搭好又推,推了又搭,反复多次。"而在垒塔的过程中,"孩子们练习了跪下、起立等动作。"将肌肉练习作为感觉练习的基础,符合幼儿认识发展的规律。

1. 取对比强烈的一大、一小两块粉红立方体,进行普通名称练习。

以三段式名称练习法引导幼儿。

2. 将粉红塔按从大到小的顺序垒高。

询问幼儿:"比一比,哪一个是最大的?"请幼儿将最大的立方块选出置于面前卷毯上。再请幼儿找出剩下立方体中最大的一个,正放(每边所留的间隔相等)在第一个立方体上。如此类推,将塔垒完。

3. 垒塔时动作要慢,用目测和比较的方式找出大的。

4. 全部垒完后,引导幼儿感知协调的塔形。训练师和幼儿一起用双手从下至上、再从上至下抚摸塔身。建立对粉红塔的触觉记忆。

5. 鼓励幼儿尝试,给幼儿反复练习的机会。

6. 请幼儿将粉红塔块一个一个取下,散放在毯上,再按由大到小的顺序以一边对齐的方式重新垒塔。

7. 操作完后将塔块一个一个慢慢取下来。教幼儿用取教具时的方法,从最大的塔块开始,依次放回教具柜原处。

错误订正:按从小到大的顺序取塔;垒塔时通过视觉订正边与角的对齐。

(三) 延伸变化

1. 序列的延伸——序列基础上的配对。
2. 序列的延伸——变化方式的序列操作。

准备材料:粉红塔,卷毯。

活动提示:

(1) 请幼儿将粉红塔立方块依次取来散放在地毯上。

(2) 将粉红塔以一边对齐的方式,竖着垒起来。

(3) 用最小的立方体块沿每层塔的边缘比较,体验等值关系:每一块塔块的边长与最小块边长的结合等于下一层塔块的边长。

(4) 再将塔以正对齐的方式依大到小的顺序横着摆出。

(5) 请幼儿将粉红塔以角对边的方式竖着垒起来。

(6) 请幼儿将粉红塔以角对角的方式横着摆出。

(7) 将粉红塔与配套10张图卡进行配对练习。

提示:变化方式的序列操作,一方面教师要注意调动幼儿的自发性与主动性,鼓励儿童创造性地变化方式排序或与其他孩子协作垒塔;另一方面,这项延伸操作也可作为儿童对基本活动理解程度的评估与确认。

3. 序列的延伸——戴眼罩练习(智障儿童不适合)。

准备材料:粉红塔,卷毯,眼罩。

活动提示:

(1) 请幼儿将粉红塔立方块依次取来散放在地毯上。

(2) 老师戴上眼罩示范进行垂直垒塔的操作。

（3）询问幼儿："你能像我一样把塔垒起来吗？"
（4）请感兴趣的幼儿操作，操作有困难时，老师可用语言提示。

4. 序列的延伸——例如将 10 个立方体呈水平的序列排列。

5. 序列的延伸——例如从排好的 10 个立方体中抽出一个，找出它原来的位置。

本章小结

本章主要介绍适宜智障儿童的辅具在智障儿童身心功能的补偿与康复中的作用，提供了培智学校教学康复专用辅具选择指南。叙述了适宜各类智障儿童的辅助器具的基本分类，及各类智障儿童辅具的功能特点。蒙台梭利教具对于促进智障儿童的智力发展是非常明显的，与普通儿童的使用也是不同的。最后举例说明如何指导智障儿童利用辅具进行康复训练的例子，并通过粉红塔的例子说明了如何利用蒙台梭利教具对智障儿童进行康复训练。

思考题

1. 智障儿童的生活辅具主要有哪些类型？它们的功能特点主要是什么？
2. 培智学校应配置哪些方面的相关辅具？
3. 物理治疗的辅具、作业治疗的辅具、言语语言康复的辅具、认知干预的辅具主要有哪些？
4. 蒙台梭利教具有什么特点？
5. 如何指导智障儿童使用蒙台梭利教具？
6. 如何指导智障儿童进行拍球训练？
7. 如何指导智障儿童使用粉红塔？
8. 选择一名智障儿童，根据他的需要指导其选择合适的辅具，并帮助他正确、有效地使用好辅具。

第6章 适合肢体障碍儿童的辅具

学习目标

1. 了解矫形器的定义、基本作用、基本功能以及适应证等相关知识。
2. 懂得假肢的定义、功能、结构及分类,了解康复协作组的作用。
3. 掌握手杖、助行器、轮椅的选用及其使用的方法。
4. 通过特殊儿童矫形器装配案例,理解矫形器对特殊儿童的作用。
5. 通过特殊儿童假肢装配案例,理解假肢对特殊儿童的作用。

肢体障碍,是指人体运动系统的结构、功能损伤造成四肢残缺或四肢、躯干麻痹(瘫痪)、畸形等而致人体运动功能不同程度的丧失以及活动受限或参与的局限。

肢体障碍包括:上肢或下肢因伤、病或发育异常所致的缺失、畸形或功能障碍;脊柱因伤、病或发育异常所致的畸形或功能障碍;中枢、周围神经因伤、病或发育异常造成躯干或四肢的功能障碍。

按照国家标准GB/T16432,在辅助器具中,肢体障碍儿童辅助器具除包括矫形器和假肢(主类06)外,还有手杖、助行器、轮椅等。

因为肢体障碍直接影响到人的生活、工作,故配置个人移动辅助器的人比例甚高。据调查,肢体障碍者常用个人移动辅助器具根据使用频率高低依次为:轮椅、手杖、假肢等。

第1节 矫形器概述

矫形器是这一行业中发展最完善的部分,距今已有两千多年的历史。随着近代矫形外科和现代康复医学的快速发展,矫形器已成为医疗康复及残疾人康复必不可少的内容。随着机械学、材料学、电子学、生物力学的发展,为矫形器的应用走医学和工程技术相结合的道路,为医生(骨科医生、康复医生)、工程技术人员与矫形器技师的密切合作提供了广阔空间,使矫形器的设计、制造、装配技术有了很大进步,矫形技术日趋完善,矫形器朝着标准化、轻量化、组件化、现代化方向发展,成为康复医学工程一门新兴的学科。

矫形器是用于改变人体神经、肌肉和骨骼系统的机能特性或结构的体外装置。在古代,人们为了生存和劳动,会制作一些简单的器具对因伤残和病患造成的肢体功能障碍或缺失进行弥补和扶助。从考古发掘出的原始支撑器上得到考证,在古埃及时期就有了对矫形器的研究和装配。公元前4世纪的希腊名医希波克拉底采用了各种各样的支具和夹板来治疗骨折、脱臼和先天畸形;公元2世纪希腊著名医师和教师盖仑(129~200年)记载了希波克拉底教学的脊柱矫形器,还对治疗脊柱畸形提出了训练计划。[1] 我国古代医学中的正骨学,就

---

[1] 朱图陵.辅助产品发展史综述[J].中国康复理论与实践,2007,4:17-19.

出现了矫形器的萌芽,利用夹板等体外装置用于矫正骨折后畸形的辅助治疗。从矫形器的发展过程看,矫形器的制作与装配几乎是与矫形外科相伴而生。历史上,对矫形器的称呼很多,有支架(brace)、夹板(sprint)、器具(appliance)、辅助器(aid)、支持物(supporter)、矫形装置(orthopedic device)等多种称法,在具体的矫形器品种方面更是称法繁杂。矫形器(Orthosis)1953年起源于美国,是希腊语中"ortho"和"statikos"两个词组合后的略写。直至20世纪70年代,国际上才逐渐统一称为矫形器(Orthosis)。我国近代矫形器技术是与我国骨科同时产生的。60年前当我国刚建骨科时北京的协和医院已建立了假肢支具室,直接为临床服务,也为北京地区培养了较早一代中国假肢矫形器技师。[①]

一、矫形器的定义

矫形器是用于人体四肢、躯干等部位,通过力的作用以预防、矫正畸形,治疗骨关节及神经肌肉疾患并补偿其功能的支具、支架、夹板等器械的总称。它是应用于人体脊柱、四肢和其他部位,可用以预防、矫正畸形,治疗骨折和关节、肌肉、神经等由于各种原因造成的疾患,并能起到一定的改善或代偿部分失去功能的作用。

矫形器根据人体解剖学、生物力学理论,对先天或由后天因素产生的畸形,因人而异,经诊断而进行固定、调整和矫正,使病患肢体得到矫正和保护。矫形器既能支持、帮助肢体部位正常安全地活动,同时又限制了其不利于康复的活动。随着科技进步,新材料、新工艺、生物力学的发展与应用,矫形技术取得了快速发展,已成为现代康复医学的重要组成部分,是衡量一个学科综合实力的重要标志。

二、矫形器的基本作用

矫形器是应用于肢体运动功能障碍者(脊柱、四肢和其他部位)的辅助器具,其作用是治疗运动系统的疾患和代偿部分功能,预防、矫正畸形。矫形器在骨科临床和康复医学上的疗效主要表现在:能固定病变的脊柱和四肢关节,缓解痉挛,减轻肢体局部承重,止痛,促进炎症消退、病变或骨折愈合,矫正或预防畸形的发展,限制关节的异常活动,改善肢体功能,利用牵引装置缓解神经压迫,解除肌肉痉挛等。由于矫形器的应用部位不同,其各种功能表现的形式呈现多样性,有时一具矫形器可能具有一种以上的治疗作用。

矫形器的基本作用有以下几个方面。

第一,固定病变肢体。达到止痛、缓解肌肉痉挛、促使炎症消退或骨折愈合的目的。第二,限制关节异常活动,以改善肢体功能。第三,矫正畸形或预防畸形的发生和加重。第四,减免下肢承重,减轻疼痛,促使病变愈合。第五,帮助肢体功能障碍患者进行肌肉锻炼,以恢复部分生活自理能力。第六,通过牵引,缓解神经压迫症状。

三、矫形器的基本功能

矫形器是从外部为身体提供力量的,概括起来,矫形器的基本功能包括稳定与支撑、助动、保护和矫正等四个方面。由于矫形器应用在人体的不同部位,所以其各种功能表现的形式也不尽相同。

---

① 赵辉三.矫形器在康复医学中的作用[J].中国矫形外科杂志,1997,6:79-80.

1. 稳定与支持功能

通过限制关节的异常活动范围,保持关节的稳定性,减轻疼痛或恢复肢体的承重能力和运动功能,防止异常运动的出现。这一功能为大多数矫形器所具备。例如小儿麻痹后遗症患者、痉挛性瘫痪、关节疼痛、无力以及其他原因引起的功能障碍,均可通过矫形器的稳定与支持功能得到一定程度的改善。

2. 产生动力功能

即通过一定的装置来代偿失去的肌肉功能,使肢体承重或麻痹的肢体产生运动,进而改善站立、步行、饮食、穿衣等各种日常生活。其中最常用的是弹簧弹片。当肢体不承重时,弹簧将力释放而使矫形器产生了动力。近年来,矫形器已出现了利用气压或液压装置的动力,但最简单有效的动力装置要算橡皮筋或弹簧、弹力带。例如常用于足下垂病人的弹性拉力带,能够改善步态。

3. 保护功能

即通过对病变肢体或关节的固定和保护,促进病变痊愈。从最简单的木夹板到复杂的悬牵引器械以及承重矫形器等均属本范畴。保持性矫形器多用于治疗骨折或髋关节疾患等。

4. 矫正功能

即通过力的作用矫正肢体畸形或防止畸形加重。"三点压力系统"是所具备矫正或保持作用的矫形器所应用的基本原理。需要注意的是,矫形器的矫形功能只适合用于那些对外来的力能产生反应的畸形,对成年人的骨性强直畸形等是无效的。因此,矫正性矫形器特别适用于儿童。因儿童在生长发育阶段,由于骨关节生长存在生物可塑性,可得到一定的矫形效果。如先天性髋关节脱位、先天性马蹄内翻足、特发性脊柱侧凸等患者。

四、矫形器使用的主要材料

矫形器使用的主要材料通常有金属(钢材、铝合金等)、塑料、皮革、橡胶和纤维五大类。近年来,随着新型材料的出现,特别是各种高温及低温热塑性塑料板材、树脂基复合材料广泛应用于假肢矫形器的制作,不仅增添了许多新品种,同时在外观、结构以及作用力的合理分布等方面有了较大的改进,装配质量显著提高,加工过程变得简单,患者使用也便捷、舒适。

五、矫形器的适应证

要使矫形器发挥应有的治疗作用,就必须正确掌握矫形器的适应证。在多数情况下,矫形器是配合外科手术、康复治疗、药物治疗等治疗手段的一种辅助措施。有些疾病如果采用其他治疗方法能取得更好的疗效,就不必考虑使用矫形器。值得注意的是,在安装矫形器时要考虑病患是否存在反指征。如果患者身体过分衰弱,或缺乏使用矫形器的信心和主动性,也不宜安装矫形器。

矫形器的适用对象一般有:小儿麻痹后遗症、脑瘫后遗症畸形、截瘫、骨与关节结核、关节脱位、骨折、关节炎、椎间盘突出症、脊柱侧弯、颈肩腰腿病和肢体畸形等患者,他们都可通过使用矫形器,达到一定的治疗与康复目的。

一般认为有下列情况时,可采用矫形器治疗。第一,需要对某个或数个关节加以制动。如小儿麻痹后遗症的关节松弛。第二,需要对身体的某种畸形加以矫正。如青少年中等程度脊柱侧弯,脊椎前后凸、鸡胸,儿童膝内、外翻、扁平足、马蹄足,儿童肌性斜颈等。第三,以代偿失去的功能为目的。如帮助上肢麻痹的患者完成进食和某些日常生活活动的平衡式前臂矫形器等。第四,以减免肢体承重为目的。如股骨头骨骺骨软骨炎矫形器。第五,用于改善步态。如用于小儿麻痹连枷腿、严重膝反屈、足下垂患者的下肢矫形器。第六,用于促使骨折愈合。如各种骨折及术后功能锻炼等矫形器。第七,用于手术后对肢体的保护。如用于轻度颈椎病,各椎段骨折、脱位及术后止痛的矫形器。第八,在等待手术期间暂时使用矫形器。第九,用于减少因长期卧床导致的各种并发症。如截瘫患者用于站立及行走锻炼的矫形器。

六、矫形器统一命名和分类

(一)矫形器的命名

矫形器可根据需要应用于人体的不同部位,并按照不同病理情况和使用目的、要求分别进行设计,种类繁多。1972年美国国家假肢矫形器教育委员会提出了矫形器统一命名方案,该方案规定:所有支架在外或称为外骨骼式的装置均统一称为orthoses(矫形器或支具);以矫形器所包含关节的第一个英文字母组成此矫形器的名称(详见表格6-1)。在每一种矫形器中又可包括许多不同型号、不同功能的矫形器。目前这些矫形器仍沿用其习惯名称,如腕背侧上翘夹板、腕休息夹板、对掌夹板、手屈曲铰链夹板等都属于腕手矫形器。1992年国际标准组织(ISO)把上述方案确认为国际标准,并推广使用。目前,按照国际标准,矫形器分为上肢矫形器、下肢矫形器和躯干矫形器,并依据矫形器所应用部位的关节名称来命名。

表 6-1 矫形器统一命名和分类

分类	中文名称	英文缩写	应用部位
上肢矫形器	手指矫形器	FO	全部或部分的手指
	手矫形器	HO	腕关节以下,全部或部分手
	腕手矫形器	WHO	肘关节以下,包含腕关节和手部
	肘矫形器	EO	肩关节以下,腕关节以上,跨过肘关节
	肘腕手矫形器	EWHO	肩关节以下,肘关节、腕关节,包含手部
	肩矫形器	SO	肘关节以上,跨过肩关节
	肩肘矫形器	SEO	腕关节以上,跨过肩关节
	肩肘腕手矫形器	SEWHO	跨过肩关节、肘关节、腕关节,包含手部
下肢矫形器	足矫形器	FO	踝关节以下的足部
	踝足矫形器	AFO	膝关节以下,包含足部
	膝矫形器	KO	髋关节以下,踝关节以上,跨过膝关节
	膝踝足矫形器	KAFO	髋关节以下,膝关节、踝关节,包含足部
	髋矫形器	HO	膝关节以上,跨过髋关节
	髋膝矫形器	HKO	踝关节以上,跨过髋关节和膝关节
	髋膝踝足矫形器	HKAFO	跨过髋关节、膝关节、踝关节,包含足部

续表

分类	中文名称	英文缩写	应用部位
躯干矫形器	颈椎矫形器	CO	全部或部分颈椎段
	头颈椎矫形器	HCO	胸椎以上,跨过颈椎段,包含头部
	骶椎矫形器	SO	骨盆部位
	腰骶矫形器	LSO	包含腰椎和骨盆部位
	胸腰骶矫形器	TLSO	包含胸椎、腰椎和骶骨
	颈胸腰骶椎矫形器	CTLSO	包含颈椎、胸椎、腰椎和骶骨
	头颈胸椎矫形器	HCTO	包含头部、颈椎、胸椎
	头颈胸腰椎矫形器	HCTLO	包含头部、颈椎、胸椎、腰椎
	头颈胸腰骶椎矫形器	HCTLSO	包含头部、颈椎、胸椎、腰椎和骶骨

注：表中英文缩写首位字母所代表的意思是：上肢矫形器：H,手指；W,腕关节；E,肘关节；S,肩关节。
下肢矫形器：F,足部；A,踝关节；K,膝关节；H,髋关节。
躯干矫形器：C,颈椎；T,胸椎；L,腰椎；S,骶椎。

(二)矫形器的分类

矫形器的分类可以按装配部位、医疗目的、功能和使用目的以及选用材料来分类。

1. 按人体装配部位分类

按人体装配部位分类：有上肢矫形器、躯干矫形器、下肢矫形器三大类。

下肢矫形器的主要构件有：半月箍、支条、关节等部件，并可根据医治目的和患者残障情况附加压垫、扭转带、T型带、足套、步行足蹬等部件(如图6-1所示)。不同的是，塑料下肢矫形器往往将半月箍、支条、关节和足部等部件制作成一体的结构。

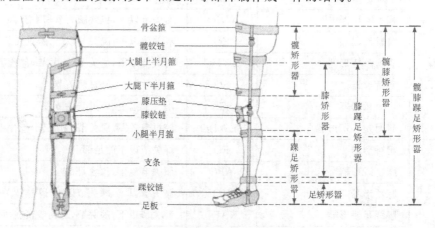

图6-1 下肢矫形器名称与构件

躯干矫形器对应人体疾患部位主要类别有(如图6-2所示)：颈椎矫形器(CO)、颈胸矫形器(CTO)、腰骶矫形器(LSO)、胸腰骶矫形器(TLSO)、颈胸腰骶椎矫形器(CTLSO)。每一类又可分为若干品种。脊柱是身体的支柱，由相对固定的脊椎骨及能高度变形椎间盘构成的复合体，可在一定方向和范围内活动。脊柱主要的功能是保护脊髓，并把负荷从头和躯干传向骨盆,提供在三维空间的功能活动。所以,脊柱的稳定性反映了负荷与负荷作用下发生位移的关系,脊柱不稳定意味着正常负荷下椎骨间出现了异常活动、应变或变形。[①]

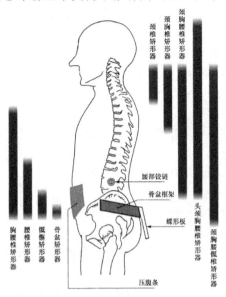

图 6-2　躯干矫形器的分类及各部位名称

上肢矫形器对应人体疾患部位主要类别有(如图 6-3 所示):手指矫形器(FO)、手矫形器(HO)、腕矫形器(WO)、腕手矫形器(WHO)、肘矫形器(EO)、肩矫形器(SO)、肩肘矫形器(SEO)、肩肘腕手矫形器(SEWHO)。每一类又可分为若干品种。

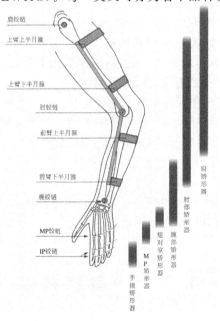

图 6-3　上肢矫形器的名称与构件

---

① 王志荣.鞍式腰托的研制与分析[D].福州:福建中医学院,2003.

2. 按医疗目的分类

按医疗目的分类：有医疗用矫形器、医疗临时用矫形器、康复用矫形器。

医疗用矫形器：是在医学治疗阶段完成之前使用的矫形器，或纯粹作为治疗手段之一所使用的矫形器。

医疗临时用矫形器：是在短时间内用快速成型材料制作的用于医疗的临时性矫形器。

康复用矫形器：医学治疗结束，在肢体变形或功能障碍相对稳定后，为提高参与社会生活的能力而使用的矫形器。

3. 按功能和使用目的分类

按功能和使用目的分类：有功能性矫形器、保护性矫形器、固定性矫形器、矫正性矫形器、免荷性矫形器、索引矫形器。

功能性矫形器：是具有辅助肢体运动功能的矫形器，可以稳定已松弛的关节，代偿麻痹肌肉的部分功能。

保护性矫形器：是通过对病变肢体的保护，保护肢体免受损伤或防止病变、促使病变愈合的矫形器。多用于治疗骨折或髋关节疾患和股骨头无菌性坏死等。

固定性矫形器：又称为静态矫形器、被动性矫形器，是将肢体保持在固定位置上的矫形器，促进消炎和骨折愈合。

矫正性矫形器：是用于矫正肢体变形的矫形器，可以矫正畸形或防止畸形的发展。

免荷性矫形器：是为减轻下肢承载的负荷而使用的矫形器。常用的免荷式矫形器有髌韧带承重(PTB)矫形器和坐骨承重矫形器。

索引矫形器：是以牵引为目的而使用的矫形器。这种矫形器的治疗是通过牵引来缓解神经压迫症状。常用的有颈椎牵引带和腰椎牵引带。

4. 按选用材料分类

按选用材料分类：有纤维制品、皮革、塑料、树脂、金属、复合材料、碳素纤维等矫形器。

模塑矫形器：是使用热塑板材经石膏阳模成形的矫形器。热塑板材轻便、美观、卫生、可塑性好、加工方便。采用真空成形法，可根据修整后的石膏模型准确地快速成型，使制成后的矫形器更加符合生物力学的要求，提高治疗效果。

树脂矫形器：是使用树脂在石膏阳模上进行真空成形的矫形器。

金属矫形器：是采用金属框架结构作用于躯干的矫形器。通常这类矫形器属传统型矫形器，主要品种有固定式胸腰椎矫形器，用铝合金支条制作成框架式矫形器。

按材料的弹性，矫形器又可分为软性矫形器和硬性矫形器。

5. 按力源分类

按力源分类有：体外力源（采用电动、气动或液压等外部动力驱动的矫形器）和自身力源矫形器。体外力源矫形器与自身力源矫形器的最大区别在于动力驱动是来自人体肌力以外的能源作为动力。

第2节 假肢概述

一、假肢的定义

假肢就是利用工程技术的手段和方法，弥补截肢者或肢体不全者缺损的肢体而专门设计和制造的人工假体。它可以代偿已失去肢体的部分功能,使他们恢复或重建一定的生活自理、工作和参与社会交往的能力。

在人体生物力学的启示下,专家们提出了假肢装配理论,因此假肢所涉及的科学和技艺已逐步成为涉及面颇广的一门学科——假肢学。假肢学涉及工学、医学等学科。现代假肢学除了涉及医学中的人体解剖学、运动生物力学、矫形外科学、神经外科学、病理学、康复医学、生物力学外,与工程学方面的机械制造、高分子化学、电子工程学、材料力学、人体仿生学、信息工程学等都有密切的联系,因此是跨学科的边缘技术学科。

值得注意的是,近年来在假肢的研究中不局限于使患者站立和行走这两个基本要求,而且发展了适应不同需要的,具有各种功能的假肢。与此同时,围绕着改善患者步态、节省体力等要求,研究人员也进行了大量的工作。随着科学技术的进步,采用合金、高分子等新型材料制成各种现代假肢。

随着科学技术的不断发展,假肢材料及装配技术也不断改进。人类在19世纪经历了两次世界大战,特别在"二战"后,由于存在大量的伤残军人,以美德为代表的工业发达国家对假肢技术开展了大规模研究,使假肢的理论和实践都取得了重大进展。1940年开始,假肢技术向现代假肢技术过渡。现代假肢技术是以符合生理解剖和生物力学原理的接受腔制作技术和假肢零件组件化为代表的假肢技术。1960年以德国为代表推出具有革命性变革的组件式假肢,从而揭开了假肢的新篇章,组件式假肢是现代工业的产物。由于其技术的合理性和生产的高效性,从而逐渐取代了传统假肢,完成了假肢行业零部件生产与装配技术分离,同时把电子、气压、液压等技术引入假肢领域。1980年人们把大量的新技术和新材料引入假肢领域,最典型的就是钛合金、碳纤维等材料和气压、液压及计算机智能化控制,接受腔计算机辅助设计制造技术;热塑板接受腔新技术,硅橡胶内衬套等新产品更加完善和普及,2000年后假肢朝着更精密、更舒适和更符合个人要求的高技术方向发展。

二、假肢的分类

按截肢部位分类:上肢假肢分为假手指、部分手假肢、腕离段假肢、前臂假肢、肘离断假肢、上臂假肢、肩离断假肢等(如图6-4和表6-2所示);下肢假肢可分为髋离断假肢、大腿假肢、膝离断假肢、小腿假肢、赛姆假肢和部分足假肢等(如图6-5和表6-2所示)。

表6-2 假肢分类

	中文名称	英文缩写	应用部位
上肢假肢	部分手假肢	PH	全部或部分的手指
	腕离段假肢	TW	腕关节以下
	前臂假肢	BE	肘关节以下腕关节以上
	肘离断假肢	TE	肩关节以下、腕关节以上、跨过肘关节
	上臂假肢	AE	肩关节以下、包含手部
	肩离断假肢	TS	肘关节以上、跨过肩关节
下肢假肢	半足假肢	FK	足部
	赛姆假肢	TA	踝关节以下
	小腿假肢	BK	膝关节以下、包含足部
	膝离断假肢	TK	包含膝关节至足部
	大腿假肢	AK	髋关节以下、膝关节、踝关节、包含足部
	髋离断假肢	TH	包含骨盆膝关节、踝关节、足部

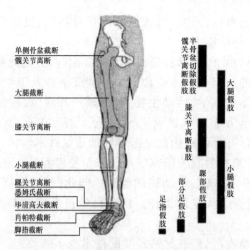

图 6-4 下肢截肢部位与对应的假肢[1]

按功能分类：上肢假肢分为装饰性假肢、工具型假肢和功能性假肢（又分为体外力源和体内力源假肢）。下肢假肢可分为游泳假肢、运动假肢和特殊用途假肢。

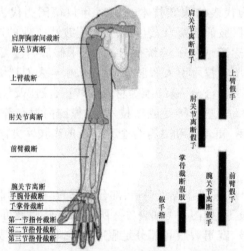

图 6-5 上肢截肢部位与对应的假肢[2]

按材料分类：可分为合金钢假肢、不锈钢假肢、钛合金假肢和碳纤假肢。
按接受腔材料分类：可分为合成树脂假肢、板材假肢、皮革假肢、木假肢、铝假肢。
按安装时间分类：可分为术后即装假肢、临时假肢、正式假肢。
按假肢结构形式分类：有传统的壳式（外骨骼）结构和现代的骨骼式（内骨骼）结构。
按接受腔口型分类：上肢假肢分为明斯特式、诺斯伟思顿式。下肢假肢有传统的插入式和现代的全接触式、吸着式，又根据口型演变细分为髌韧带承重小腿肢（PTB）、包膝式小腿假肢（PTS）、髁部插楔式小腿假肢（KBM）、免带小腿假肢（PTK）等小腿假肢。大腿包括四边形树脂接受腔、软透明接受腔（ISNY式）和坐骨包容式接受腔（CAT/CAM式）等大腿假肢。

---

[1] 江苏省残疾人辅助器具服务中心提供。
[2] 江苏省残疾人辅助器具服务中心提供。

三、截肢康复

现代康复包括医学康复、心理康复、工程康复、社会康复、职业康复等五个方面。随着截肢手术由一种单纯挽救生命的破坏性手术演变、发展为目前一种尽可能保留功能的整形、重建及修复性手术。截肢后及其安装假肢后的系统功能锻炼或康复训练,也已成为截肢后与急救、手术同等重要、且相互密切关联的康复过程,同时也是截肢后发挥最佳代偿功能的重要条件。截肢是截去失去生机或功能的肢体、截除因局部疾病严重威胁生命的肢体。其中从关节部位分离的称为关节离断。截肢和假肢的关系非常密切,适合的截肢部位和良好的残肢条件是装配假肢的基础。

(一) 截肢原因

主要有外伤、感染性炎症、神经性疾病、末梢血液循环障碍、恶性肿瘤、先天畸形等。

外伤:主要是不可修复的严重创伤,因烧伤、冻伤等导致肢体坏死、不可修复的神经损伤造成肢体严重畸形、功能障碍等。外伤是我国截肢最多的截肢原因,其中交通事故致伤和工伤占大多数。

感染性炎症:严重感染威胁生命的如骨髓炎、骨关节结核、气性坏疽等。

神经性疾病:因脊柱裂、脊髓损伤导致难治性溃疡;麻风病等。

末梢血液循环障碍:阻塞性动脉硬化症、血栓阻塞性脉管炎(伯格氏病)、动脉瘤、动静脉瘘等。在欧美国家占截肢原因首位。在我国已呈上升趋势。

恶性肿瘤:以成骨肉瘤居多,还有纤维肉瘤、骨细胞瘤等。

先天畸形:肢体没有功能的。

(二) 截肢部位的选择及技术处理

选择截肢部位一定要从病情与功能两方面考虑,一方面要将全部病变、无功能的肢体切除。另一方面尽可能保留残肢长度,有足够的杠杆力来控制假肢,使其功能得到最大限度保留。保留的关节尽量保持原有功能,无挛缩变形;残肢远端有适度的软组织包覆,不应有骨刺、神经瘤;残肢要有良好的皮肤条件,光滑平整。

皮肤的处理:上肢截肢残肢的前后侧皮瓣等长,腕离断或前臂长残肢曲侧的皮瓣要长于伸侧,使瘢痕移向伸侧。下肢截肢残肢后侧皮瓣要保留长些,膝离断截肢时前侧皮瓣需留长,目的是避免在承重部位形成疤痕。

血管的处理:所有的血管都应完全止血,避免形成血肿,防止感染。术后应使用引流。

神经的处理:重点预防神经瘤的形成和伴行血管出血。采用神经断端接扎的方法以免切断的神经残端向外生长形成神经瘤。

骨骼的处理:通常骨与骨膜在同一水平切断。小腿截肢为达到残端可以负重、增加残肢外侧方稳定的目的,将保留的骨膜和骨皮质在胫腓骨之间架桥使胫腓骨端融合叫做骨成形术。

肌肉的处理:主要采用肌肉固定术和肌肉成形术。肌肉固定术是将拮抗肌保持与截肢前的状态,牢固地固定在骨端部所钻的孔中。肌肉成形术是将拮抗肌保持与截肢前的紧张状态缝合起来,骨端被肌瓣完全覆盖,可促进血液循环,减轻肌肉萎缩。

(三) 儿童截肢的特点

儿童截肢手术和成人没有太大区别,要注意的是儿童肢体解剖结构和生长发育的因素。

由于长骨干两端骨骺的可生长性,截肢应尽可能采取关节离断和保留邻近骨骺部位。儿童截肢由于年龄小幻肢感模糊不清,很少发生幻肢痛。

儿童对假肢的适应性要比成人好,随着年龄增长对假肢的使用也越来越熟练。由于儿童活动能力强并处在生长发育期,所以假肢要经常检修、调整,接受腔每年至少要更换一次,必要时更换假肢。

(四) 截肢后残肢护理及训练

截肢后,为了促使残肢定型、消除肿胀获得理想的残肢,使假肢的代偿功能发挥到最佳。残肢护理及训练是必不可少的。

保持正确的残肢体位:残肢体位的正确摆放可以避免关节挛缩,特别是下肢截肢。股骨干截肢髋关节应内收、后伸,截肢者可以每日俯卧位2次,每次30分钟。胫腓骨截肢膝关节应伸直,不应该在大腿或膝下垫枕头、屈膝躺在床上、屈膝坐在轮椅上或把残肢放在拐杖的手把上。

弹力绷带包扎:为了减少残肢肿胀,避免沉积过多脂肪,使残肢成熟定型,弹力绷带包扎是关键步骤。小腿采用10厘米宽,大腿采用12.5~15厘米宽,2~4米长的绷带。全天包扎,每天换缠4~5次。

1. 理疗

理疗的作用是减轻肿胀,预防和治疗各种残肢并发症。下面介绍几种常见残肢并发症的理疗。

残肢肿胀:按摩、音频电疗、磁疗、蜡疗、红外线疗法等。

残肢痛和幻肢痛:按摩,磁疗,蜡疗、紫外线疗法,超短波疗法,直流电药物离子导入等。

疤痕:蜡疗、红外线疗法、超声波疗法、直流电药物离子导入、音频电疗等。

溃疡和窦道:紫外线疗法、红外线疗法、共鸣火花、音频电疗等。

皮肤感染化脓性炎症:紫外线疗法、超短波疗法、直流电药物离子导入等。同时配合抗生素药物治疗效果更好。

关节挛缩畸形:按摩,超声波、低中频脉冲电、音频电疗等。同时配合体疗效果更好。

2. 体疗

体疗既运动疗法,又叫做治疗训练,是利用器械或徒手,主动或被动运动的训练方法。

肌力增强训练:残肢肌力的强弱对于日后控制假肢尤为重要。增强残肢肌力的训练于术后即可在床上开始。训练方法为在石膏固定或弹性绷带固定下,取正确肢位进行残肢肌肉的等长收缩运动。下肢截肢者,分别作臀大肌和股四头肌的最大收缩,保持5~10秒,然后放松5秒为一个动作单位,连续作10~20个动作单位为一组,每天2~4组。数日后可下地进行肌肉强化训练,用双手按压残肢,令患者抬腿做肌肉抗阻训练。练习时,以患者主观感觉轻松、无疼痛为宜。臀大肌为髋关节伸展肌,在穿戴假肢时使髋关节后伸,保持假肢膝关节的稳定;股四头肌为伸膝肌,可以更好地控制假肢迈步。

关节活动度训练:截肢术后应尽早开始残存关节的各方向运动。手术当日,实施被动伸展训练保持肢位正确;大腿截肢者同时主动收紧臀部肌肉,作臀大肌主动收缩锻炼和髋后伸运动。3天后,截肢者取健侧在下的侧卧位,主动伸展髋关节至最大范围时,用力缓慢牵伸髋关节,牵伸后维持10秒,放松5秒为一个动作单位,连续做5~10个动作单位为一组,每天 2～3 组。能够利用辅助器械站立后，可做残肢主动抬腿向后伸腿动作，以增加髋关节活动度。小腿截肢者则取仰卧位或坐位，大腿伸直，用力绷紧大腿前的股四头肌，依靠肌肉收缩的力量下压膝部，进行膝关节的伸展训练。同时作意念中踝关节的主动背伸、趾屈训练，以协调小腿屈伸肌平衡。此项训练可以和肌力训练有机结合。练习时患者感觉轻松，不宜出现疼痛。运动强度及关节活动范围应随体力恢复而逐渐加大。残存关节进行主动运动、被动牵伸，可扩大关节的活动范围，避免关节发生挛缩畸形，以满足穿戴假肢所需条件。

站立平衡训练：以迅速恢复平衡为目标。躯干肌（以背腹肌为主）力量的训练，健侧肢体和患侧上肢的肌力训练，于术后当天和残肢训练同时开始，以维持肢体部位的功能，尽快恢复体力。平衡训练在步行能力中最为重要，也应尽早在床边进行。早期应进行床上医疗体操训练，以腹背肌的训练为主，辅以躯干的回旋、侧向移动及骨盆提举等动作，每天 2 次。然后进行健肢站立、蹲起训练。在镜前做站立训练，主要着眼于矫正姿势、保持平衡，并以在无支撑的情况下能平衡站立 10 秒，目标是至少能连续屈伸膝关节 10～15 次，最后是健肢跳跃等训练。一侧下肢截肢的患者，增强健侧腿的肌力，获得健侧支撑的平衡感和稳定性，对于穿戴假肢步行是很重要的。训练中，为避免感觉单调枯燥，若以排球、乒乓球、跳绳等运动方式结合进行，则效果更好。训练必须在专科医师的指导下进行，注意强度适中，安全有效，循序渐进，动作准确到位，由局部到全身再到整体。一般术后两周，伤口愈合，运动量要有所加大，此时患者本人感觉有点费力较为合适。

四、康复协作组的作用

人体截肢后机体内部出现一系列的病理反应。如残肢肿胀、压痛、关节畸形、体重增加、肌力下降、心理失衡、恐惧、对生活工作失去信心。这些问题单独依靠医护人员或假肢师是不能完全解决的，而是要通过康复协作组紧密配合，实施科学而全面系统地进行康复计划。康复协作组成员是由医师、护士、物理治疗师、作业治疗师、假肢矫形师、康复工程师、社会福利工作者和截肢者本人组成。

医师：医师从截肢者医疗开始一直到康复回归社会，始终担负责任，主要担任开具假肢处方、进行假肢终检及评价，并积极听取其他成员的意见的责任。

护士：稳定截肢者心理情绪，辅助日常生活护理，为康复协作组成员提供及时信息。

物理治疗师、作业治疗师：通过残肢、假肢训练与评定给截肢者在身体和心理上给予帮助。

假肢矫形师：要在假肢处方及假肢装配、终检、维护上发挥作用，根据截肢者的残肢条件，如年龄、体重、运动量和生活环境的特殊需要选配假肢零部件并装配假肢。

康复工程师：要亲身听取截肢者的需求，站在截肢者的角度去考虑问题，在假肢使用评价、假肢部件开发中起关键作用。

社会福利工作者：通过截肢者生活环境和接触人群了解截肢者的具体情况，对其工作环境、技能培训、维护截肢者合法权益等给予综合帮助。

截肢者：应积极配合康复协作组成员，真实反馈意见。

五、假肢的处方

截肢者经过一系列假肢装配前的准备和训练，在临时假肢安装、残肢定型后，即可安装正式假肢。一个好的正式假肢的处方，应该是由康复协作组与截肢者本人及其家属共同商讨决定的。这里重点强调截肢本人参与的重要性。这样能帮助康复协作组成员深入了解截肢者的需求和期望,又能帮助截肢者了解现代假肢的技术局限性。

假肢处方的讨论,应当从需要假肢还是不需要假肢开始。如果不安装假肢对截肢者身体功能恢复更有利,则应劝截肢者服从这一决定。假肢处方的内容应该包括假肢品种,主要技术尺寸,接受腔类型,主要部件、材料选择,装配中特殊的技术要求等。

影响假肢处方的因素很多,包括:截肢者的全身情况、性别、年龄、体重、截肢原因、残肢条件、关节功能、生活环境、交通条件、文化程度、将来职业意向、假肢费用来源等,应在截肢者的承受能力基础上综合考虑适合的假肢、假肢更换与维修条件等因素。

第3节　个人移动辅助器具

个人移动辅具是用于运动功能障碍者行走和位置移动的器具。协助行走的辅具是用来帮助缺乏平衡或下肢无力的儿童行走的辅助器,协助移动的辅具是用来帮助无法站起但可以协助他自己在地板上移动、坐着移动、或由别人推着移动的辅助器。[①]

移动辅具的种类很多,不同的依据导致不同的分类。根据适用对象的不同分为儿童移动辅具和成人移动辅具,根据功能的不同分为协助行走的辅具和协助移动的辅具[②]。本节中将移动辅具分为拐杖、助行器、轮椅等。

一、移动辅助器具分类及其功能

(一) 手杖

手杖主要有单脚手杖、多脚手杖和腋杖等。

单脚手杖(见图6-6)按手杖杆类型分为直杆和弯杆。适用于下肢功能轻度障碍者、步行不稳者、轻度偏瘫患者,但要求使用者上肢要有一定的支撑力,手部要有一定的握力。单脚手杖,只有一个支撑点,使用单脚手杖可减少患者大约20%下肢负重。

多脚手杖(见图6-7),按手杖杆分为直杆和弯杆,按支撑脚分为大四脚和小四脚。适用于使用单脚手杖不安全者、平衡能力欠佳者、站立行走困难者等。它有三个或四个支撑点,支撑面积较单脚手杖大,稳定性好。但上下台阶和楼梯会不方便。

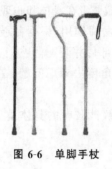

图6-6　单脚手杖

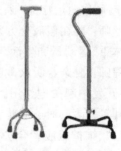

图6-7　多脚手杖

---

① 台湾师范大学特教学系残障辅具查询数据库. http://www.ntnu.edu.tw/spe/.
② 吴雪玉. 辅具概说与分类:辅具与器材导览——儿童篇(第二版)[M].台北：联兴仪器公司,2003.

肘拐(见图6-8),装有手柄和肘托单脚支撑的普通肘杖。比腋杖轻便,但稳定性要差一些。肘拐的上下两端均可调节。上端调节以适应前臂长度,下端调节可改变肘杖的高度。用于需要借助拐杖助行者。

前臂拐(见图6-9),装有前臂托板、固定带和把手,利用前臂支撑的杖类助行器。适用于风湿性关节炎或手部无力而无法握住拐杖者。

图6-8　肘拐

图6-9　前臂拐

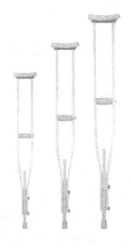

腋杖(见图6-10)是用于下肢不能支撑体重的使用者,如慢性类风湿关节炎、骨折后恢复、儿麻后遗症等,腋杖相对于手杖来说,稳定性好。利用腋下部位和手共同支撑,可单侧手或双侧手同时使用。双拐同时使用可减轻下肢承重,获得最大支撑力,提高行走的稳定性。可靠稳定、但笨重。长期使用或使用方法不当,易使腋窝、血管神经受损。

(二)助行器

助行器是辅助人体稳定站立和行走的工具或设备。大致分三类:标准型助行架、轮式助行架和助行台。助行器适合上肢健康,下肢严重障碍恢复者使用,如截瘫、偏瘫等。助行器可以支持体重,通过助行器练习站立或行走。[①]

1. 标准型助行架

标准型助行架,是一种三边形(前面和左右两侧或后面和左右两侧)的金属框架,没有轮子,由手柄和支脚提供支撑的步行辅助用具,如图6-11所示。是双臂操作助行器中最简单的形式。

图6-10　腋拐

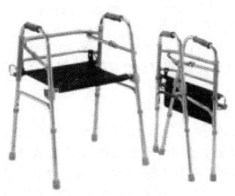

图6-11　标准型助行架

主要用于单侧下肢无力或截肢,需要提供比杖类助行器更大的支持,适用于骨关节炎、关节转换手术或股骨骨折愈合后、多发性硬化症、帕金森病、不完全脊髓损伤、脑卒中等患者。通过助行架可以帮助全身或双下肢肌力降低或协调性差的患者独立、稳定站立。

---

① http://jiguang.ci123.com/category.php/240/291/552.

2. 轮式助行架

轮式助行架是由轮子、手柄和支脚提供支撑的双臂操作助行器。其中一种是前方两足各有一个轮子，后方两足有橡皮套头当闸用的架子，又称滚动助行架，如图6-12所示。有几种变型，有的带有携物的篮子；有的只有三条腿，但都有轮；有的还带有手闸。适用于下肢功能障碍，且不能抬起助行架步行的患者。

前轮轮式型助行架由于使用时不需要患者记住任何特定的步行模式，应用时也不需要提起架子而必须具备的力量和平衡能力，因此凡需用助行架而不能用无轮型者均可采用。虽然对衰弱的老人和脊柱裂患者有用，但必须有较大的空间才能运用自如。

图6-12 两轮式助行架

三轮型轮式助行架因后方也有轮，步行中不需要提起支架，行走时助行架始终不离开地面，由于轮子的摩擦阻力小，易于推行移动。但要求患者具有控制手闸的能力。

3. 助行台

助行台是高度到胸部、有轮子和前臂支撑架，由上肢驱动的助行器，如图6-13所示。患者通常依靠前臂托或台面支撑部分体重和保持身体平衡。

（三）轮椅

现代造型的轮椅大约出现于18世纪，从外形上看，就像一把椅子，那时候的轮椅是木制的，之后美国的金属轮子的轮椅和英国的三轮轮椅的面世推动了轮椅的发展，由于它携带起来比较麻烦，在1932年，一位名叫荷波特（Hebert Everest）的截瘫残疾人与他的朋友亨利（Harry Jennings）发明了第一部现代的可折叠式轮椅，这部轮椅已经和现代轮椅差不多了，随着技术的进步和人们对体育运动的热爱，残疾人借助于轮椅走上了残奥会的舞台，推进了轮椅的又一场革命。

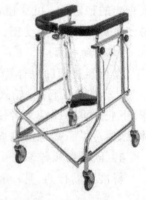

图6-13 助行台

轮椅是康复的重要工具，它不仅是肢体伤残者的代步工具，更重要的是使肢体伤残者借助于轮椅进行身体锻炼和参与社会活动。轮椅大致上是椅子的形状，有四个轮子，后轮较大，装有手推轮，刹车闸加在后轮，前轮较小，用来转向，轮椅后面装有防倾轮，一般轮椅比较轻便，可以折叠收起，适用一般有情况，或短期行动不便、不适合久坐者。

1. 普通轮椅

普通轮椅主要由轮椅架、轮、制动等装置构成（见图6-14）。适用范围：下肢残疾、偏瘫、胸以下截瘫者及行动不便的老年人。主要优点：患者可自己操作，有固定式扶手或可拆卸式扶手、固定式脚踏板或可拆卸式脚踏板，外出携带或不用时可折叠放置。根据型号及价格不同分为：硬座、软座、充气轮胎或实心轮胎，其中固定扶手，固定脚踏板的轮椅价格较低。

大车轮：承载主要的重量。除了少数使用环境要求而用实心轮胎外，多用充气轮胎。

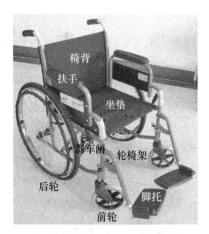

图 6-14　标准型轮椅

小车轮：直径大的小轮易于越过小的障碍物和特殊的地毯。但直径太大使整个轮椅所占空间变大，行动不方便。正常小轮在大轮之前，但下肢截瘫者用的轮椅，常将小轮放在大轮之后。操作中要注意的是小轮的方向最好可与大轮垂直，否则易倒。

轮胎：有实心型、充气内胎和无内胎充气型三种。实心型在平地走较快且不易爆破，易推动，但在不平路上振动大，且卡入与轮胎同宽的沟内时不易拔出；有充气内胎的较难推，也易刺破，但振动比实心的小；无内胎充气型因无内胎不会刺破，而且内部也充气，坐起来舒服，但比实心型较难推。

刹车闸：大轮应每轮均有刹车，如偏瘫者只能用一只手时，只好用单手刹车，但也可装延长杆，操纵两侧刹车。刹车有两种：一种为凹口式刹车。此刹车安全可靠，但较费力。调整后在斜坡上也能刹住，若调到1级在平地上不能刹住为失效。另一种为肘节式刹车。利用杠杆原理，通过几个关节而后制动，其力学优点比凹口式刹车强，但失效较快。为加大患者的刹车力，常在刹车上加延长杆，但此杆易损伤，如不经常检查会影响安全。

座椅：其高、深、宽取决于患者的体型，其材料质地也取决于病种。

坐垫：为避免压疮，对垫子要高度注意，垫子形状呈凹字形，缺口在后，采用上述垫子加上切口，可以相当有效地防止压疮的产生。

脚托及腿托：脚托可为横跨两侧式，或两侧分开式，这两种脚托都以采用能摇摆到一边和可以拆卸的为最理想。必须注意脚托的高度。脚托过高，则屈髋角度过大，体重就更多地加在坐骨结节上，易引起该处压疮。

靠背：靠背有高矮及可倾斜和不可倾斜之分。如患者对躯干的平衡和控制较好，可选用低靠背的轮椅，使患者有较大的活动度。反之，要选用高靠背轮椅。

扶手及臂托：一般应高出椅座面22.5～25厘米，有些臂托可调节高度。还可在臂托上架上搭板供读书、用餐使用。

2. 特制轮椅

根据患者情况而定，有多种不同配件，例如加强载重量，特殊坐垫或靠背，颈部支撑系统、腿部可调节、可拆卸餐桌等。特制轮椅价格较高，在使用上配件繁多，通常用于重症或严重肢体或躯干变形者。

3. 电动轮椅

加上电动马达的轮椅。依操纵方式，有用摇杆的，也有用头部或吹吸系统等各式开关控制的。

需要较大移动距离者，只要其认知能力不错，使用电动轮椅是个不错的选择，不过需要较大活动空间。

4. 助站轮椅

助站轮椅是一种站、坐两用轮椅，供截瘫或脑瘫患者进行站立训练，通过训练，一来可以防止患者骨质疏松，促进血液循环和加强肌力训练；二来可方便患者取物。适用范围：截瘫患者、脑瘫患者。

5. 座厕轮椅

供不能自行入厕的肢残人和老年人使用。分为小轮式坐厕椅、带便桶的轮椅，可根据使用的场合选择。

6. 电动轮椅车

电动轮椅由蓄电池提供动力，有单手控制装置，能够前进、后退和转弯，可在室内外使用，但价格较高。供高位截瘫或偏瘫等但有单手控制能力的人使用。

7. 手摇轮椅车

手摇轮椅车（通常称手摇三轮车），一般结构上是三个轮，由手动装置传输至驱动轮使其运动。手摇三轮车因其轮径较大，所以能适应多种道路行驶，主要是在户外作为较长距离的代步工具，并可以适当装载货物。它具有行驶速度较快、省力等特点。使用者上肢驱动手摇三轮车的方式有：立摇式、平摇式和推拉式。传动装置有链条传动、齿轮传动和连杆传动。一般手摇三轮车具有手动刹车装置和坡道制动装置，另外也可以有变速和倒车装置。手摇三轮车驱动主要分为两类：前轮驱动和后轮驱动。前轮驱动的手摇三轮车具有结构简单，可以用双手或单手完成驱动和转向。但这种手摇三轮车操作稳定性差，爬坡能力也比后轮驱动手摇三轮车差。后轮驱动手摇三轮车比较容易操作，腰部活动也较小，爬坡性能较好。但传动结构较复杂。

二、移动辅具的选用

（一）手杖的选用

上肢和肩的肌力正常才能使用手杖，如偏瘫患者的健侧、下肢肌力较不好的不完全性截瘫患者。握力好、上肢支撑力强的患者可选用单足手杖，如平衡能力和协调能力较差，应选用三足或四足手杖。

确定手杖的高度有两种方法。方法一：身体直立，以肘关节屈曲 30 度，腕关节背屈约 30 度的状态握住手杖，使手杖支脚垫位于脚尖前方和外侧方直角距离各 15 厘米处的位置。方法二：在持杖时，身体直立，使手杖高度调至与大转子（关节突起部）处于等高。

（二）前臂杖和腋杖的选用

双下肢完全瘫痪可使用双前臂或腋拐步行；单侧下肢完全瘫痪，可使用一侧拐杖步行。

双下肢不完全瘫痪时，根据下肢残存肌力情况，选用腋拐或前臂杖。

一般选用标准型前臂杖进行训练，如患者将腋杖立起，以手扶把手亦能步行，则可选用前臂杖。

上臂肌力弱时：肱三头肌减弱时，肘的支持能力降低，选用肱三头肌支持片型腋杖；肘关节稳定性差时，选用有腕关节固定带的前臂杖或腋杖。

肘关节屈曲挛缩，不能伸直时，可选用平台杖。

（三）腋拐的选用

确定腋拐的高度的方法是：使用者取站立位，将腋拐放在腋下，与腋窝保持3~4厘米，也就是大约两指的宽度；两侧腋杖支脚垫分别置于脚尖前方和外侧方直角距离各15厘米处；肘关节屈曲约30度，使腋拐把手部位与大转子高度相同。

（四）助行器的选用

两上肢肌力差、不能充分支撑体重时，应选用腋窝支持型步行器。上肢肌力正常，平衡能力差的截瘫患者可选用交互型步行器。

使用助行架首先要根据自己身高和自身状况进行高度调节。身体直立，以肘关节屈曲30度的状态手持助行架，使助行架的高度与身体大转子（关节突起部位）保持水平位置。

（五）轮椅的选用

轮椅适当与否要根据使用者的伤残程度、体形大小、生活习惯、居住及生活环境等因素而定。因此，选购轮椅前，最好先向专业康复工作者咨询。选购轮椅时，至少要考虑三个因素：驱动方式、轮椅的大小、组成部分的功能。

对于截瘫儿童轮椅的选择，在选择轮椅时应注意以下几点。第一，轮椅及其部件规格都要适合儿童身材，儿童坐在轮椅上面应感到舒适和便于操作，并且容易更换位置。如：从轮椅上床或是从床到改坐轮椅都感到方便。第二，轮椅要小巧、轻便、便于存放和搬运，最好能折叠，可随身携带。第三，轮椅外形尺寸要与住房过道、门相配合，不仅在室内进去无阻碍，出门或穿越走廊都应很方便。

脑瘫儿童选用轮椅时要考虑脑瘫患者肢体障碍程度的不同，如体型差异或其他特殊的需求。目前一般轮椅无法满足脑瘫患者的需求，往往需要特制轮椅。制作轮椅前应先测量人体的各项尺寸，作为选择零配件或制作组装量身订制型轮椅的需求，例如必须测量使用者臀宽（与座宽有关）、膝窝到臀部的距离（与座深有关）、肘关节到臀部的距离（与扶手高度有关）等。轮椅的制作应由专业人员作详细评估与测量，将量得数据交给工程人员进行轮椅组装与加工，进而制造出符合脑瘫儿童需求的轮椅。

三、移动辅具的使用

（一）杖的使用方法

以下是以截瘫和偏瘫为例，介绍杖的使用方法。截瘫患者常需使用两支腋拐才能行走，偏瘫患者一般只用单个手杖，二者的使用方法不同。

1. 截瘫患者的腋杖步行方法

根据腋杖和脚移动的顺序不同，分为以下几种形式。

交替拖地步行：方法是伸出左腋拐，再伸出右腋拐，然后两足同时拖地向前，到达腋杖附近。

同时拖地步行：又称摆至步，即同时伸出两支拐，然后两足同时拖地向前，到达腋杖附近。

四点步行：方法是先伸出左腋拐，然后迈出右脚，再伸出右腋拐，最后迈出右脚。

三点步行：方法是先将肌力较差的一侧脚和两侧腋杖同时伸出，再将对侧足（肌力较好的一侧）伸出。

两点步行：方法是一侧腋拐和对侧足同时伸出，再将余下的腋拐和足再伸出。

摆过步行：方法与摆至步相似，但双足不拖地，而是在空中摆向前，故步幅较大、速度快，患者的躯干和上肢控制力必须较好，否则容易跌倒。

2. 偏瘫患者的手杖步行方法

三点步行：绝大部分偏瘫患者的步行顺序为伸出杖，然后迈出患足，再迈出健足，少数患者为伸出手杖，迈出健足，再迈出患足的方式步行。

两点步行：即同时伸出手杖和患足，再迈出健足。这种方法步行速度快，适合于偏瘫程度较轻、平衡功能好的患者。

（二）助行架的使用技巧

要使手臂感觉舒服，必须调整好助行架。看助行架的高度是否适合，然后检查肘关节弯曲处，肘关节弯曲的角度应该使手感觉舒服（大约30度左右）。检查手腕的高度，两只手臂放松，助行架的顶部必须与手腕向里的结合处齐平。图6-15为两轮式助行架。

(1) 步行时，应将助行架放在患者前方适当位置，如果助行架离患者太远，使四足不能牢固地放在地面上负重，助行架容易倾倒，影响患者平衡。

(2) 训练患者迈步下肢不要迈得太靠近助行架，避免向后倾倒。如果患者始终不能注意此点，则可在靠近患者侧助行架两足上与患者膝同高处系一条有颜色的带子或橡皮条做提示。注意不要系得过低，避免绊倒视力差或迈步高的患者。

(3) 助行架基本步态模式：提起助行架放在前方，上肢伸出一臂长；向前迈一步，落在助行架两后足连线水平附近，如一侧下肢较弱则先迈（见图6-16）弱侧下肢，然后迈另一侧下肢。

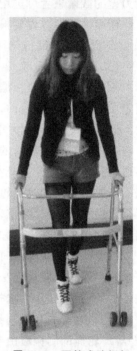

图 6-15 两轮式助行架

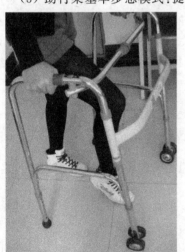

图 6-16 一侧下肢较弱则先迈弱侧下肢

(4) 助行架免负荷步态。行走时先将助行架向前，然后负重下肢向前，点线右侧为使用助行架时第二步的情况，注意迈步下肢的落足点不能越过架子两后足的连线。

(5) 助行架部分负重步态。将助行架与部分负重下肢同时向前移动，健侧下肢迈至助行架两后足的连线上。

(6) 助行架摆至步。先将助行架的两侧同时前移，然后将双足同时迈至前移后的助行架双足连线处。

(7) 恢复早期使用交互式助行架步态模式（四点

步)。将一侧助行架向前移,迈对侧下肢,移对侧助行架,移另一侧下肢。

(8)恢复后期交互式助行架步态模式(四点步)。一侧助行架及其对侧下肢向前移动,另一侧助行架及其对侧下肢向前移动。

(三)轮椅的使用技巧

许多患儿虽然丧失了行走功能,但借助于轮椅,不仅可以用做代步工具,还可以通过轮椅锻炼身体,以增强大脑皮层压缩的协调关系,改善心血管系统的功能,减少并发症的发生,提高他们对学习、生活的乐趣和信心。

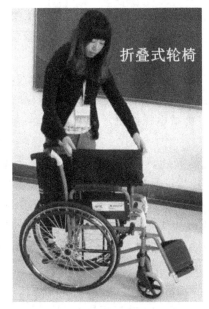

图 6-17 折叠式轮椅

使用折叠式轮椅(见图 6-17)时应正确打开与收起,使坐席自然展开或折叠,不可抓住两侧扶手用力向两边推拉。正确的方法是,打开轮椅时双手掌分别放在两侧扶手下方的横杆上同时向下用力即可打开轮椅;收起时先将脚托抬起,双手握住坐席前后的中心线同时向上提拉,轮椅自然折叠。

为方便轮椅出入,应在台阶处修建坡道,坡道应防滑,并在侧面安装扶手。操作轮椅最理想的坡道角度为 5 度。上肢功能正常者一般可独立驾驶轮椅上下 15 度的坡道;即使由他人推动轮椅,安全的坡道角度也不应超过 35 度。

1. 自行使用

在平地上推动轮椅时,臀部坐稳,身躯保持平衡,头仰起,向前。双臂向后,肘关节稍屈,手抓轮环后部,双臂向前,伸肘。此时身体略向前倾,多次重复,由于上身产生的前冲力使手臂力量增强。

轮椅在平地上倒退。双臂在轮把之间绕过椅背,伸肘置双手于手动圈上。倾身向后,压低双肩,使手臂能用足够力气将车轮向后推动,对于不能将轮椅推上斜坡者,亦可运用这一方法使轮椅倒上斜坡。偏瘫患者患肢与健侧协调运动可推动轮椅行进。

在斜坡上推动轮椅。上坡:身体前倾。双手分别置于手动圈顶部之后,腕关节背伸、肩关节屈曲并内收向前推动车轮。通过转换车轮方向,使之与斜坡相交还能使轮椅在斜坡上立足。下坡:伸展头部和肩部,并应用手制动,可将双手置于车轮前方或在维持腕关节背伸时将一掌骨顶在手动圈下方进行制动。

转换轮椅方向(以转向左侧为例)。左手置于手动圈后方;左臂略向外侧旋转,从而将身体重量通过左手传递至车轮内侧;以左手将右侧车轮向后转动,同时右手在正常姿势下将右侧车轮转向前方。

2. 辅助者使用

转弯和进入较小的门时:行进中要靠右行驶,当接近需要转弯时,应提示并减速,左转时,左手轻拉住车把手,右手慢推调整方向,然后继续行进,如右转时的方向相反。不要原地两手前后扭动。在通过较小通道时,身体始终保持走在中间的位置,平稳行进,不可回头和左右张望,眼睛余光目测好间距即可顺利通过。

上、下坡方法。上坡：要保持平稳推车的方法，蹬地的腿要平稳，慢用力，两臂保持屈位手持车推把，身体微前倾。不要突然加速发力，要始终保持身体与车把手的正常姿态与车同进。下坡时手臂弯曲不要再前加力蹬腿，身体略后仰双手控制车的前冲速度，保持平稳行进。当遇有较大的坡度超过15度时，特别是对较重残疾人群，应采用倒车下坡的技术，缓慢地倒退滑行，一定要控制车速，保证使用者的安全。

上、下台阶方法。二轮着地法，向后拖上、下台阶；手柄向后下方拉，脚踩后倾杆，顺势将大轮滚上、下台阶。

上下汽车的方法。上车时提示乘坐人，身体要靠紧轮椅，向前推动同时两手稍下压使前小轮先上坡道，然后前推行进，进入车厢，再转向进入乘车的区域。协助坐车人将轮椅车固定。下车前，当车停稳到达下车位置时，采用倒车的方法，将坐轮椅人平稳地推下车。

乘坐电梯的方法。目测电梯门的宽度和长度，利用窄通道后退推车方法，倒着进入，正着推出，当两辆车同时出入时，一定要注意先后顺序，先到达目的地者后上，以便下电梯时方便下。倒着进是为了让坐车人看清自己要到达的位置，并能按电梯按钮。

3. 轮椅转移技术

应用轮椅的患者，常需由轮椅转移至床铺、便桶、浴池等处，这都需以科学方法进行训练，也只有当残疾者能熟练掌握转移技术后，方有可能实现生活自理和从事适当工作。

轮椅转移的方式有立式转移和坐式转移。立式转移适用于偏瘫以及本位转移时能保持稳定站立的任何病人。坐式转移主要有三种形式：用滑板的侧方滑动转移，不用滑板的侧方转移及前后滑动转移。坐式转移主要应用于截瘫以及其他下肢运动障碍的病人（如两侧截肢者）。这里主要介绍立式转移。

（1）从床上向轮椅转移（以偏瘫为例）。床铺高度要与轮椅座接近，床头宜装一短扶手，轮椅带有制动器和可折卸式搁脚板。轮椅放在病人的健侧。轮椅与床尾稍呈一定角度（30~45度）。具体方法如下：

病人坐在床旁，首先锁上轮椅的制动器。

躯干向前倾斜，同时用健肢，移向床边。

将健肢膝屈至90度以上，并把健侧脚移到患侧脚的稍后方，便于两足自由转动。

抓住床扶手（假如平衡不稳则抓住较远的轮椅扶手的中部），病人的躯干向前移动，用自己的健侧臂向前撑，使大部分体重转移到健侧小腿。达到站立体位。

病人将手移到轮椅远侧扶手的中部，并移动两足，使自己呈准备坐下的体位。

当病人坐上轮椅以后调整自己的位置，松开制动器。后退轮椅离开床。

最后病人将搁脚板摆到原来位置，用健侧手将患腿提起，并把脚放在搁脚板上。

（2）从轮椅向病床转移。轮椅朝向床头位置；刹上制动器后，用健侧手将患者胸提起，然后将搁脚板移向侧边；将躯干向前倾并向下撑面移到轮椅的前线，直至两足垂下，健足后于患足；抓住轮椅扶手（或床扶手），病人躯体向前移，用健侧上下移动支撑体重而达到立位；站立后把手移到床扶手上，并移动两足，使自己呈准备坐到床上去的体位；坐到床边后躺下。

（3）从轮椅到马桶的转移。病人必须能自己穿脱衣服，马桶座最好高于地面50厘米并能升降，马桶旁边的墙上最好能安装上扶手。具体做法如下：

轮椅斜放，使病人的健例靠近马桶。

刹上制动器,然后脚离开搁脚板并把搁脚板移至侧边。

用健侧手按到轮椅的扶手上,然后病人躯干前倾,在轮椅内向前移动。

用健侧腿支撑自己的大部分体重从轮椅内起立,起立的力量主要来自于健侧腿。

站立后,转动两足。直至站立在马桶前面。病人将裤子退下并坐在马桶上。从马桶上转移到轮椅上时,可按上述程序反过来进行。

(4)从轮椅向浴盆内转移。应用坚固的木椅两把,一把放在浴盆旁,一把放在浴盆内。病人必须有足够的体力,确信自己具有移到18厘米或13厘米高的木椅上的能力或能转移到浴盆中去的能力时,才能使用这种方法。浴盆中的木椅应当矮些,使浴盆内外两把木椅和浴盆边的高度相同,并在矮木椅的脚底装上橡皮垫,用以防止椅子滑动。具体做法如下:

病人的健侧手按到椅座上,健肢脚踏在地板上,身躯移到木椅边,并向浴盆边靠。

病人用健侧手提起患侧腿并把它放到浴盆中。

再用健侧手和腿支撑,并用手抓住墙壁上的扶手,使身体滑到浴盆内的椅子上而进入浴盆内。

最后把健侧移入浴盆内。

第4节 肢体障碍辅助器具装配及使用案例

一、儿童脑瘫装配矫形器案例

患者:男,5岁,出生时分娩过程不顺利,出生后发现颅内积液,主要表现为中枢性运动障碍及姿势异常,确诊为痉挛型脑瘫(见图6-18)。患儿表现肌张力增高,使用脚尖站立,肢体活动受限。不能独站独行,扶站时上身前倾,足跟不着地,右足内旋,肩关节活动受限,双足内翻,查体四肢肌张力Ⅲ,肌力2+级,腱反射亢进,巴氏征呈阳性。

(一)使用矫形器目的

脑性瘫痪主要影响患儿的行走功能,出现异常低效的步态模式,在矫形器治疗中使用最多的是踝足矫形器。踝足矫形

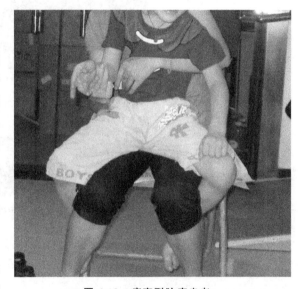

图6-18 痉挛型脑瘫患者

器能够在踝足矢状面、冠状面、水平面3个平面提供合理的运动控制,保持关节的力线排列,促进功能,改善步态,是脑瘫患儿改善步态较为理想的矫形器。踝足矫形器可以改善患儿足下垂,降低肌张力,防止及矫正踝内外翻。

1. 早期使用踝足矫形器的好处

早期穿戴踝足矫形器可以增加患者的信心,使患者能尽早站立和迈步;当患者肌张力上升后,使用踝足矫形器还可纠正患者的足内翻,使患者尽早恢复步行能力。

2. 训练中使用踝足矫形器的好处

训练中使用踝足矫形器,有利于脑瘫患者保持正常姿势,获得正常的运动模式,可以在训练中把好的表现和反应反馈给患者,这可给患者正向的强化。

3. 踝足矫形器对步行速度和步行效率的影响

使用踝足矫形器可矫正异常步行模式,抑制不必要的下肢肌肉的过度活动,可提高步行速度,从而降低步行时能量的消耗、生理消耗,改善步行效率,更接近于正常人的步行模式。

(二)矫形器处方及评价

根据患儿的具体病情,医师及矫形器制作师共同商定,为患儿装配一双静踝踝足矫形器。如图6-19所示。

经康复训练后,患儿穿戴矫形器能独站,能独行,可自主上下楼梯,可自主蹲起,上身前倾基本消失,走路姿势较以前有明显好转,双下肢肌张力明显降低,双足内翻得以矫正,效果良好。

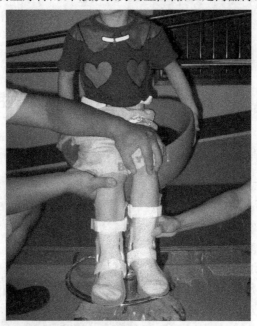

图6-19 患者穿戴踝足矫形器进行康复训练

踝足矫形器在使用时也应注意一些问题,比如关节活动范围受限,导致肌肉功能受限,因为加重了局部皮肤受压,容易引起感染、血液循环不畅等。应配合理疗及康复机能训练。

二、儿童脊柱侧凸装配矫形器案例

患者:男,7岁,因走路姿势不正而去医院就诊,检查发现腰椎向左侧弯,胸椎向右侧弯,弯腰时可以看到脊柱两旁明显不对称,腰部右侧肌肉萎缩,肌张力下降;除此以外还可以看到胸廓的畸形。X线照片Cobb法测量腰椎左侧凸25度,胸椎右侧凸30度,确诊为特发性脊柱侧凸伴有脊柱旋转(如图6-20所示)。

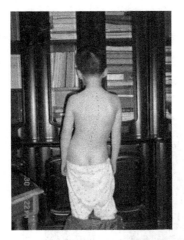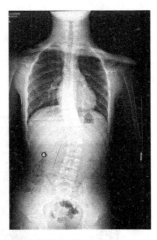

图 6-20 脊柱侧凸伴有脊柱旋转患者

(一) 使用矫形器目的

重度脊柱侧凸主要的症状是易疲劳,运动后气短、呼吸困难、心悸、下肢麻木,走路不便,大小便困难等。轻度的脊柱侧凸,可以毫无症状,特别在发育的青春期少女,胸背不易裸露,畸形常被忽略。故群体普查,认真查体是早期发现的关键。脊柱侧凸的治疗,患者年龄是重要参考因素之一。

使用矫形器目的有以下几点。第一,限制肢体运动,保持关节稳定。第二,矫正畸形,防止畸形的发展。第三,免荷作用,减轻疼痛。第四,功能代偿,辅助肢体运动。第五,保护作用,预防组织损伤。

(二) 矫形器处方

考虑患儿的具体病情,已经出现 S 侧凸并伴有旋转,医师及矫形器制作师共同商定,为患儿装配一具色努矫形器,如图 6-21 所示。色努式侧凸矫形器的显著特征是具有系列的针对脊柱侧凸弯曲和扭转的三维压力垫和较大的释放空间,是主动式的抗旋转侧凸矫形器。色努矫形器适应于侧凸顶椎 Th6 及以下,Cobb 角度 20～50 度,尚处于发育期的特发性脊柱侧凸患者。

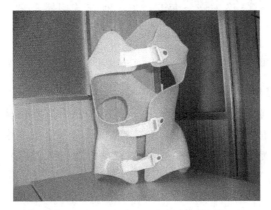

图 6-21 患儿装配一具色努矫形器

(三) 矫形器评价

患者经穿戴矫形器6个月后侧凸明显改善,X线照片腰椎左侧凸恢复到10度,胸椎右侧凸恢复到18度。嘱家属每天进行床头四维牵引30分钟,嘱孩子加强锻炼。随访一年胸腰椎侧凸Cobb角没有变化,胸腰椎旋转症状减轻。图6-22为该患者穿戴色努矫形器前后对比的X线照片。

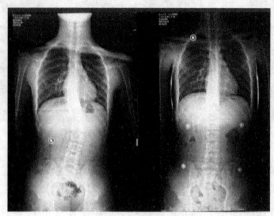

图6-22 穿戴色努矫形器前后对比的X线照片

(四) 矫形器的穿戴要求

初次穿戴时,第一天穿2~3小时,以后逐渐增加穿戴的时间,3~5天穿戴适应后,则每日不少于23小时,1小时留作个人卫生、体操等活动练习。初次穿戴3个月后复查,进行调整。以后每隔6个月复查一次,密切观察,随时调整。矫形器治疗需持之以恒,若无禁忌,矫形器使用应至骨生长发育成熟。何时决定不再穿矫形器是一件非常重要的事。一般在骨骼发育成熟(Risser征4~5级)条件下,取下矫形器后4小时摄片,Cobb角没有变化,脊柱畸形没有加重时可以考虑减少穿戴时间到每天20小时。4个月后复查无变化,减为16小时。如再复查仍稳定改为12小时。再隔3个月,去除矫形器24小时后拍脊柱正位片,Cobb角仍无变化,即停止使用。在此期间需坚持脊柱体操运动。如有畸形加重,仍需恢复每日23小时穿着用矫形器。一般女孩穿到18岁,男孩穿到20岁。

三、儿童小腿截肢安装假肢的案例

(一) 个案的基本资料

患者:男(图6-23),4岁,体重25千克,右小腿因车祸造成外伤截肢术后4个月,残端肌肉的处理,运用了"肌肉成形术+肌肉固定术"。残肢状况右腿膝下中三分之一截肢,残肢长度14厘米,残肢无明显疤痕、骨刺、神经结,残肢轻微肿胀,无幻肢痛。残肢膝关节稳定性良好,无屈曲挛缩。健侧肢体功能良好。

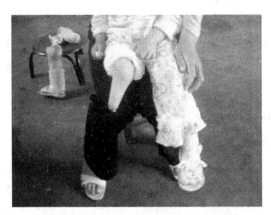

图 6-23 右小腿因车祸造成外伤截肢

(二) 假肢处方

根据患者年龄小、生长发育快、体重轻、残肢状况良好、活动量大,及考虑到接受教育的需要,医师同假肢制作师共同商定为他安装一具铝合金静踝、免带式、树脂接受腔小腿假肢。组件全部采用儿童专用零部件。

由于残肢轻微肿胀,建议用弹力绷带使残肢定形两周后,取型制作假肢。装配康复训练期 15 天,装配期间需 1 人陪护。

(三) 假肢功能训练

康复训练每日上、下午各一次,每次 2~3 小时。第一周在平行杠内练习,第二周开始进行实用性步行训练。

1. 穿戴假肢的训练

由于患者年龄小,假肢穿戴由父母帮助。

2. 站立位训练

使重力线落到跖趾关节与足后跟后缘的中央,站立时身体稍向前用力,双腿保持均匀受力。

3. 用假肢侧单腿站立

在平行杠内训练,保持骨盆水平,逐渐放开双手。

4. 步行训练

注意双脚迈进的步长、步宽、步频尽量一致,身体自然挺直,目视前方。若能放开双手行走,就可进行杠外训练。先在平地行走,得到好的步态后再开始进行坡路、上下楼梯训练。

(四) 假肢功能评价

经过假肢适配检查、调整、训练两周后,随着训练的进程,残端逐渐正常萎缩,每一周左右就需加 1 层残肢套。患者对假肢已经逐渐适应后,每天连续穿戴假肢 6 小时以上,可以扔掉拐杖使用假肢在平地、坡路上行走,扶着楼梯扶手双脚交替上下楼梯。能独立完成日常生活动作。

假肢使用中需要注意的事项。

第一,儿童身体发育快,应时刻注意接受腔适配是否良好,及时调整,必要时更换接受腔。

第二,及时调高假肢高度,防止骨盆倾斜。

第三,儿童骨骼比皮肤发育快,经常将残肢皮肤向远端推伸,防止骨端顶出。

第四,儿童运动量大,经常玩耍,需注意假肢组件的定期检查,发现异常声音及连接部松动应及时送到装配中心进行检修。

四、大腿截肢安装假肢的案例

(一) 个案的基本资料

患者:男(图6-24),13岁,体重39千克,左大腿因患脉管炎造成左下肢坏死,实施截肢术。术后6个月,残肢状况左腿膝上股骨近端三分之一截肢,残肢长度9厘米,残肢有明显疤痕,无骨刺、神经结,残肢无肿胀,有幻肢痛。残肢髋关节稳定性良好,无屈曲挛缩。健侧肢体关节功能良好,肌力低。截肢后一直使用轮椅,对轮椅产生依赖心理。

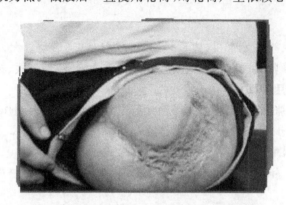

图6-24 左大腿因患脉管炎造成左下肢坏死

(二) 假肢处方

根据患者的年龄小、活动量大、疤痕多、残肢短、肌力低、截肢原因及安全的需要,医师同假肢制作师共同商定为他安装一具静踝、承重制锁膝关节、带锁硅胶套、树脂接受腔大腿假肢。组件全部采用钛合金零部件。

由于残肢有幻肢痛,建议取型制作假肢同时对残肢物理治疗四周。装配康复训练期25天,装配期间需1人陪护。

(三) 假肢功能训练

康复训练每日上、下午各一次,每次2~3小时。第一周在平行杠内练习,第二周开始进行实用性步行训练。

1. 穿戴假肢的训练

患者将硅胶套翻转,残肢末端紧贴硅胶套底部,不能有空气,再向上翻卷硅胶套,包住全部残肢,最后将残肢插入外接受腔。注意使硅胶套底部插销正好在残肢中心的延长线上与接受腔底部锁具吻合。

2. 站立位训练

使重力线落到跖趾关节与足后跟后缘的中央,站立时身体稍向前用力,双腿保持均匀受力。

3. 平行杠内的平衡训练

在平行杠内训练,先将体重移至假肢侧,逐渐放开双手,再进行交替屈膝练习,最后练习前后迈步,目的是练习假肢承重时防止膝猝屈。

4. 步行训练

注意体会残肢屈曲使假肢膝关节打弯的感觉,注意双脚迈进的步长、步宽、步频尽量一致,身体自然挺直,目视前方。若能放开双手行走,就可进行杠外训练。先在平地上行走,注意保持膝关节稳定,得到好的步态后再开始进行坡路、上下楼梯训练,如图6-25所示。

图 6-25　步行训练

(四) 假肢功能评价

患者术后第3天安装假肢后,精神状态明显好转,可扶腋拐站立,并能在残肢负重状态上试着触地行走。

经过假肢适配检查、调整、训练20天后,患者对假肢已经逐渐适应,每天可连续穿戴假肢4小时以上,可以扔掉拐杖使用假肢在平地、坡路上行走,扶着楼梯扶手上下楼梯。能独立完成日常生活动作。

假肢使用中需要注意的事项。

第一,当肌肉萎缩,接受腔松弛时,应及时调整,必要时更换接受腔。

第二,残肢受伤时应停止使用假肢。

第三,硅胶套应每天用中性洗涤剂清洗,保持良好卫生状态。硅胶套应避免同尖锐物品接触,防止损坏。

第四,注意假肢组件的定期检查,发现异常声音及连接部松动应及时送到装配中心进行检修。

五、高科技假肢案例

英国年仅5岁的残疾小女孩埃莉装上了高科技假肢,不仅能走路,还能跑步。

仅1岁多的小埃莉突患脑膜炎进入医院,心跳一度暂停跳动,医生甚至向她的父母宣布死亡。就在她的父母以为即将失去爱女时,小埃莉奇迹般地恢复心跳。然而发生奇迹的4天后,小埃莉的四肢逐渐坏死,医生不得不切除她的四肢。小埃莉穿着假肢的照片轰动英国,如图6-26和图6-27所示。

图 6-26　装上高科技假肢的小埃莉

图 6-27　埃莉生日时收到英国民众送来的礼物

　　3岁的小埃莉穿着假肢第一次踏进校门。学校为埃莉专门提供一个轮椅,但埃莉却拒绝使用,她要像正常孩子一样上学。埃莉的父亲说:"埃莉很独立,自己穿衣服、上楼甚至用手臂刷牙梳头。如果有人想帮助她,她会坚持独立再做一次。"

　　截肢手术数周之后,埃莉就穿上了第一套假肢。可是由于它不够灵活,穿起来也很痛苦,埃莉每天穿假肢的时间不能超过20分钟。在众多好心人的资助下,埃莉换上一副可移动的高科技假手和假腿,但行动仍受到很大的限制。埃莉经常抱怨走路时赶不上双胞胎姐姐苏菲的步伐。如图6-28所示。

　　埃莉装上了高科技假肢,不仅能走路,还能跑步。妈妈丽莎说:"埃莉现在走路的速度比以前快了两倍,她很喜欢这双'新腿',经常穿着它们练习,而且很有决心像正常人一样走路跑步。"专家瓦兹最初担心一个5岁的小女孩无法穿着这种假肢保持平衡,但看到小埃莉的努力后,他认为"小埃莉进步神速"。瓦兹表示,他此前从未给这么年幼的儿童制造假肢,希望小埃莉的成功案例为其他残疾儿童带来希望。

图 6-28　埃莉和 10 岁的哥哥、双胞胎姐姐苏菲、9 岁的姐姐手牵手走进校门

高科技假肢能模仿脚踝动作，真正改变小埃莉生活的是一种高性能碳纤维复合材料制成的假肢，外形奇特，状似 C 形刀锋，能模仿健全人脚部和踝关节的反应动作，储存和释放能量。世界知名的假肢制造中心多塞特外科医院为埃莉打造了这副儿童版的高科技假肢，每对价格高达 1 万英镑。随着埃莉不断长大，她还必须每两年更换一次。南非"无腿飞人"皮斯托瑞斯使用的是 J 形碳纤维假肢，除了造型和大小不同外，两人的假肢几乎一模一样。

 本章小结

第 1 节说明了矫形器的定义、基本作用、基本功能以及适应证等相关知识，并同时说明了常用矫形器的设计和使用方法。分别介绍了下肢矫形器、上肢矫形器中各种矫形器的基本功能、适用范围、基本构造和它们的种类。通过肢体障碍儿童矫形器装配案例，更加完整地说明矫形器对肢体障碍儿童的作用。

第 2 节说明了假肢就是利用工程技术的手段和方法，弥补截肢者或肢体不全者缺损的肢体而专门设计和制造的人工假体。它可以代偿已失去肢体的部分功能，使他们恢复或重建一定的生活自理、工作和参与社会交往的能力，提出了假肢的分类，主要讨论了康复协作组的作用。分别论述了下、上肢假肢的基本功能，说明了下、上肢假肢的分类、构成，指出下、上肢假肢的日常维护方法。

第 3 节说明了个人移动辅具基本的分类，叙述了各类肢体障碍儿童选用移动辅具的基本方法，重点说明了拐杖、助行架、轮椅等的使用技巧。

最后叙述了由江苏省残疾人辅助器具服务中心提供的三个假肢安装实例，列举了一个国外的残疾儿童安装高科技假肢实例，说明高科技假肢对残疾儿童起到的作用。

思考题

1. 什么是矫形器?
2. 矫形器有哪些基本功能?
3. 矫形器的适应证有哪些?
4. 假肢的定义是什么?
5. 影响假肢处方的因素有哪些?
6. 论述康复协作组的作用。
7. 论述个人移动辅具的分类和选用。
8. 杖的使用技巧有哪些?
9. 助行架的使用技巧有哪些?
10. 说明轮椅的使用技巧。
11. 说明轮椅的转移技术。
12. 模拟训练:完成使用各种轮椅的技巧练习(包括自行使用和辅助者使用)。

第7章 适宜言语障碍儿童的辅具

学习目标

1. 了解言语障碍的定义以及言语治疗的含义和操作流程。
2. 了解言语障碍辅具的分类及功能、掌握言语障碍辅具的使用方法。

第1节 言语障碍辅具概述

一、言语障碍的含义

言语障碍(残疾)指由于各种原因导致的言语障碍(经治疗一年以上不愈者),而不能进行正常的言语交往活动(3岁以下不定残)。目前我国将言语障碍分为四级,言语障碍一级:无任何言语功能或语音清晰度≤10%,言语表达能力等级测试未达到一级测试水平,不能进行任何言语交流;言语障碍二级:具有一定的发声及言语能力,语音清晰度在11%～25%之间,言语表达能力未达到二级测试水平;言语障碍三级:可以进行部分言语交流,语音清晰度在26%～45%之间,言语表达能力等级测试未达到三级测试水平;言语障碍四级:能进行简单会话,但用较长句或长篇表达困难,语音清晰度在46%～65%之间,言语表达能力等级未达到四级测试水平。[①]

言语障碍是常见的儿童发育问题。脑瘫、精神发育迟滞、孤独症、听觉语言障碍(即聋哑)等儿童都不同程度地伴随着发音不能、发音不清、发音不畅、理解困难等言语障碍,极大地影响了特殊儿童的日常交流。针对以上各类言语障碍的儿童,应该及早进行言语治疗。

二、言语治疗的定义

言语治疗(Speech-Language Pathology,简称 SLP),是由美国言语语言听力协会(American Speech-Language-Hearing Association,简称 ASHA)在国际范围内所做的规范,也就是我国通称的 ST(Speech Therapy)。言语治疗是指对特殊学生的呼吸、发声、共鸣、构音和语音功能进行评估和训练。通过言语治疗,可以提高特殊学生的呼吸、发声、共鸣、构音和语音能力,促进言语能力的发展,提高其日常交流能力和社会适应能力。

三、言语治疗的流程和工作原理

言语治疗必须按照一定的操作流程进行,这样才能使实际工作有章可循。具体的干预

---

① 中国残疾人联合会,2006年我国第二次全国残疾人抽样调查残疾标准。

流程如下[①]。

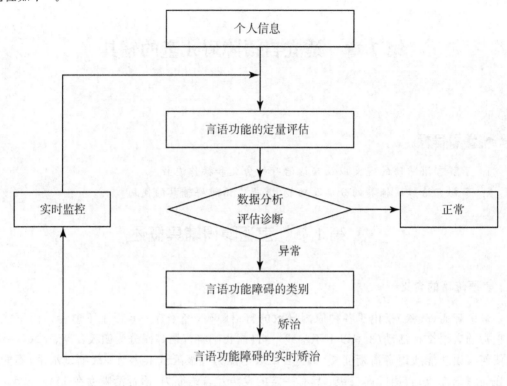

言语障碍的评估与训练遵循"医教结合"的理论模式,从学生言语障碍的实际情况出发,利用现代化的实时言语测量手段,通过最能反映各自功能的参数及其参考标准,运用可操作的科学手段,系统地收集言语障碍学生各功能模块的信息、资料,通过分析处理和诊断决策,找出言语功能障碍的原因,确定学生的障碍类型,并找到与之相对应的矫治方法。

四、言语治疗的主要内容

(一)言语功能评估

依据"言语功能评估标准"(华东师范大学言语听觉康复科学研究院),应对学生言语功能的呼吸功能、发声功能、共鸣功能、构音功能、语音功能进行评估。通过评估,确定学生的言语问题,并制订合理的矫治方案。

(二)言语功能训练

根据言语功能评估的结果,言语康复师可以准确找出学生言语障碍的问题所在。下面就是如何解决问题,即如何改善有障碍的言语功能。言语训练包括呼吸、发声、共鸣、构音以及语音五大功能的训练。[②] 因此用于言语功能训练的设备能给出训练项目和训练内容,最好将训练内容渗透到游戏中,通过视听反馈、动静结合、实时录音、实时反馈的方式,激发学生

---

① 万勤,张蕾,黄昭鸣,杜晓新,卢红云,周红省.特殊儿童言语干预的理论与实践[J].中国特殊教育,2007,10:41-47.

② 同上。

的训练兴趣,提高训练效果,达到训练目的。

表 7-1　培智学校教学康复专用辅具选择指南[①]

言语—语言康复专用辅具	规格、型号、功能
言语测量(评估)设备	呼吸、发声、共鸣功能的实时测量,声门波动态显示与测量。声带振动动态显示及定量分析
言语矫治(训练)设备	具有实时声音、音调、响度、起音、清浊音的感知及发音教育功能;呼吸、发声、共鸣、构音、汉语语音功能的视听反馈训练;电声门图显示及其发声训练,能根据汉语的言语功能评估标准提供动态的个别化建议
构音测量(评估)设备	具有构音运动能力评估、构音语音能力评估,能进行下颌距、舌距、舌域图、语音类型、构音清晰度、鼻流量、声道形状等测量
构音训练设备	具有口部运动治疗、构音运动训练、构音音位训练等,能根据构音功能评估标准提供个别化康复建议
语音测量(评估)设备	用于超音段音位和音段音位评估与测量
语音训练设备	具有超音段音位训练、音段音位训练功能,能根据语音功能评估标准提供个别化康复建议
言语重读治疗(训练)仪器	词、句、段重读的实时反馈训练
早期语言评估设备	前语言能力的评估,词、词组、句、短文理解能力的评估,语言韵律能力的测量
早期语言干预(康复)设备	具有非语言沟通能力的训练、前语言阶段的辅助沟通能力训练功能,言语—语言综合训练。可根据语言及韵律功能评估标准提供个别化康复建议
积木式语音训练器	具有字、词、句的发音及韵律训练,以及言语沟通辅助功能
口部构音运动训练器	咀嚼器、唇运动训练器、舌尖运动训练器、舌前位运动训练器、舌后位运动训练器、下颌运动训练器、悬雍垂运动训练器、唇肌刺激器、舌肌刺激器、指套型乳牙刷、压舌板等
沟通辅具	对无言语沟通能力者进行沟通训练及辅助功能

第2节　言语障碍辅具的分类

言语障碍辅具是言语治疗顺利开展的必要因素之一。先进的、完善的、多功能的、精确的辅具设备和用具将促进言语治疗效果的大幅度提高,使更多言语障碍的患者恢复言语能力。

一、言语障碍的辅具设备

(一)言语测量(评估)设备

实时言语测量仪是利用多种数字信号处理技术和实时反馈技术对言语功能进行定量评

[①] 华东师范大学言语听觉科学研究院,培智学校教学康复专用仪器设备,2008。

估和实时训练的现代化言语治疗设备。它是国内目前应用最广泛的言语功能评估与训练仪器之一。

1. 基本功能

实时言语测量仪可以用于呼吸功能评估、发声功能评估、共鸣功能评估和构音语音功能评估,还可用于呼吸功能训练、发声功能训练、共鸣功能训练和构音语音功能训练。[①] 实时言语测量仪的基本功能及可获得的参数如下:背景噪声和言语声音的自动检测、基本信息录入、实时显示测量结果、简单的编辑功能、线性预测谱和语谱图动态显示、舌位图的动态显示、语音分割及音位类型标注、实时显示声道的动态变化、训练目标匹配模板、丰富的参数设置和打印功能。具体见图 7-1 和图 7-2。

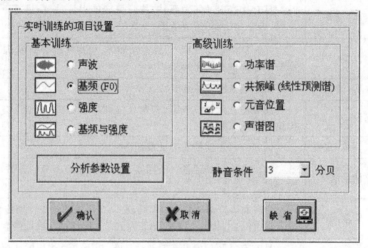

图 7-1 实时训练项目设置

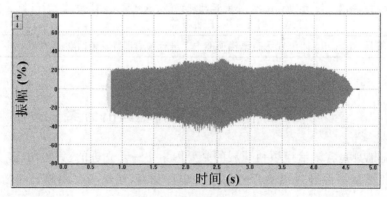

图 7-2 最长声时测量

2. 基本构造

实时言语测量仪由软件、硬件和课程三个部分组成。具体见图 7-3 和表 7-2 所示。

[①] 黄昭鸣,万萍,王衍龙.言语呼吸疾病的定量评估及矫治对策[J].中国听力语言康复科学杂志,2004,5:23-25.

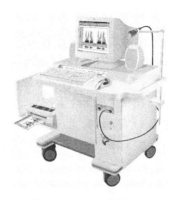

图 7-3　实时言语测量仪

表 7-2　实时言语测量仪

专用硬件	基本硬件	硬件工作环境	主要技术参数
音频输入/输出装置：采样频率 11025/22050/44100Hz，采样精度 16bit 专用前置放大器，其可选滤波特性为：采样频率为 11025 时，4.5kHz 低通滤波，截止频率最大衰减 50～60dB；采样频率为 22025 时，9.0kHz 低通滤波，截止频率最大衰减 50～60dB；采样频率为 44100 时，18 kHz 低通滤波，截止频率最大衰减 50～60dB；麦克风前置放大器增益可选：25dB，30dB，35dB，40dB	计算机 CPU：奔腾 4 或同级别以上的 CPU 计算机硬盘：剩余空间至少 200G 计算机内存：至少 256MB 彩色 显示屏：分辨率最低在 1024×768，至少 16 位色 专用台车：105 厘米 * 65 厘米 * 78 厘米 彩色喷墨打印机，位于台车内	额定电源：AC220V/50Hz/500VA 环境温度：10～35℃ 相对湿度：40%～80% 大气压力：86～106Kpa 保护接地阻抗≤0.1Ω 连续漏电流：正常≤0.5mA，单一故障≤1mA 软件部分必须在 WINDOWS XP 以上的操作系统下运行	响度范围：0～90dB 基频范围：50～1200Hz LPC 阶数：10,12,14,16 FFT 阶数：9～10 频带宽度：60Hz，120Hz，240Hz

课程内容主要包括两个部分：一是仪器的操作课程，教会使用者如何操作设备，同时如何解读及分析数据；二是设备的使用指导，即《言语干预的方法及案例分析》一书及配套的视频教材。全书分五个篇章，第一章为概述篇，对言语干预的原理与方法进行了总结性的论述；第二章为呼吸干预方法及案例分析；第三章为音调干预方法及案例分析；第四章为响度干预方法及案例分析；第五章为共鸣干预方法及案例分析。

3. 使用方法

噪声设定：通过数字录音设备、放大设备、麦克风，自动录入评估和训练现场的环境噪声和被评估或训练者的言语声音信号。

信息录入：通过计算机键盘输入患儿基本信息，建立档案。

录音：通过单向麦克风，将患儿发出的所需要的测试声音进行实时录音。

查看结果：根据实际需要选择分析结果的显示方式，如波形图、频谱图、语谱图、线性测谱。

编辑：编辑和处理分析结果。

报告：查看统计报告。

训练：根据患儿的评估结果，选择合适的目标模板，进行实时反馈的匹配训练。

打印：打印评估结果数据及训练过程中产生的数据结果，作为监控训练过程的依据。

(二)言语矫治(训练)设备

发声诱导仪是一种集实时录音、播放、统计数据、分析数据等功能为一体的视觉反馈治疗系统，以活泼可爱的形式供学生进行音调、响度、起音、最长声时、清浊音以及声母和韵母音位发音的练习，还可以随时查看学生对各种声音特性的认识程度或训练结果。

1. 基本功能

发声诱导仪可应用于呼吸功能训练、发声功能训练、共鸣功能训练、构音功能训练。[①]

(1)认识阶段。认识阶段(见图7-4)的设计目的是让学生了解言语声的基本特性，诱导学生发音。包括6个项目：认识声音、音调感知、响度感知、发音教育、起音认识、清浊音的认识。

图7-4　认识阶段(认识声音　认识音调)

(2)训练阶段。训练阶段(见图7-5)的目的是让学生通过不同的卡通游戏进行有目的的练习，从而提高言语的各项功能。包括6个项目：最长声时训练、音调训练、响度训练、发音训练、起音训练、清浊音训练。

图7-5　训练阶段(响度训练　最长声时训练)

---

① 黄昭鸣,万勤,张蕾.言语功能评估标准及方法[M].上海：华东师范大学出版社,2007.

2. 基本构造

发声诱导仪由软件、硬件和课程三个部分组成。如图 7-6 和表 7-3 所示。

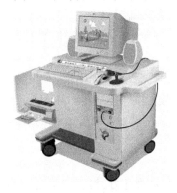

图 7-6　发声诱导仪

表 7-3　发声诱导仪

专用硬件	基本硬件	软件部分	硬件工作环境
音频输入/输出装置：采样频率 11/22/44kHz，采样精度 16bit 专用前置放大器，其可选滤波器特性为：采样频率为 11kHz 时，4.5kHz 低通滤波，截止频率最大衰减 50～60dB；采样频率为 22kHz 时，9.0kHz 低通滤波，截止频率最大衰减 50～60dB；采样频率为 44kHz 时，18kHz 低通滤波，截止频率最大衰减 50～60dB；麦克风前置放大器增益可选：25dB、30dB、35dB、40dB	计算机 CPU：奔腾 4 或同级别以上的 CPU 计算机硬盘：剩余空间至少 200G 计算机内存：至少 256MB 彩色显示屏：分辨率最低在 1024×768，至少 32 位色 专用台车：105 厘米 * 65 厘米 * 78 厘米 彩色喷墨打印机，位于台车内	必须在 WINDOWS XP 以上的操作系统下运行。主要技术参数： 响度范围：0～90dB 基频范围：50～1200Hz LPC 阶数：10，12，14，16 FFT 阶数：9～10 频带宽度：60Hz，120Hz，240Hz	额定电源：AC220V/50Hz/500VA 环境温度：10～35℃ 相对湿度：40%～80% 大气压力：86～106Kpa 保护接地阻抗≤0.1Ω 连续漏电流：正常≤0.5mA，单一故障≤1mA

课程内容主要包括两个部分：一是仪器的操作课程，教会使用者如何操作设备，同时如何解读及分析数据；二是设备的使用指导，即《言语干预的方法及案例分析》一书及配套的视频教材。通过实际案例的分析，体现出发声诱导仪在言语训练过程中的独特作用。

3. 使用方法

信息录入：通过计算机键盘输入患儿基本信息，建立档案。

噪声设定：通过数字录音设备、放大设备、麦克风，自动录入评估和训练现场的环境噪声和被评估或训练者的言语声音信号。

参数设置：根据实际需要设置响度、背景噪声、倒计时等参数。

选择认识模块：根据患儿的康复方案，选择合适的游戏，进入相应的认识模块，如"认识声音"等。

录音：通过单向麦克风录制各种设定的声音，完成游戏过程。

选择训练模块：根据患儿的康复方案，选择合适的游戏，进入相应的训练模块，如"音调训练"等。对前面认识过的声音属性进行训练。

查看训练效果：观察当时操作的统计数据。

打印：观察当时操作的各项分析数据，并根据需要打印。

（三）构音测量与训练设备

言语障碍的学生常表现出吐字不清、发音困难、音位替代、扭曲和遗漏等构音异常。"构音测量和训练仪"将定量测量与定性评估相结合，不仅从语音角度，而且从运动角度进行测量，从而诊断出构音障碍产生的生理水平及语音水平的双维度原因，是专门应用于构音语音障碍评估与矫治的仪器。

1. 基本功能

构音测量和训练仪用于构音运动能力、构音语音能力评估，进行下颌距、舌距、舌域距、口腔轮替运动速率、浊音起始时间、语音类型、构音清晰度、鼻流量、声道形状等测量，开展口部运动治疗、构音运动训练、构音音位训练，根据构音功能评估常模提供动态的个别化康复计划。

构音测量和训练仪包括"评估篇"和"治疗篇"。

"评估篇"包括构音运动功能评估和构音语音能力评估两个部分，每个部分分别具有主观评估和客观评估。[①]

（1）构音运动功能的主观评估。该系统首先要求对患儿的下颌、唇、舌等主要口部结构的运动能力进行主观评估，并对运动能力进行分级评定。系统依据正常言语发育儿童的口部结构运动能力及其发展规律，包含了若干口部结构生理动作和构音动作的影音资料，可以自动诱导患儿模仿某一个动作，反复播放、反复诱导，并配以简单明了的指导语句。配合系统配备的诊断量表，可以评定其口部结构的生理运动功能和构音运动功能的运动能力是否正常，是否存在其他相关疾病，是否有运动异常，以及属于何种异常运动模式，并为治疗奠定基础。大部分患儿的构音障碍矫治起点就是口部运动治疗。

（2）构音语音能力的主观评估。构音语音能力的主观评估在于考察患儿掌握每一个音位的言语构音能力。该系统内包含的评估材料是由50个单音节词组成词表，并且在系统内均配以简单、易懂、生动活泼的卡通或实物图片，让儿童在轻松、自然的环境下自然发音。诱导发音的方式有三种：提问、提示和模仿。这体现了该患儿构音语音能力最真实的情况。系统对该患儿发出的声音进行实时录音并且保存，可用于评价21个声母的构音能力（即声母音位习得），提供"正确"、"遗漏"、"歪曲"、"替代"四项判别结果，评估者可以进行实时评分，之后也可以重新聆听录音进行评分。系统会自动生成该生的声母音位习得情况以及相应的错误走向，系统还可以根据评估者的评分，自动计算出该生构音语音清晰度得分及相对年龄。

该系统还首次通过18项音位对比、37个最小语音对比的构音情况来评估患儿构音的音位对比能力（即音位对比）。音位对比在测量言语障碍患儿的言语错误方面具有较高的效度，为进一步诊断构音障碍的病因和制订矫治方案提供了科学依据，同时对构音能力的评估

---

① 教育部教学仪器研究所.特殊教育学校的设施与专用仪器设备[M].北京：人民教育出版社，2009.

提供了一套更科学、更全面、更具有操作性的评估方法。此外，还可通过音位对比的正确率考察患儿整体构音清晰度。如图7-7所示。

图7-7 构音语音能力评估

（3）构音运动功能的客观测量。"构音评估和训练系统"的"评估篇"包括了对构音运动功能的客观测量。该系统提供了实时录音功能，用简单易懂的卡通图片和清晰的普通话发音诱导患儿发出/a/、/i/、/u/三个单韵母，每个录音可以记录三次，系统内部会分别计算出三次所录单韵母的第一、第二共振峰，即 $F1(a)$、$F2(a)$、$F1(i)$、$F2(i)$、$F1(u)$、$F2(u)$，通过 $F1(a)-F1(i)$ 和 $F2(i)-F2(u)$ 分别计算出下颌距值和舌距值，然后系统会实时显示三次计算结果的平均值，作为下颌距和舌距的客观测量结果。根据系统同时提供的参考标准值，可以判断患儿的下颌距、舌距值是否正常，异常类型是偏大还是偏小，意在客观地测量其下颌、唇、舌等构音器官的运动功能。系统还可以客观测量口腔轮替运动速率（DR），指定了7个无意义音节：/pa/、/ta/、/ka/、/pataka/、/paka/、/kata/、/pata/，系统提供了拼音加口型图的视觉提示线索，可以方便评估者快速诱导患儿发出目标测试音节。在测量4秒钟内，患儿可以最多发出的以上音节的个数，与参考标准相比较，来评价其下颌、唇及舌的快速重复运动及协调运动能力。见图7-8所示。

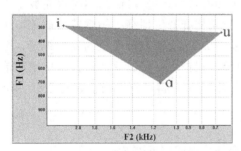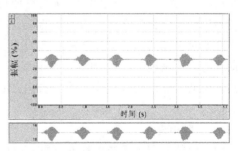

图7-8 构音运动功能评估下颌距、舌距、舌域图测量和口腔轮替运动速率测量

（4）构音语音能力的客观测量。"评估篇"还包括了简易的构音语音能力的客观测量。同样采用实时录音技术和滤波处理技术，对患儿发出的指定单音节词进行录音，系统可以自动分析，将该语音信号进行分割，并对每一个分割出来的语音段进行语音类型的标注。依据生理语音学基础，可以判断出患儿是否具备将每一个目标音位清晰发出的能力，如果有音位的发音错误，判断其错误走向指向哪个类型的语音，见图7-9所示。

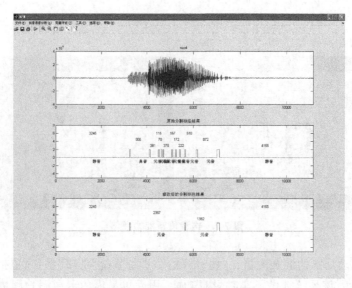

图 7-9　构音语音能力的客观测量

"治疗篇"可以对患儿的构音障碍进行系统、全面的训练。该篇包括三个模块：一是口部运动治疗。该系统首先要求对患儿的口部运动能力进行训练，即口部运动治疗部分。口部运动治疗模块包括被动治疗和主动训练两部分，其中包含大量丰富的录像、录音、动画，以不同形式提供给患儿锻炼口部结构运动的方法，患儿可以和老师一起通过观看被动治疗的录像以及主动训练有趣的动画，组成小组进行练习，在学习生活中不断提高下颌、唇、舌等构音器官的运动功能，为日后清晰的构音奠定生理基础。二是构音运动训练。构音运动训练模块是连接构音运动和构音语音的桥梁，该模块包括下颌韵母、唇韵母、舌韵母、唇声母、舌声母五个部分，结合生理、发音和重读治疗手法。将已经比较成熟的运动能力付诸相应的构音音位上，使得前面的治疗手法和练习动作具有言语交流的意义，并且将这些练习转化在发音的过程中，并且配合韵律节奏，从而更加自然、更加有目的地进行练习，同时也完成了生理功能到语音能力再到自然言语发音的顺利过渡。三是构音音位训练。构音音位训练模块则正式开始对患儿的构音音位异常进行训练，着重强调 21 个汉语声母音位的发音练习。在前面良好的生理基础上，大量地进行发音练习，可以随时根据练习情况返回进行口部运动治疗或构音运动训练。构音音位训练模块包括音位感知、音位习得、音位对比、音位强化四个部分。①

2. 基本构造

构音评估和训练系统由软件、硬件和课程三个部分组成。见表 7-4。

课程内容主要包括两个部分：一是仪器的操作课程，教会使用者如何操作设备，同时如何解读及分析数据；二是设备的使用指导，即《口部构音运动干预方法及案例分析》及《构音音位干预方法及案例分析》两本书及配套的视频教材。

---

① 华东师范大学言语听觉科学研究院，培智学校教学康复专用仪器设备，2008。

表 7-4 构音测量和训练仪

专用硬件	基本硬件	硬件工作环境
音频输入/输出装置：采样频率 11/22/44kHz，采样精度 16bit 专用前置放大器，其可选滤波器特性为：采样频率为 11kHz 时，4.5kHz 低通滤波，截止频率最大衰减 50～60dB；采样频率为 22kHz 时，9.0kHz 低通滤波，截止频率最大衰减 50～60dB；采样频率为 44kHz 时，18 kHz 低通滤波，截止频率最大衰减 50～60dB；麦克风前置放大器增益可选：25dB、30dB、35dB、40dB	计算机 CPU：奔腾 4 或同级别以上的 CPU 计算机硬盘：剩余空间至少 200G 计算机内存：至少 256MB 彩色显示屏：分辨率最低在 1024×768，至少 16 位色 专用台车：105 厘米 * 65 厘米 * 78 厘米 彩色喷墨打印机，位于台车内	额定电源：AC220V/50Hz/500VA 环境温度：10～35℃ 相对湿度：40%～80% 大气压力：86～106Kpa 保护接地阻抗≤0.1Ω 连续漏电流：正常≤0.5mA，单一故障≤1mA 软件部分必须在 WINDOWS XP 以上的操作系统下运行。软件部分包括构音运动功能评估、构音语音能力评估、口部运动治疗、构音运动训练、构音音位训练等 5 个基本模块

3. 使用方法

信息录入：通过计算机键盘输入患儿基本信息，建立档案。

评估：进入"评估篇"，对患儿的构音运动功能和构音语音能力进行全面评估，点击"导出"，获得患儿的评估结果，可以根据需要打印。

方案制订：根据评估结果，制订合适的构音语音能力训练的康复方案。

口部运动治疗：根据制订的康复方案，选择治疗篇中的"口部运动治疗"，患儿的下颌、唇、舌等构音器官进行运动训练。

构音运动训练：根据制订的康复方案，选择治疗篇中的"构音运动训练"，练习患儿发各种声母和韵母，下颌、唇、舌等构音器官的运动能力。

构音音位训练：根据制定的康复方案和患儿的兴趣爱好，选择治疗篇中的"构音音位训练"中的某一个模块，对患儿进行声母的发音训练。

打印：打印训练过程中产生的数据，并根据训练内容生成家庭作业，以便家庭康复内容对当时训练内容进行巩固以及与下次训练内容的衔接。

（四）言语重读治疗仪

言语重读治疗仪是根据重读治疗的原理设计而成的综合性训练仪。它的主要核心在于为患儿设计了多种类型的课程，以便根据实际需要选择最适合的课程进行重读训练。[①]

1. 基本功能

言语重读治疗仪可用于呼吸功能训练、发声功能训练、共鸣功能训练和构音功能训练。课程选择功能是言语重读治疗仪最核心的功能。通过设置样本课程、重读治疗法课程、音乐干预课程、言语技能训练课程，让言语治疗师根据实际需要选择其中最适合的训练内容，从而对患儿进行针对性的训练。

---

① 教育部教学仪器研究所. 特殊教育学校的设施与专用仪器设备[M]. 北京：人民教育出版社，2009.

（1）样本课程设置。重读治疗仪中自带了大量的样本文件,可以快速地引导患儿进入并熟悉重读治疗的过程,此外,还可以自己进行录音,将自己过去的声音或者别人的声音录制成样板,进行匹配训练。

（2）音乐干预课程设置。包含了钢琴等四种乐音以及全音等三种节拍,患儿可以选择自己感兴趣的鹊起和节拍组合进行变调训练,这是对发声功能进行的最自然的训练。

（3）重读治疗课程设置。重读治疗课程包括慢板、行板、快慢三种方式,将重读与呼吸、放声、构音功能的训练紧密结合在一起,实现了从变调训练到转调和韵律训练的最佳过渡。

（4）言语技能训练课程设置。言语技能训练课程是重读课程的最高阶段,采用词、句等四个阶段的韵律训练样板,进行自然言语的韵律匹配训练,实现了从构音功能训练到语音功能训练的顺利过渡。

2. 基本构造

言语重读治疗仪由软件、硬件和课程三个部分组成。见表7-5所示。

表7-5 言语重读治疗仪

专用硬件	基本硬件	硬件工作环境
音频输入/输出装置:采样频率11/22/44kHz,采样精度16bit 专用前置放大器,其可选滤波器特性为:采样频率为11kHz时,4.5kHz低通滤波,截止频率最大衰减50～60dB;采样频率为22kHz时,9.0kHz低通滤波,截止频率最大衰减50～60dB;采样频率为44kHz时,18kHz低通滤波,截止频率最大衰减50～60dB;麦克风前置放大器增益可选:25dB、30dB、35dB、40dB	计算机CPU:奔腾4或同级别以上的CPU 计算机硬盘:剩余空间至少200G 计算机内存:至少256MB 彩色显示屏:分辨率最低在1024×768,至少16位色 专用台车:105厘米*65厘米*78厘米 彩色喷墨打印机,位于台车内	额定电源:AC220V/50Hz/500VA 环境温度:10～35℃ 相对湿度:40%～80% 大气压力:86～106Kpa 保护接地阻抗≤0.1Ω 连续漏电流:正常≤0.5mA,单一故障≤1mA 软件部分必须在WINDOWS XP以上的操作系统下运行。主要参数:响度范围:0～90dB;基频范围:50～1200Hz。软件包括文件、音频、课程、样板、工具、设置、帮助等7个模块

课程内容主要包括两个部分:一是仪器的操作课程,教会使用者如何操作设备,同时如何解读及分析数据;二是设备的使用指导,即《言语干预方法及案例分析》与《言语的重读治疗法》二本书及配套的视频教材。

3. 使用方法

噪声设定:通过数字录音设备、放大设备、麦克风,自动录入评估和训练现场的环境噪声和被评估或训练者的言语声音信号。

信息录入:通过计算机键盘输入患儿基本信息,建立档案。

课程选择:选择合适的训练课程。

参数设置:进行必要的参数设置。

录音:录制预先设定的声音。

匹配训练:与模板匹配,观察训练效果。

查看分析结果：根据实际需要选择分析结果的显示方式，如波形图、基频线、强度线等。

查看统计报告：根据统计报告显示的数据和相关内容，确定患儿的训练效果。

（五）语音评估和训练系统

语音评估与训练系统是考察和提高患儿的连续语音能力的系统。该系统以特定的场景中词语作为铺垫，以问答的形式完成的连续语音。该系统为完成从言语听觉到语言能力的过渡起到很大的作用。[①]

1. 基本功能

语音评估与训练系统的基本功能包括语音功能的主观评估、语音功能的客观测量与语音功能训练三大部分。

（1）语音功能的主观评估。主观评估包括超音段音位评估和音段音位评估两个部分。

超音段音位能力评估主要包括升调评估、降调评估和升降调评估等。升调评估是对声带振动频率的提高能力的评估，让患儿模仿疑问句的形式完成。降调评估是对声带振动频率的降低能力的评估，让患儿模仿肯定语气的形式完成。升降调评估是对声带振动频率变化能力的评估，让患儿模仿选择疑问句的形式完成。

音段音位评估主要包括语音重复能力评估、语音切换能力评估、语音轮替能力评估和综合运用评估。语音重复能力主要是指患儿复述的句子中多次出现同一个声母的能力。语音切换能力主要是指患儿复述的句子中多次出现一对音位对比声母的能力。语音轮替能力评估指的是患儿复述的句子中多次出现同一部位、不同方式的声母或同一方式、不同部位的声母音的能力。综合运用能力评估是指复述的短文，其中短文中语音出现的概率与日常生活中语音出现的概率相一致。

在评估时，连续语音的正确率主要考虑以下几个指标：单字清晰度、词语清晰度、句清晰度、连续语音清晰度。单字清晰度是复述单个字时的声母清晰度，词语清晰度是复述词语时目标声母的清晰度，句清晰度是复述句子时目标声母的清晰度，连续语音清晰度是复述句子时目标声母的清晰度/复述单字时目标声母的清晰度。

（2）语音功能的客观测量

语音功能的客观测量主要包括超音段音位测量和音段音位测量两个部分。

超音段音位测量的主要参数为音调的变化率。

在升调时，音调的变化率 = ($F0_{最高}$ − $F0_{起}$)/变化时间。

在降调时，音调的变化率 = ($F0_{终}$ − $F0_{最高}$)/变化时间。

在升降调时，音调变化率 = (|$F0_{起}$ − $F0_{最高}$| + |$F0_{终}$ − $F0_{最高}$|)/变化时间。

音段音位测量的主要参数为发音部位比率、发音方式比率、送气时间比率、清浊音比率、口鼻气流比率测量。

发音部位比率是指通过测量软件检测的一段标准化的材料中，患儿不同发音部位声母在连续语音中所占的比率。

发音方式比率是指通过测量软件检测的一段标准化的材料中，患儿不同发音方式声母在连续语音中所占的比率。

[①] 华东师范大学言语听觉科学研究院，培智学校教学康复专用仪器设备，2008。

送气时间比率是指通过测量软件检测的一段标准化的材料中,患儿送气音时间占整句时间的比率。

清浊音比率是指通过测量软件检测的一段标准化的材料中,患儿清浊音所占的比率。

口鼻气流比率是指通过测量软件检测的一段标准化的材料中,患儿口部气流和鼻部气流各自所占的比率。

(3) 语音功能训练

语音功能训练的主要功能在于提高患儿音调的变化能力,主要包括超音段音位训练和音段音位训练两部分。

超音段音位训练主要包括升调训练、降调训练和升降调训练。主要使用简单的提问与回答方式进行。

音段音位训练主要包括语音巩固、语音重复、语音切换、语音轮替和综合运用等五个部分。

语音巩固是构音系统与语音系统的衔接部分,在最常见的词语中包含目标音。这部分共包含了 21 个声母的词语,分别在词首和词尾的音节中。

语音重复是指在同一个词语或句子中同时含有两个相同的声母,这部分内容共包括了 21 个声母的重复词语和句子。

语音切换是指在同一个词语或句子中同时含有一对最小音位对比。此部分共包含了 9 项 21 个音位对,每个音位对也分为词语和句子两个部分。9 项音位对比分别为送气塞音与不送气塞音、送气塞擦音与不送气塞擦音、塞音与擦音、塞擦音与擦音、塞音与鼻音、擦音与无擦音、不同构音部位的送气塞音、不同构音部位的不送气塞音、舌尖前音与舌尖后音等。

语音轮替是在一个句子中包含同一方式或同一部位的声母。此部分包含 12 个轮替组合,仅采用句子形式。

2. 基本构造

语音评估和训练系统由软件、硬件和课程三个部分组成。见表 7-6 所示。

表 7-6 语音评估和训练系统

专用硬件	基本硬件	硬件工作环境
音频输入/输出装置:采样频率 11/22/44kHz,采样精度 16bit 专用前置放大器,其可选滤波器特性为:采样频率为 11kHz 时,4.5kHz 低通滤波,截止频率最大衰减 50~60dB;采样频率为 22kHz 时,9.0kHz 低通滤波,截止频率最大衰减 50~60dB;采样频率为 44kHz 时,18 kHz 低通滤波,截止频率最大衰减 50~60dB;麦克风前置放大器增益可选:25dB、30dB、35dB、40dB	计算机 CPU:奔腾 4 或同级别以上的 CPU 计算机硬盘:剩余空间至少 200G 计算机内存:至少 256MB 彩色显示屏:分辨率最低在 1024×768,至少 16 位色 专用台车:105 厘米 * 65 厘米 *78 厘米 彩色喷墨打印机,位于台车内	额定电源:AC220V/50Hz/500VA 环境温度:10~35℃ 相对湿度:40%~80% 大气压力:86~106Kpa 保护接地阻抗≤0.1Ω 连续漏电流:正常≤0.5mA,单一故障≤1mA 软件部分必须在 Windows XP 以上的操作系统下运行。软件部分包括超音段音位评估、音段音位评估、超音段音位训练、音段音位训练等 4 个模块

课程内容主要包括两个部分:一是仪器的操作课程,教会使用者如何操作设备,同时如

何解读及分析数据;二是设备的使用指导,即《语音功能干预方法及案例分析》一书及配套的视频教材。

3. 使用方法

信息录入:建立档案。通过新建、选择用户或采用系统缺省的方式建立用户档案。

噪声设定:设定背景噪声。在使用语音评估系统前,必须排除背景噪声对目标语音的干扰。

评估选择:选择评估材料。根据患儿的现有水平,选择合适的评估材料,例如语音重复、语音切换、语音轮替和综合运用等。

语速选择:选择适合的示范语速。在选择完材料后,选择合适的示范语速。

录音:复述并录音。患儿跟读示范材料同时录音。

结果分析:主观评估时,记录目标音的发音情况,包括"正确、遗漏、歪曲、替代"等现象,系统会自动计算单字清晰度、词语清晰度、句清晰度、连续语音清晰度。客观评估时则将录音调入客观测量模块,由系统分析数据。

制订康复方案:根据评估结果,对需要强化训练的内容进行进一步的分析,并将康复建议补充得更为完整和更具可操作性。

选择训练内容:根据所制订的康复方案,在训练系统中选择训练内容进行训练。

评估监控:训练一段时间后,再次进行评估,并与上次训练结果做比较,分析进步状况。

二、言语障碍的配套用品辅具

(一) 呼吸训练

呼吸训练配套用品辅具有用于指导呼吸放松训练(肩部、胸腹部放松等)的图片、示范光盘及软件等;用于指导生理呼吸训练、生理呼吸向言语呼吸过渡训练以及言语呼吸训练等的图片、示范光盘及软件等;以及用于呼吸训练的玩具(蜡烛、气球、喇叭、卷龙、乒乓球、游戏板)和学具(口风琴、积木板等)。见图 7-10 所示。

图 7-10 呼吸训练(生理呼吸训练卡片、呼吸放松训练卡片)

(二) 发声训练

发声训练的辅具有用于指导嗓音放松训练(声带放松、颈部放松等)的图片、示范光盘及软件等;用于指导音调训练和响度训练以及软起音和硬起音矫治等的图片、示范光盘及软件等;以及用于发声训练的玩具(哨子、喇叭、游戏板、口琴等)和学具(口风琴、积木板、电子琴等)。见图 7-11 所示。

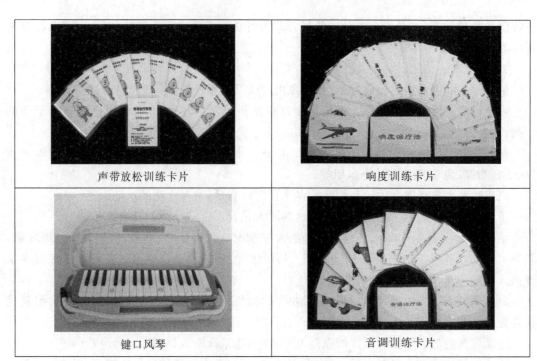

图 7-11 发声训练系列图

(三)共鸣训练

共鸣训练辅具有用于指导共鸣放松训练(口腔放松、鼻腔、咽腔放松等)的图片、示范光盘及软件等;用于指导聚焦训练(前位聚焦、后位聚焦、鼻位聚焦和喉位聚焦)、共鸣训练和音质训练等的图片、示范光盘及软件等;以及用于共鸣训练的玩具和学具。见图 7-12 所示。

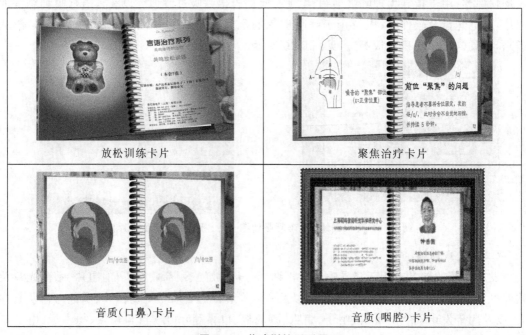

图 7-12 共鸣训练系列图

(四）构音训练

构音训练辅具有用于指导口腔训练（下颌运动训练、舌运动训练和唇的强化和运动训练）的图片、示范光盘及软件等；用于指导口部运动治疗（韵母重读治疗、声母重读治疗、词语重读治疗）的图片、示范光盘及软件等；用于指导音位感知训练和音位习得训练的图片、示范光盘及软件等；用于指导音位对比训练的图片、示范光盘及软件等；以及用于构音训练中的玩具和学具（游戏板、积木板、卡片、必备工具）。见图7-13至图7-15所示。

图7-13 舌和唇运动训练卡片

图7-14 构音语音功能评估卡片

图7-15 音位感知卡片

（五）口部构音运动训练器

口部构音运动训练器是言语治疗师在为口部运动障碍和构音不清的患儿做口部运动治疗以及构音运动训练时必备的一套新型、实用、有效的训练工具。主要适用于口部运动障碍、构音障碍（运动性、器质性、功能性）、语音障碍、发声障碍和吞咽困难等言语障碍患儿。

口部构音运动训练器共有13种，分别专项用于下颌运动障碍、唇运动障碍、舌运动障碍和软腭运动障碍的治疗。

1. 用于下颌运动障碍的治疗

（1）咀嚼器，如图7-16所示。

功能特点：此工具由环保材料制成，安全无副作用。其主要功能在于打开下颌运动幅度，缓解紧张的咽肌和咀嚼肌，提高松弛咀嚼肌的肌力。

图 7-16 咀嚼器

适用对象：适用于发音时下颌运动受限、流口水，或是发音时硬起音和高音调，也适用于咀嚼肌群松弛的患儿。

（2）下颌运动训练器，如图 7-17 所示。

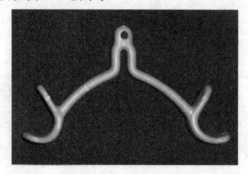

图 7-17 下颌运动训练器

功能特点：此工具由环保材料制成，安全无副作用。其主要功能在于训练提高下颌的肌力，使下颌运动幅度和强度得到加强。

适用对象：适用于下颌肌群过度紧张或过度松弛的患儿。

2. 用于唇运动障碍的治疗辅具

（1）唇运动训练器，如图 7-18 所示。

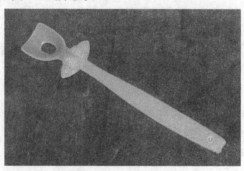

图 7-18 唇运动训练器

功能特点：此工具形似汤勺，中间有一小洞，用来稳定舌尖。其主要功能是提高唇横肌、唇直肌、唇角肌以及口轮匝肌的力量，增加它们运动的灵活性和稳定性，提高它们的协调能力。

适用对象：适用于唇部运动模式异常的患儿。

（2）唇肌刺激器，如图7-19所示。

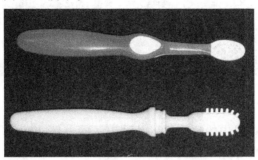

图7-19　唇肌刺激器

功能特点：此工具形似牙刷，刷头为软塑料。其主要功能是提高唇和面部肌群的感知觉和松懈回缩的肌群。

适用对象：适用于唇部肌群过度紧张或松弛的患儿。

3. 用于舌运动障碍的治疗辅具

（1）舌尖运动训练器，如图7-20所示。

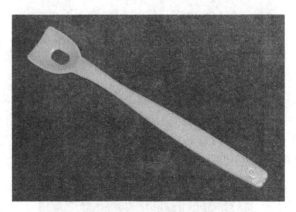

图7-20　舌尖运动训练器

功能特点：提高舌外肌中的颏舌肌以及舌内肌的力量，增加它们运动的灵活性和稳定性，提高它们的协调能力，建立正确的舌尖运动模式。

适用对象：适用于异常舌尖运动模式，发舌尖音有障碍的患儿。

(2) 舌前位运动训练器,如图 7-21 所示。

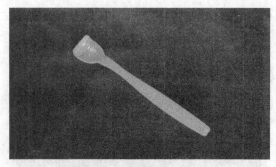

图 7-21　舌前位运动训练器

功能特点：提高舌外肌中的颏舌肌以及舌内肌的力量,增加它们运动的灵活性和稳定性,提高它们的协调能力,建立正确的舌前位运动模式。

适用对象：适用于异常舌前位运动模式,发舌尖音、舌面音有障碍的患儿。

(3) 舌后位运动训练器,如图 7-22 所示。

图 7-22　舌后位运动训练器

功能特点：提高舌外肌中的腭舌肌、茎突舌肌、舌骨舌肌、颏舌肌以及舌内肌的力量,增加它们运动的灵活性和稳定性,提高它们的协调能力,建立正确的舌后位运动模式。

适用对象：适用于异常舌后位运动模式,发舌根音有障碍的患儿。

(4) 指套型乳牙刷,如图 7-23 所示。

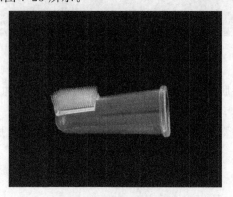

图 7-23　指套型乳牙刷

功能特点：用于提高舌部肌群的感知觉。
适用对象：适用于舌肌张力过高或低下的患儿。
（5）压舌板，如图 7-24 所示。

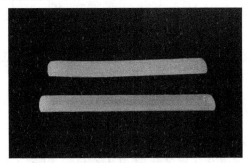

图 7-24　压舌板

功能特点：提高唇、舌部肌群的力量和增加唇、舌部肌群的感知觉。
适用对象：适用于舌肌张力过高或低下的患儿。

4. 软腭运动障碍治疗辅具

图 7-25 所示的为悬雍垂运动训练器。
功能特点：提高悬雍垂的运动能力，为精确构建鼻音服务。
适用对象：适用于鼻音功能低下或亢进的患儿。

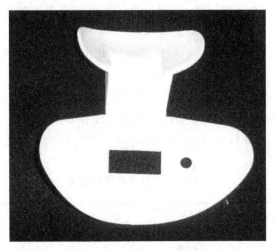

图 7-25　悬雍垂运动训练器

（六）语音训练辅具

语音训练辅具有以下几种：用于指导句调训练的图片、示范光盘及软件等；用于指导语速训练的图片、示范光盘及软件等；用于指导韵律和节奏训练的图片、示范光盘及软件等；用于指导音位巩固训练的图片、示范光盘及软件等；用于指导音位重叠训练的图片、示范光盘及软件等；用于指导音位切换训练的图片、示范光盘及软件等；用于指导音位轮替训练的图片、示范光盘及软件等；用于指导综合运用训练的图片、示范光盘及软件等。

第3节 言语障碍辅具应用案例

随着科学技术不断进步,治疗各种言语障碍的辅具设备和工具被广泛用于临床操作中,并且取得了良好的治疗效果。以下介绍两组案例,分别是对响度过低患儿使用实时言语测量仪和发声诱导仪进行训练和治疗,以及构音障碍患儿使用构音测量与训练设备进行评估和治疗的过程。

一、响度过低患儿的评估和治疗

(一) 个案的基本资料

患儿毛毛,男,6岁。该患儿2岁多时,因其不会说话,其家长带其就诊于当地的儿科医院等相关机构,经相关检查(检查结果遗失)确诊传导性听力损失,并伴有轻度智力障碍。经过康复机构的言语听觉康复后,效果很好,能进行对话交流,后进入正常小学就读。但患儿仍一直存在说话声音太小的问题。

(二) 评估过程和结果

1. 评估过程

使用"实时言语测量仪"对患儿进行响度的客观评估。其步骤如下:

(1) 询问患儿的姓名和年龄,"你叫什么名字?今年几岁了?"通过"实时言语测量仪",录入患儿的回答,并进行言语强度分析,提取患儿发声中的平均强度、强度标准差和强度动态范围。

(2) 将测量结果与相应平均言语强度的参考标准进行比较,判断它是否在正常值范围内。

(3) 如果测得的平均言语强度太高(在正常距离进行交谈,≥80 dBSPL),说明患儿存在响度偏高的可能。如果测得的平均言语强度太低(在正常距离进行交谈,≤65 dBSPL),说明患儿存在响度偏低的可能性。

2. 评估结果

表 7-7 言语强度评估结果

平均言语强度	达到训练目标	平均言语强度 (偏高、正常、偏低)	言语强度标准差	言语响度范围	正常强度变化
46.09 dB	60 dB	偏低	9.05 dB	30.58 dB	正常

从表7-7中可以看出,该患儿平均言语响度明显低于正常水平,说明该患儿存在响度过低的问题。

(三) 治疗过程

使用"发声诱导仪"和配套用品对患儿的响度过低问题进行治疗。具体步骤如下。

1. 声带放松训练

通过"声带放松训练卡片"帮助患儿放松声带,使喉内肌群获得有效的运动,是获得自然嗓音的重要基础和前提。声带放松训练由平调向前、平调旋转、升调左右、降调左右、升调旋转和降调旋转训练组成。

2. 响度感知

小年龄或有听力损失的患儿对响度的概念是难以理解的。在"发声诱导仪"中,用某种物体的大小来表示声音的大小,帮助患儿感知响度。如"大楼游戏",通过"大楼亮灯"游戏让患儿建立响度概念,大楼亮灯的情况与声音响度成正比。声音响度小,大楼内亮灯的楼层就少;响度大,大楼内亮灯的楼层就多。通过这种游戏让患儿感知和体验响度,让患儿感受亮灯的楼层的多少与声音响度之间的关系,建立起响度的概念。如图7-26所示。

图7-26 感知响度——大楼游戏

3. 增加响度

针对言语响度过弱的患儿,在其对响度概念有了一定的认识后,就可以利用"发声诱导仪"对其进行增加响度的训练。通过各种有趣的实时视听反馈游戏,以患儿现有的响度水平为基点,遵循小步递进的原则(以每次增加3dB为宜),经过多阶段和多步骤的训练来逐步提高患儿的响度,最终使患儿的响度达到正常的水平。

如通过"消防员救宝宝"游戏进行,如图7-27所示。增加响度训练。让消防员爬上梯子去救树上的宝宝。消防员爬梯的高度取决于儿童的响度水平,响度低时,消防员爬得低;响度高时,消防员爬得高。因为只有当儿童的声音响度逐步升高时,消防员才能救到宝宝,所以患者

图7-27 增加响度——消防员救宝宝

必须逐步提高响度,进行增加响度的训练。

4. 促进治疗训练

可使用咀嚼法、哈欠叹息法等对发声有障碍的人群进行矫治。针对响度过低的患儿,可采用治疗软起音的方法对该患儿的响度问题进行干预。

5. 重读训练法

使用"言语重读治疗仪"帮助患儿在采用正确呼吸方式的前提下,获得良好的音调变化能力。重读治疗包括慢板、行板、快板三种方式,将重读与呼吸、发声、构音功能的训练紧密结合在一起,实现了从变调训练到转调和韵律训练的最佳过渡。

(四)监控效果

经过一周的干预,患儿的响度问题得到了很好的缓解,已经达到相应的正常水平,其响度标准差也维持在正常范围,如表7-8所示。

表7-8 言语强度的监控结果

平均言语强度	达到训练目标	平均言语强度 (偏高、正常、偏低)	言语强度标准差	言语响度范围	正常强度变化
63.43dB	60dB	正常	6.84dB	35.82dB	正常

二、下颌运动受限患儿的评估和治疗

(一)个案的基本资料

患儿小天,男,6岁8个月,脑瘫患儿,已经过了一段时间的言语治疗。目前的主要问题是构音清晰度低下,特别是下颌、唇紧闭,活动不够自如。

(二)评估过程和结果

1. 评估过程

(1)下颌运动功能评估。使用"构音测量和训练仪"中的"评估篇"对该患儿的下颌运动功能进行主观评估。其作用为:检测下颌各种运动模式是否习得,诊断它运动障碍的类型,分析造成运动异常的原因;为制订口部运动治疗方案提供依据;为构音语音障碍提供运动方面的原因分析。图7-28所示的为下颌运动功能评估项目,图7-29为下颌运动障碍评估方法图。

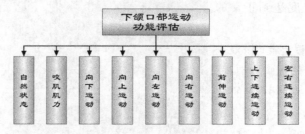

图7-28 下颌运动功能评估项目

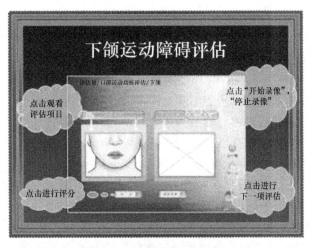

图 7-29　下颌运动障碍评估方法

（2）下颌距测量

使用"实时言语测量仪"测量患儿的下颌距。下颌距的客观测量反映了言语过程中下颌的运动能力。第一共振峰 $F1$ 反映咽腔的大小和咽腔共鸣状态，它主要揭示下颌的开合运动情况。

2. 评估结果

该患儿下颌运动受限，存在下颌下位构音运动障碍。

（三）治疗过程

使用"构音测量和训练仪"及配套用品对该患儿下颌运动受限进行干预。

1. 口部运动治疗

（1）增强下颌的感知觉。可使用指尖控制法进行，指尖控制法是一种自主运动治疗技术，用来提高感知觉能力，增加患者对于下颌的自助控制能力。方法为：将大拇指置于下巴尖处，其余四指指尖置于颞下颌关节上；下颌上下运动，手指感受下颌运动时关节打开、关闭的情况，如图 7-30 所示。

图 7-30　指尖控制法

（2）促进咬肌肌力。可使用"敲打咬肌法"，方法是：治疗师与患者面对面坐着，要求患者一直咬紧牙关，治疗师用双手触摸患者的咬肌，然后治疗师用食指、中指及无名指的指腹缓缓深压咬肌。患者在咀嚼或咬东西的时候，深压咬肌效果更好。

2. 针对下颌运动受限的治疗

可使用"咀嚼法"(见图7-31)、"高位抵抗法"或"交替抵抗法"等来改善下颌运动受限的状况。如咀嚼法是通过按摩的方法将颞颌关节和周围肌肉放松，再做下颌放松训练，观察下颌发音时和咀嚼时的紧张程度，根据下颌打开的幅度和咀嚼肌的力度选择咀嚼器的类型，决定用硬性的还是软性的。然后可将咀嚼器一端放入患者口中，让患者张大嘴咬住咀嚼器，并大幅度地咀嚼，在咀嚼的同时发元音/a,i,u/，或者在咀嚼的同时数数，或者在咀嚼的同时发/wa/开头的词语。

图7-31　咀嚼法

(1) 重读治疗法。使用"言语重读治疗仪"中的慢板节奏训练和行板节奏训练，配合符合下颌向下运动的音或音节，在有节奏的旋律下，达到治疗下颌下位构音运动的目的。

(2) 构音运动训练。使用"构音测量与训练仪"，选择适合下颌向下运动的音或词语，进行反复的练习，如图7-32所示。通过上位韵母/i/、下位韵母/a/、半开位韵母/e/、/o/以及由它们组成的复韵母所在的大量词语，练习下颌到达不同位置的运动以及在不同位置间的转换运动。注意练习时要从易到难，循序渐进地进行，可先选用单音节的词，然后过渡到双音节和三音节的词语。

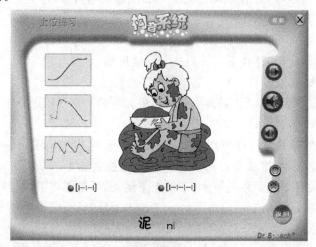

图7-32　下颌韵母练习

(四) 监控效果

主观评估结果显示：通过一段时间的集中干预，口部运动方面，患儿下颌能够完全打开并保持3秒，已经与正常儿童无异，但咬肌肌力仍有待进一步提高。构音运动方面，下颌下位构音运动能力也得到了改善，说明下颌运动充分，语速正常。

客观测量结果显示：通过一段时间的集中干预，$F1(a)$、$F1(i)$、下颌距都已经达到同年龄同性别儿童的正常水平，表明该患儿下颌向下运动能力得到明显提升，下颌运动范围已经达到正常水平。

本章小结

本章首先介绍了言语障碍的定义以及对象，这些言语障碍的患者需要及时进行言语治疗。其后介绍了言语治疗的内涵、流程、工作原理以及主要内容。在此基础上，归纳了言语障碍辅具的分类，将言语障碍辅具分为设备辅具和配套用品辅具。设备辅具中包括：实时言语测量仪、发声诱导仪、构音测量与训练仪、重读训练仪、语音评估与训练系统。配套用品辅具有：用于呼吸系统、发声系统、构音系统、共鸣系统、语音系统以及口部运动治疗的。用图片以及文字的形式介绍了以上辅具的功能、组成以及使用方法。最后用两个具体的案例阐述了如何在实际临床中将辅具灵活运用，以达到好的治疗成效。

 思考题

1. 言语障碍的定义。
2. 言语治疗的定义以及治疗流程。
3. 论述言语障碍辅具的分类以及每类辅具的特点。
4. 口部构音运动训练器有哪些？
5. 如何利用发声诱导仪进行言语治疗？
6. 如何利用构音测量与训练仪进行构音矫治？
7. 重读治疗仪的基本功能和特点？

第8章 适合信息交流困难儿童的辅具

 学习目标

1. 了解沟通辅具的含义、发展过程。
2. 懂得沟通辅具的分类及功能、沟通辅具评估的相关事项。
3. 了解电脑用于沟通辅具的改进方法。
4. 懂得沟通辅具的应用案例。

沟通辅具适合于信息交流困难儿童的辅具。从科技含量来分,主要由低科技的沟通辅助器具和高科技的电脑沟通辅具组成。

第1节 用于交流困难的沟通辅具

一、沟通辅具的概述

人不是独立地生活在社会上的,人总是要和其他的人进行互动和交流,从而在这种相互作用中满足自己的生存需要和发展,同时沟通交流也可以促进人的心理上的满足和发展。通过沟通可以让别人了解自己,让别人知道自己的能力与才华,沟通也能够让人与人之间进行"心与心"的交流,进而发展出各种关系和相应的情绪与情感。然而,一个沟通功能受到限制的人,如果处处需要依赖他人协助就会变得被动,无法探索周围的环境或满足自己的需求。对照顾者而言,也可能造成负担。而沟通辅具的正确使用,不仅可以帮助身心障碍者学会独立,也能够适当地减轻照顾者的负担。

(一)沟通辅具的含义

沟通辅具有广义和狭义之分。2002年美国听力障碍协会所下的定义是:广义的沟通辅具即扩大性辅助性沟通系统(Augmentative and Alternative Communication System),简称为辅助沟通系统,是指针对严重表达沟通障碍者,暂时性或永久性的补偿其丧失的沟通机能所提供的临床服务。

辅助沟通系统是由符号、技术、策略和辅具四部分所组合而成。其中沟通符号是指手势、表情、动作、手语、实物、照片、图片、布列斯符号、文字等;操作技术和方法是指直接选择法、扫描法等;沟通策略是指教会沟通障碍者如何运用适当的沟通辅具,在日常生活中与人互动,弥补语言上的缺陷;辅具就是指狭义的沟通辅具。

狭义的沟通辅具是指无声沟通板、沟通本、凝视架、简单指针扫描板、微电脑语音沟通板、出现声字及视觉讯号设计的电子计算机仪器。本节中所讲的沟通辅具是指广义的沟通

辅具,即辅助沟通系统。

(二) 沟通辅具的由来

从辅具发展的历史中,可以找到沟通辅具的发展历程。美国从1879年开始以法律的形式关注到视障学生的学习辅具,到1988年《科技辅具残障者法》的提出,包括沟通辅具在内的辅具才越来越受到人们的关注。沟通辅具在这个过程中经历了三个发展阶段,即徒手工具阶段、机械化阶段、信息化阶段。

徒手工具阶段。在这个阶段,沟通障碍者使用自己的身体动作、手势等与别人交流,最原始的沟通辅具有结绳、追踪和通信。

机械化阶段。随着工业的发展以及电气化时代的到来,电池等一些补充电量的能源出现,在这个阶段,人们开始尝试着使用一些简单的沟通器材。

信息化阶段。随着科技的高速发展以及信息化时代的到来,电脑及相应的硬件、软件系统出现,这个阶段人们开始研发科技沟通辅具,包括从低科技沟通辅具到高科技沟通辅具的发展。

二、沟通辅具的适用对象

沟通辅具适用于成人或小孩因脑性瘫痪、身体构造缺陷、智力障碍、听觉障碍、自闭症、脊柱侧索硬化症、多重障碍等因素使口语表达不具有功能性或无法作为主要沟通方式者。许多研究证明沟通辅具确实能借助图片、文字、视觉符号、手语、手势、沟通板、电脑无障碍沟通系统等操作,提高无法说话的孩子的社交能力,增加口语表达机会,促进语言发展,也可帮助沟通障碍者组织概念、表达思想,减少无法沟通引起的紧张和挫折,有助于各种能力的进步。

(一) 脑性瘫痪者及其沟通

脑性瘫痪简称脑瘫,是指从出生前到新生儿期间由于各种原因导致的非进行性脑损伤引起的以中枢性运动障碍与姿势异常为主的综合征。[①] 大多数的脑性瘫痪者都伴有沟通与语言障碍,特别是有运动性构音障碍,即神经病变以及与言语产生有关肌肉的麻痹、收缩力减弱或运动不协调所导致的,发音器官不能准确、清晰地发音,甚至发不出任何音。脑性瘫痪者一般采用不清晰的口语,或外加一些滑稽的手势进行沟通,经常会因不被别人理解而导致沟通受阻,从而产生很强的自卑心理。沟通辅具的研发,给脑性瘫痪者的沟通、生活和学习带来了新的活力,使有效的言语沟通成为可能。

(二) 智障者及其沟通

大多数智障者都伴有语言发育迟缓的现象。轻度的智障者能够和普通人沟通,可以通过口语或手势及身体动作表达自己的要求和想法,但有时沟通的方式不适应环境的要求,并且经常会表现出不能和交往的对象进行轮流谈话,只想自己表达就好。中重度智障者的沟通和语言障碍表现得更为明显,言语沟通中,经常会发一些错误音或替代音而不被别人理解。沟通辅具的研发对于智障者纠正发音、准确表达、替代表达等方面起到了重要的作用。

(三) 身体构造缺陷及其沟通

有些障碍是由于身体构造方面有缺陷引起的,包括口腔器官结构缺陷导致的沟通障碍,

---

① 王辉.学龄脑瘫儿童障碍特征的分析[J].中国特殊教育,2004,10:8-15.

以及由于身体方面的疾病引起的沟通障碍,如脑部损伤引起的中风、脑血管病变等。沟通辅具可以通过相应的硬件和软件系统的设计来改善患者表达自己的需要和观点。

(四) 自闭症者及其沟通

自闭症者的语言能力表现各有不同,约有50%的自闭症者没有沟通的语言,有语言的也常常表现出鹦鹉学舌式仿说或重复性的语言,而缺乏沟通语言的功能性。另外,声调、音调等都出现异常现象。沟通辅具中的微电脑语音沟通板以及图片沟通能够更好地辅助自闭症者表达自己的需要。

(五) 多重障碍者及其沟通

多重障碍儿童的沟通能力较差,生理、心理、认知、情绪与行为等方面的障碍都会引起语言表达能力欠缺,障碍程度比较严重的甚至无法使用语言进行沟通。沟通辅具可以辅助或替代这些多重障碍者进行口语的表达和沟通。

三、沟通辅具的功能

沟通辅具,对沟通障碍者的学习很有帮助,它们能加强教学效果,用新的角度突出教学重点,让沟通障碍者主动地参与教学或沟通,从而适应学校、家庭和社区等环境,加强这些沟通障碍者的独立能力、社会适应能力以及职业能力。

(一) 有助于沟通障碍者的学习

沟通是学习活动中相当重要的部分,使用沟通辅具可以让沟通障碍者提升语言沟通的能力,进而增加受教育的机会。通过沟通辅具的使用,可以帮助有沟通障碍者的学生有效地完成学习任务,具体的功能包括:沟通辅具有助于提高阅读能力;沟通辅具有助于提高书写能力;沟通辅具有助于障碍者参与更多的学习活动。

(二) 有助于沟通障碍者的人际互动

使用沟通辅具能帮助沟通障碍者与他人直接互动,让他人了解自己想要表达的内容,以培养良好的人际关系。透过有效的沟通,能让沟通障碍者与他人沟通时,减少不必要的误会,增进对彼此的了解。良好的人际互动和人际关系需要考虑话题是否与环境相一致,也包括话题的保持和轮流、话题表达中的技巧与策略等,而这些都会通过沟通辅具的软件系统预先设计完成,从而有益于沟通障碍者的正常流畅的互动交流。

(三) 有助于沟通障碍者沟通信心的建立

无论是在家庭中,还是在其他场所中,使用沟通辅具都能让沟通障碍者达到沟通的目标。沟通障碍者有了沟通辅助器具可以减少个人在家中或其他场所中因为沟通不良所造成的挫折感,以及攻击、自我损伤等负面情绪和行为,更容易被别人了解,从而能更好地融入家庭、集体和社会。

(四) 有助于沟通障碍者融入社区

使用沟通辅具能让沟通障碍者愿意走出家庭,进到社区中、与社区中的人互动、参与社区的活动、使用社区的公共设施、为社区做一些力所能及的事情,进而使沟通障碍者从悲观走向乐观,从过去的被照顾者,成为对社区提供服务的贡献者。

(五) 有助于沟通障碍者的就业

沟通障碍会造成就业上的困难与阻力,通过使用沟通辅具,能让沟通障碍者排除沟通上的困难,建立个人在职场上的独立性与个人地位,进而可以将沟通系统推广到以后的工作场所,与同事进行互动交流,培养与同事之间的感情,也有助于提高其工作效率。

四、沟通辅具的分类

沟通辅具是为了使重度的沟通障碍者更好地适应环境,通过提供最适合的辅助或替代言语的工具,使沟通障碍者在与他人正常的交互作用中,顺利地表达自己的需要和观点。目前在国际上对沟通辅具有三种公认的分类方法,即从技术上、符号上、操作方式上进行分类。

(一)从技术上分类

1. 无辅具系统

口语是人们沟通的主要工具和手段,但是并不意味着所有的沟通和交流都通过口语完成。无沟通障碍者在沟通中既可以使用口语沟通,也可以使用替代口语的形式——非口语进行沟通。对于暂时性或长期性沟通障碍者而言,没办法像普通人一样用口语进行沟通,则可以使用无辅具沟通系统。可能由于沟通障碍者生活在科技没有高速发展的时代,无法借助科技的手段辅助沟通,沟通障碍者开始尝试着依靠身体其他部位替代口语的手段进行沟通。无辅具系统是指不需要任何辅助设备或器材的沟通系统,是个体靠非口语沟通手段完成沟通过程的,其中包括手语、指拼法、面部表情、身体动作等。

(1)手语。手语是手势沟通的一种方法,是指一些听障者群体约定俗成的用手势、动作、表情和空间位置来表达意思进行交际的自然语言。从广义的沟通功能上分,手语可以分为:表音指语,即发音语读唇的部位更正确、清楚地表示出所用的发音辅助记号;表字指语,即用一只手或两只手的手指表示汉字的字形、英语、罗马文字的 26 个字母等;表意手语,即用姿势、表情、手势、动作、指示等方法把文字的意义、事物的形状或概念具体地表示出来的方法。从狭义的沟通功能上分,手语可以分为:自然手语,即听障者间使用的自然语言;文法手语,是教学上的手语系统,常能口手并用,在口手并用的综合沟通法教学中,大都以口语为主的手语方式呈现。

(2)指拼法。指拼法是手势沟通的另一种方法,需要使用手指拼出所要表达的每个字。指拼法是使用手指表现的书写语言,一个手形对应着一个字母。指拼法的优点有:容易学会,因为指拼的字母没有格外特性,也没有相应的数字系统;与手语比较,指拼法能够更清晰地表达专有名词。指拼法的缺点有:相似的手形容易混淆,如 e、o、m、n 及 a、s;字母与语音的相似性使其在读话上容易混淆。[①]

(3)面部表情。面部表情也是沟通的一种方式,是通过面部神经带动面部肌肉而产生的。在沟通过程中,人们通过语言交换信息,同时会用面部的一些表情传达自己的情绪和情感状态,表情在沟通过程中的作用是表达语言不能够代替的。如微笑,就表明对方很高兴等。

2. 有辅具系统

有辅具系统是指沟通者为完成沟通过程所借助各种不同的沟通设备或器材。根据辅助沟通设备在技术设计上的复杂程度,可以分为低科技沟通辅具和高科技沟通辅具。

(1)沟通板。沟通板是比较常用的低科技非电子辅助沟通系统。沟通板是将文字、线

---

① 林宫如,吕美玲. 手语教学研究, http://mailstu.nutn.edu.tw/sign/2005/mastergroup7.htm.

条画、照片或图片等符号放入一个板子上,这些符号可以单独呈现,也可以多个呈现,学生可以根据不同的沟通环境选择他想要用来沟通表达的符号。当沟通障碍者习得的符号越来越多时,为了方便保存和使用,可以将常用的符号加以整理、分类,做成本子的形式。

(2)列字表或列字册。当沟通障碍者认为通过书写的方式比较耽误沟通进程的时候,则可以使用另一种低科技非电子辅助沟通系统——列字表或列字册,即按照沟通障碍者的需要与习惯来安排设计,将有关的字母、文字或注音符号放在一张表上或放入利用沟通的本子内装订成册。在使用中沟通障碍者只要指出相应的文字或字母就可以达到沟通的目的。

(3)目光对话框。当沟通障碍者伴有肢体上的障碍时,无法用手灵活操作的时候,要达到沟通的目的,可以使用目光对话框。目光对话框可由木材、塑料等材料制成一个框架,框架上面可将沟通需要用到的图片或文字黏贴在框架的四个角落上。在沟通时,必须将此框架放在沟通障碍者的眼前,沟通障碍者只需要将视线停留在框架某个角落的图片(或文字)上,其他人通过图片或文字表达的意思就可以了解沟通障碍者所要表达的内容。

(4)简易沟通器。沟通器是早期沟通障碍者比较常用的设计简单的低科技电子辅助沟通系统,是协助沟通障碍者简单表达的沟通辅具,具有录音功能,由电池提供电量,可以随洗随录。分为单句话录音沟通器(如图 8-1 所示)、五句话录音沟通器(如图 8-2 所示)等。沟通障碍者将所要表达的语句,事先录制存储,通过播放表达自己的需要和想法。

图 8-1　单句话录音沟通器

图 8-2　五句话录音沟通器

(二) 从符号上分类

1. 具体符号

(1)手势、身体动作、手语。手势、身体动作和手语是进行沟通所使用的符号系统。不同的手势、身体动作以及手语能够传达不同的思想和信息,是沟通辅具中的一种具体、形象的符号。

(2)图片。人们在沟通的过程中,如果不能用言语进行表达,可以把图片展示给对方,让对方领会沟通者想要表达的信息。沟通板中所使用的版面设计都是以形象、具体和生动的图片展示进行沟通的。

2. 抽象符号

(1)布列斯符号(Bliss)。布列斯符号是 1942 年由卡尔斯编制的一种抽象符号。布列斯符号非常简单,不同于普通的词汇,也没有相应的语法规则,是对于有特殊需要的障碍者比较容易学习和掌握的沟通媒介,有助于障碍者和普通人之间的沟通,每个符号上面都印有同等意义的单字,因此不了解这套符号的人,也很容易和障碍者沟通。布列斯符号可安排在符号板上,以适合个别需要。

(2) 书写语言。书写语言即语言中可以书写的部分。语言除了发音之外,书写的部分包括表音符号、词汇和句子。在我国,书写语言包括汉语拼音、字、词和句子几个部分。在沟通辅具系统设计中可根据使用者的需要,将书写语言输入并编制进系统内用于代替使用者传递沟通的信息。

(3) 计算机合成语。计算机合成语是通过语言合成技术,进行人机对话的一种媒介。随着计算机技术的高度发展,研发者利用语言的声学特性合成语音、词汇,以及句子,再融入显著的语调来代替沟通者表达想法和传递信息。

(三) 从操作方式上分类

电脑的使用过程是通过传统的输入设备(如键盘、鼠标),将数据输入计算机,再由各种不同功能的软件,将其转换成有用的信息,最后为了便于掌控资料的处理和传递过程,再透过输出设备(屏幕、打印机)来协助人们监控或阅读信息。对于身心障碍者,除了有传统的鼠标、键盘之外,还有一些相应的替代性的辅助工具。台湾花莲教育大学特殊教育学系杨炽康教授指出,这些替代性的辅助工具按照特性分为直接选择(直接输入)和扫描(间接输入)。

1. 直接选择

直接选择在效率和效能上比扫描高,使用者只要通过直接按压或点选目标就可以完成直接输入的过程。直接选择有以下几种方式:(1)直接用手或脚来操控键盘或鼠标,指出所需要的图和字;(2)利用操作系统所提供协助工具调整键击或鼠标输入的速度;(3)对于手脚运动有困难的障碍者还可以使用嘴杖、手杖、头杖来帮助选取所需要的沟通信息;(4)对于手脚运动能力较好的使用者可以使用替代性键盘输入想要表达的信息;(5)当交流者不理解沟通障碍者表达的语言时,可以使用语言辨识系统,输入沟通障碍者需要表达的语言,通过语言辨识系统转化为交流者能够理解的语言,两者就可以无障碍地进行沟通和交流了;(6)当沟通障碍者伴有很严重的肢体障碍,没有办法使用手和脚进行信息输入时,可以使用头控、眼控鼠标进行直接选择;(7)当沟通障碍者同时伴有肢体障碍时,可以使用触控荧幕,即运用手的某个部位触摸目前荧幕上所显示的需要信息,从而对其进行直接选择。

2. 扫描

扫描是在无法找到适当的直接选择下所做的替代性方法。其特点表现在两个方面:首先,扫描在速度和效率上比直接选择要慢得多,需要确定扫描的位置之后才能点选所需要的目标,等待的时间较长。其次,在扫描过程中,使用者不仅要记住点选的位置,而且要全神贯注于扫描的路径,一旦目标出现,要迅速选定,如果没有注意,就会从头到尾重新扫描一遍。2004年,杨炽康教授提到:从不同的角度看,扫描的方式有不同的分类方法。扫描方式依其特性又可分为逐步扫描(step-scanning)、自动扫描(auto-scanning)、反向扫描(reverse-scanning);扫描方式依其方向及路径来分,可以分为循序式(circulate)扫描、线性(linear)扫描、行列式(column row)扫描、群组(group)扫描。

(1)逐步扫描。特殊开关与电脑相连接后,扫描程序不能自动进行,需要使用者按压特殊开关,使用者每按一下特殊开关就会跳一格,直到按压到正确的位置,选定需要的目标。

逐步扫描比较费力,但是简单易懂,比较适合发展迟缓与认知功能较差,且无法使用直接选择的身心障碍者。

(2)自动扫描。特殊开关与电脑相连接后,扫描程序会自动开始,使用者要等待扫描指示跳到正确的位置,立即按压特殊开关进行选定,如果要继续扫描,使用者必须松开特殊开关,等待扫描指示跳到正确的位置,再立即按压特殊开关进行选定。自动扫描的方法,比较适合肢体控制能力较好而无法使用直接选择的使用者。当扫描到目标时,使用者必须很准确地按压特殊开关,否则就要从头开始扫描。

(3)反向扫描。特殊开关与电脑相连接后,扫描程序会自动开始,使用者需要按压特殊开关,当扫描到正确的位置时,立即松开特殊开关,重复上面的过程即可将所要选择的目标一一选定。与自动扫描不同,反向扫描的使用人群是有能力控制电脑,而肢体控制能力较差的特殊人士,因为使用者不需要触及特殊开关,而只要松开开关就可以达到扫描的效果,与前两种扫描方式相比较,反向扫描的使用者会有更多休息和等待的时间。

(4)循序式扫描。特殊开关与电脑相连接后,扫描程序可自动进行,扫描的方向是从头到尾一条路径,当呈现目标时,需要使用者按压特殊开关,即可选定。如果使用者来不及按压特殊开关,就要等待循环到下一轮的扫描,再选择。

(5)线性扫描。线性扫描又称为直线扫描,特殊开关与电脑相连接后,扫描程序可自动进行,光标会出现在显示板上方,从第一行第一个符号逐一移动同一行最后一个符号,接着跳到第二行第一个符号开始,加以类推。

(6)行列式扫描。行列式扫描是指使用者先选取列中的一个符号,然后再由该符号往行的方式选取。当光标移到所欲选取的符号时,使用者即按停。

(7)群组扫描。群组扫描是指将显示板呈现的扫描内容分成两组,再采用行列扫描的方式对第一组进行扫描,从第一行开始扫描直到目标出现即可选定。如果目标不在第一组,则接着对第二组进行扫描,也是从第一行开始,直到目标出现就可以选定。

五、沟通辅具的评估

沟通辅具的种类很多,但不等同于一般商品,不能直接买回家就使用。如何才能更加有效地发挥作用,主要取决于沟通辅具的选择,就像听障者选择和佩戴助听器一样,如果型号或调音不适合就会损伤使用者的听觉神经。沟通辅具也是遵循这样的规则,沟通障碍者不能自己选择沟通辅具,而是要凭借语言治疗师或职能治疗师的评估结果作为依据进行选择。

(一)沟通辅具评估模式

1. 以使用者的能力为参照指标的沟通辅具评估

早期的评估模式出现在20世纪80年代,即以使用者的能力为参照指标的沟通辅具评估模式。1980年,艾尔波特等认为使用者只有具备相应的认知能力、沟通能力、动作能力,才可以选择使用沟通辅具。[1] 同时期,谢恩等还认为如果使用者将来能够发展出语言,则不

---

[1] Miller J, Allaire J. *Augmentative Communication*[M]// Snell M. ed. Systematic Instruction of Persons with Severe Handicaps. 3rd ed. Upper Saddle River: Pearson,1987:273-296.

能使用沟通辅具。① 该模式的运作缺乏专业的评估人员，一般由医生、家长和特殊教育的教师共同商议决定。

2. 以使用者沟通相关的因素为参照指标的沟通辅具评估

这种评估模式是目前比较常用的评估模式，即评估中要综合考虑与使用者沟通相关的所有的因素，包括沟通环境的评估、使用者能力与技能的评估、使用者的沟通方式、使用者的沟通对象等。有专业的评估人员，如语言治疗师评估沟通能力、心理治疗师评估其认知能力、职能治疗师评估使用者的动作和对沟通辅具的操作情况的评估。特殊教师要对使用者常用的沟通环境，如学校进行介绍与评估。家长要辅助相关的评估人员对家庭和社区环境进行评估等。专家们不再只是病人的"评鉴者"和设备的"开处方者"。他们必须是共同的合作者，一起帮助消费者在重要过程中作决定。选择科技辅具必须符合个人需求、沟通能力、使用者个人气质。如此，使用者及其家人才能真正适应使用该设备。②

（二）沟通辅具评估项目

米瑞达等在1998年提出沟通辅具的评估过程中应该评估的项目包括语言能力、操作能力、社会能力和策略能力。同时期，赖特和罗伯特等人提出沟通辅具评估的项目应该包括鉴定沟通需求、沟通技能、为协助沟通和克服环境中的障碍而鉴定同伴交往的策略、建立相应的评估假设、干预计划的评估等。③

（三）使用者的文化背景

使用者处于不同的文化背景下，其沟通方式和语言有很大的差异。选择沟通辅具包括内设的软件，要符合使用者日常使用的语言及文化习惯。大多数专家认为，语言包括语音、语形、语义、语法和语用五个部分，④不同的语言在这五个方面有很大的区别。为了能够让不同国家、地区的沟通障碍者都能够使用沟通辅具沟通，需要选择相应的软件转化系统以及辅助设备。

1. 符号

除了专业符号以外，在日常生活中使用的符号具有本土性，即不同的国家或地区的人们为了方便沟通，也会借助一些除语言以外的都能够理解的符号，使沟通更加形象，更具有趣味性。

2. 词汇

词汇是语言的重要的结构成分。在沟通中，词汇使用的准确性会使表达显得更加完整，也会显得话语很丰富、生动，词汇本身含有相应的语法和语义，同一个词汇在不同的句子中充当的语法成分会有不同，表达意思也不同，这主要取决于使用何种语言。因此，沟通辅具设计必须符合使用者的常用词汇。

3. 语音输出

在沟通过程中，语言的外在表现是发出的语音，不同的语言决定着其语音的表现形式。

---

① Shane HC, Bashir AS. Election Criteria for the Adoption of an Augmentative Communication System[J]. Speech Hear Disord,1980,45:408-414.
② 布莱克·斯通.特教科技的评估与选用[M].魏俊华,译. 台北：五南图书出版公司,2001:138.
③ 魏寿洪,等.扩大替代沟通系统的评估综述[J].中国康复理论与实践,2007,4:355.
④ 王辉.特殊儿童教育诊断与评估[M].南京：南京大学出版社,2007：200.

因此，沟通辅具替代沟通障碍者进行沟通时就必须考虑到语音输出是否符合其语言的属性、语音输入的清晰度是否标准、语音的输出速度是否符合使用该语言的人们的说话习惯，以及相应的语调搭配是否合理等。

（四）使用者沟通能力评估

任何工具或设备的使用必须有相应的感官神经系统综合作用。通过肢体的动作来完成，沟通辅具也需要使用者具备一定的感知动作能力。因此，在适当选择沟通辅具的过程中必须评估使用者自身的感知动作能力。另外，使用者现有的沟通能力和水平也是选择沟通辅具时必须考虑的重要项目。

1. 感知动作能力

（1）视觉动作。视觉动作能力是人们在日常生活中从事活动所具有的能力。除了视障者之外，人们获得知识、探索世界、实际操作、运动等都需要通过视觉动作完成，如阅读时双手要配合着翻书；书写时手眼要协调将字写得更美观；剪纸等操作活动需要手眼并用；打球也需要视觉动作的配合完成等。因此，在选择沟通辅具的时候，要考虑到使用者是否为视障者，如果是视障者要尽可能选择有声音控制提示等听觉提示的设备比较好，如表8-1所示。

表8-1 沟通辅具选择评估表——互动时的视觉能力

□可维持注意力在静止的物体上不必转动头部就可以看到右边或左边的东西	
□可直线扫描从左到右的符号	□可扫描矩阵格子内的符号
□可辨认人	□可辨认一般物品
□可辨认照片中的东西	□可辨认符号或图片
□在符号周围需要额外空白空间方便辨认	□可平移视线
□可垂直移动视线	□可辨认出所画的线条
是否对特殊种类的符号或图片有特别偏好？_____	
较喜好哪种尺寸大小的符号或图片？_____	
你认为目前有关这位学生使用或需要辅助沟通需注意的重要事项_____	

资料来源：台湾"科技辅具研习"资料

（2）听觉动作。与视觉动作能力相并行的是听觉动作能力。除了听障者之外，听觉动作也是人们获得知识、探索世界、实际操作、运动等的重要途径。如听见别人和自己打招呼，主动将头或身体转向对方；听见电话铃声响起，接电话；听见门铃响起，动身去开门；听见老师提问，主动举手回答问题等。在沟通中听对方讲话并对对方做出反应才能够维持互动。因此，在选择沟通辅具的时候，要考虑到使用者是否为听障者，如果是听障者要尽可能选择有指示灯等视觉提示的设备。

（3）触觉动作。在选择沟通辅具时，要考虑到使用者的触觉动作能力，特别是脑性瘫痪者以及肢体障碍者。脑性瘫痪者由于神经系统的协调障碍导致手部控制沟通辅具以及电脑会有困难，就需要根据其障碍的状况，特别是手部运动的情况，选择相应的辅助开关和辅助鼠标对沟通辅具和电脑进行操作。对于严重肢体障碍的沟通障碍者而言，如没有手臂，可以选择用头部控制的鼠标及开关，或者是用嘴控制的鼠标及开关，进而根据自己的需要操作沟通辅具及电脑。

2. 使用者现有的沟通方式、技巧与策略

(1)使用者现有的沟通方式。在日常沟通中,沟通双方会使用言语或非言语的方式进行沟通。言语的方式就是说话,非言语的方式包括手势、身体动作、面部表情等。人们在沟通中不是单一的使用某一种沟通方式,而是两种沟通方式的综合使用,以达到信息的有效传递以及沟通的目的,如表8-2所示。

(2)使用者的沟通技巧与策略。在沟通中,沟通双方根据需要会适应一些沟通的技巧和策略,即若通过言语的方式沟通,沟通者会根据沟通环境和自己的需要,考虑如何组织语言,其至考虑有些话语是不是应该说出来等;如使用非言语的方式沟通,沟通者需要考虑用什么样的动作和手势能够让对方更能理解自己想要表达的意思,或不伤害对方的感情等。在使用沟通辅具时,也要考虑到沟通技巧或策略与沟通辅具本身的整合。

表8-2　沟通辅具选择评估表 ——学生现在的沟通表现方式

□ 利用呼吸的改变表达　□ 利用身体姿势的改变表达
□ 利用眼球的动作表达　□ 脸部表情
□ 手语　　　　　　　　□ 用手指
□ 发音,举例:＿＿＿＿＿＿＿＿＿＿＿＿＿＿＿＿＿＿＿＿＿＿
□ 元音、元音的组合,请列出来:＿＿＿＿＿＿＿＿＿＿＿＿＿＿
□ 单字,举例:＿＿＿＿＿＿＿＿＿＿＿＿＿＿＿＿＿＿＿＿＿＿
□ 短句(　　　字词)举例:＿＿＿＿＿＿＿＿＿＿＿＿＿＿＿＿
□ 说话内容他人不全听得懂,被他人理解度%:＿＿＿＿＿＿
□ 说话内容可让人理解
□ 沟通板(＿可触摸的实物＿＿＿图片＿＿＿拼字＿＿＿文字)
□ 发声器具(产品名称):＿＿＿＿＿＿＿＿＿＿＿＿＿＿＿＿＿
□ 写字
□ 其他:＿＿＿＿＿＿＿＿＿＿＿＿＿＿＿＿＿＿＿＿＿＿＿＿

资料来源:台湾"科技辅具研习"资料

(五)使用者对沟通辅具的了解

在选择沟通辅具之前,应对可选择的沟通辅具有初步的了解。首先要了解沟通辅具的功能,即哪种沟通辅具能够弥补沟通障碍的不足;其次,了解沟通辅具的种类,即目前可选的沟通辅具有哪些类型,不同类型的沟通辅具之间有什么区别,如外观、设计、内设的软件、外接开关、鼠标、输入信息的方式等;最后,还要了解沟通辅具的使用方法。当选择使用沟通辅具进行沟通时则要掌握其操作方法,包括开关沟通辅具、掌握沟通辅具设计版面的方法等。

第2节　适合交流困难的电脑

信息技术的运用,为特殊儿童打开了平等参与社会的大门,极大地拉近了他们与外界的距离,为他们全面融入社会创造了有利的条件。特殊儿童通过使用电脑,也可以参加学习,享受同样的生活乐趣,所以电脑本身就是特殊儿童的重要信息辅助器具。对于特殊儿童学习、融入社会,电脑具有不可估量的作用。

一、特殊儿童使用电脑存在的困难

对特殊儿童来说,由于生理或心理上的缺陷,他们无法像正常人一样操作电脑。当他们坐在一般电脑前学习,面对的不仅是学习障碍,更可能产生不必要的恐惧。目前一般的电脑系统或软件不适用于特殊儿童,其存在的困难有以下几点。

普通标准的电脑键盘,键面上除了英文字母外还有其他按键。对一些智障儿童而言,认识一些简单数字与简单的汉字已是不简单,而操作电脑得先学习、认识复杂的键盘,这将难以引起其学习动机和兴趣。而且按键间的距离太小,也不太适用于智障儿童或肢体障碍儿童。

随着窗口软件的开发,鼠标的运用非常频繁,但操作鼠标的精细动作却是许多智障或肢体障碍儿童不易完成的工作。

由于电脑是为普通人所设计的,使用者必须具备基本的手部精细动作能力,方能顺利操作电脑。然而,对于手部功能不便,如肌肉萎缩症患者、脑性瘫痪者或其他重度肢体障碍者,传统的键盘和鼠标并不能符合他们的需求。因此,必须在输入设备上加以调整。任何适用于标准输入设备的应用程序或软件,必须考虑特殊儿童的需求。即"如何创造一个'无障碍的电脑操作环境'"便成为现代电脑辅助的重要课题之一。也就是说,如何使特殊儿童和其他人一样快乐地获取信息,选择或调整输入方式便成为最基本的要求。

针对肢体障碍者,为了克服使用电脑设备时所遭遇的困难,输入方面可做的调整方法作如下说明(表 8-3 与表 8-4)。

表 8-3 键盘

使用者具有的能力	可能的困难	可能解决的方法	现成的工具、设备或软、硬件
双手输入	容易疲劳,输入速度太慢,按键太靠近,按键间隔太远	增加手部支撑,改变输入方式把各键分开,使用小键盘或可程序化键盘	肘、腕部支撑架,关联字词输入法,可替代性键盘,语音输入
单手操作	须同时按双键以上,输入速度太慢,按键太靠近	锁住单键,改变键盘排列方式,加快输入速度,把各键分开,使用小键盘或可程序化键盘	协助工具选项,关联字词输入法,可替代性键盘宏指令,语音输入
同时多点移动能力	无法使用一般键盘	语音输入,开关输入	语音识别输入,开关输入软件,开关输入适配卡

表 8-4 鼠标

使用者具有的能力	可能的困难	可能解决的途径	现成的工具、设备或软、硬件
手眼协调	视动协调不良,无法让光标和鼠标一致	直接选择鼠标替代装置	触控屏幕,游戏杆,替代性键盘

键盘是电脑最主要的输入设备。然而,键盘也往往是肢体障碍者使用电脑时最主要的障碍点。许多肢体障碍者欠缺精细动作的灵活度,没有足够的肌力,乃至缺乏持续的耐力操控标准键盘上的单一按键,或是无法操作连续的按键动作。针对这些障碍,大致上有下列五种改进的途径:选择一个最适当的标准键盘;对标准键盘进行适度的改进;使用改良式的

鼠标或轨迹球；使用替代性的键盘；考虑不使用键盘而采用其他输入设备。

标准键盘上的文字、符号和字母，对某些肢体障碍者而言可能太过于复杂。尤其中文电脑键盘上除了英文字母外，另外加印注音符号码或仓颉字根，这些符号往往造成使用者认识或使用键盘的困难。解决方法可以利用单一按键的护套或贴纸，以改变按键的外观。此外，在按键上贴上特定颜色的贴纸或覆盖整排塑料套，以避免肢体障碍者碰触不必要的按键，或加深对某些按键的印象，这也是一种可以实行的方法。

如果障碍程度较重而无法使用标准键盘，可为其提供较为简单的输入装置。替代性键盘是一种不错的选择。常见的替代性键盘包括迷你键盘、超大型键盘。替代性键盘除了在大小和造型上与标准键盘有所不同外，在按键的设计上采用薄膜式，使触键更轻巧，灵敏度更高，适合一般手部功能不良者使用。

除了标准键盘之外，目前个人电脑上的标准输入设备还有鼠标。通过鼠标，使用者可以减少许多指令的输入动作。然而，鼠标的操控对肢体障碍者而言，可能比键盘更有障碍，原因是操作鼠标对手眼协调、视动统合功能与认知上的理解能力都有较高的要求。目前有些替代性鼠标或电动玩具的游戏杆都可以改善部分不易操作的障碍。

对于认知及动作障碍程度较重的肢体障碍者，"开关"可能是最重要并且是唯一的输入设备。通过单一或组合式的开关，使用者可以控制画面或选择选单，甚至输入文字，使严重肢体障碍者不至于完全不能使用电脑。

二、电脑输入改进

如果按照计算机的硬件和软件分类，应该属于硬件的鼠标与开关是一个系统，既包括硬件的特殊鼠标和特殊开关，同时这些特殊的鼠标与开关又不是孤立发挥作用的，是通过内附的一些软件程序进行控制的。因此，不能简单地认为高科技辅具中的鼠标与开关就是硬件或者软件。

（一）鼠标和键盘的改进

1. 二键式（键盘鼠标）特殊开关及界面

二键式（键盘鼠标）特殊开关，是将鼠标的左右键通过相应的软件设置在两个特殊开关上，也可以将一般按键的功能设置在特殊开关上，沟通障碍者可以根据自己的需要设置软件存储，使用的时候只要肢体的某部位触及两个特殊开关，就可以操作电脑系统。二键式（键盘鼠标）特殊开关对于沟通障碍者特别是有严重肢体障碍的使用者很方便。图 8-4 为台湾科技辅具文教基金会研发的二键式特殊开关及界面。

2. 八键式（键盘鼠标）特殊开关及界面

八键式（键盘鼠标）特殊开关和二键式（键盘鼠标）特殊开关一样，是将鼠标的左右键通过相应的软件设置

图 8-4　二键式特殊开关及界面

在八个特殊开关上，也可以将一般按键的功能设置在特殊开关上，可自行设置软件存储，使用的时候只要肢体的某部位触及特殊开关，就可以操作电脑系统。使用八键式（键盘鼠标）

特殊开关的沟通障碍者,其肢体障碍的程度要比二键式(键盘鼠标)特殊开关使用者轻一些,因为八键式(键盘鼠标)特殊开关操作过程中对肢体的灵活性要求更高,图8-5为台湾科技辅具文教基金会研发的八键式(键盘鼠标)特殊开关及界面。

图 8-5　八键式特殊开关及界面

3. 蓝牙无线特殊开关

蓝牙无线特殊开关是采用蓝牙技术为沟通障碍者研发的特殊开关。遥控距离比一般红外线更远,而且不容易受到阻断,只需要运用躯干的某一部分,轻轻地触碰,就可感应触发接收端的开关。接收端可接语音沟通板、计算机无障碍系统、玩具和环境控制系统,从而控制这些系统。蓝牙无线特殊开关的主要适用人群包括语言障碍者、肢体障碍者、听障者、视障者、脑性瘫痪者、中风者、肌肉萎缩者、气切者、失语症者、智力障碍者以及多重障碍者,对于他们的表达需求、生活自理、增进学习效能、参与社会、增加就业都有很大的帮助。图8-6为台湾科技辅具文教基金会研发的用于连接并操作沟通板或玩具的蓝牙无线特殊开关——蓝雀。

图 8-6　蓝牙无线特殊开关——蓝雀

4. 特殊开关轨迹球

特殊开关轨迹球是利用球状轨迹的原理,代替鼠标的功能,只需要滚动中心滑动球的部分,就能实现移动鼠标的功能。特殊开关轨迹球可以接语音沟通板、电脑无障碍系统、玩具、环境控制系统。除了作为实际的应用外,还可以进行评估,适用人群包括手部运动困难的沟通障碍者、脑性瘫痪者、肌萎缩症者、脊椎损伤者等。目前由台湾科技辅具文教基金会研发的特殊开关轨迹球有无线(图 8-7)和有线两种(图 8-8)。

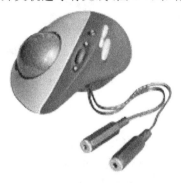

图 8-7 特殊开关无线轨迹球

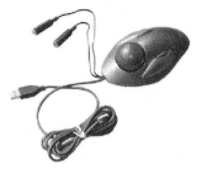

图 8-8 特殊开关有线轨迹球

5. 圆形大开关

圆形大开关,是加大的高敏感度特殊开关,只需要运用躯干的某一部分,轻轻碰触就会使其有感应,可以接语音沟通板、电脑无障碍系统、玩具和环境控制系统。与特殊开关轨迹球相同的是,其适用人群主要包括手部运动困难的沟通障碍者、脑性瘫痪者、肌萎缩症者、脊椎损伤者等。图 8-9 为台湾科技辅具文教基金会研发的圆形大开关。

图 8-9 圆形大开关

6. 按压式特殊开关

按压式特殊开关是通过按压的方式启动的高敏感度特殊开关,与圆形大开关一样,只需要运用躯干的某一部分,轻轻地碰触就会有感应,可以接语音沟通板、电脑无障碍系统、玩具、环境控制系统。分为红黄绿蓝四种颜色,视觉的辨别率较高。与特殊开关轨迹球相同,其适用人群主要包括手部运动困难的沟通障碍者、脑性瘫痪者、肌萎缩症者、脊椎损伤者等。目前台湾科技文教基金会研发了两种按压式特殊开关,即普通型(图 8-10)和迷你型(图 8-11)。

图 8-10 按压式特殊开关——普通型

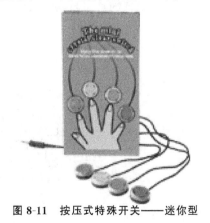

图 8-11 按压式特殊开关——迷你型

7. 多角度式特殊开关

多角度式特殊开关是可以进行各个方向控制的高敏感度特殊开关，只需要运用躯干的某一部分，轻轻地碰触就会有感应，有助于增加动作障碍者的控制表现。可以接语音沟通板、电脑无障碍系统、玩具、环境控制系统，其适用人群主要包括手部运动困难的沟通障碍者、脑性瘫痪者、肌萎缩症者、脊椎损伤者等。图 8-12 为台湾科技辅具文教基金会研发的多角度式特殊开关。

图 8-12　多角度式特殊开关

8. 固定盒式特殊开关

固定盒式特殊开关是在按压式特殊开关的基础上，根据移动范围较小的障碍者的需要，将红黄绿蓝四种颜色开关装在盒内，进行固定。这种四键组合的设计可以代替方向键进行操作，只需要运用躯干的某一部分，轻轻地碰触就会有感应，可以接语音沟通板、电脑无障碍系统、玩具和环境控制系统，其适用人群主要包括手部运动困难的沟通障碍者、脑性瘫痪者、肌萎缩症者、脊椎损伤者等。图 8-13 为台湾科技辅具文教基金会研发的固定盒式特殊开关。

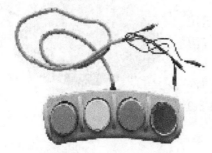

图 8-13　固定盒式特殊开关

9. 扫描式荧幕键盘鼠标

扫描式荧幕键盘鼠标（Onscreen Scanning Keyboard Mouse，简称 OSKM），是针对特殊人士开发设计的，具有易操作且效率高的特点。从图 8-14 中可以看出，扫描式荧幕键盘的功能键用不同的颜色分区，可以随时放大或缩小，功能键可以根据需要自行设置，具有扫描功能。具体的可以操作的扫描模式有：（1）一般触摸荧幕扫描模式，即直接用手指或各类辅助器具，点击画面中的荧幕键盘输入所需要的信息，进行扫描。（2）单键扫描模式，即自动分区扫描，按压单键特殊开关选择所需的区域，进入自动跳格扫描时，再按压该特殊开关以选择所需要的输入信息。（3）双键扫描模式，即按压单键特殊开关选择所需的区域，再按压另一特殊开关以跳格扫描方式选择所需要的输入信息。图 8-14 为台湾科技辅具文教基金会研发的扫描式荧幕键盘鼠标。

图 8-14　扫描式荧幕键盘鼠标

10. 摇杆鼠标

摇杆鼠标,是一种用于控制电子信息服务终端显示页面的光标移动、项目确认及相关操作的新型鼠标,是针对计算机鼠标在公共场合下使用易丢失损坏、牢固性差的特点以及手指运动不灵活的障碍者而发明设计。摇杆鼠标固定在电子信息服务终端的箱体上,摇动手柄可对光标进行移动,手柄安装的两个按键相当于普通鼠标左右键。图 8-15 为台湾朋迪国际有限公司代售的摇杆鼠标。

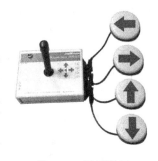

图 8-15 摇杆鼠标

11. 吹吸式口控鼠标

吹吸式口控鼠标属于高科技辅具沟通系统中的一种鼠标类型,通过吹或吸两种动作控制电脑的输入信息,吹吸式口控鼠标具有一般鼠标的所有功能,比较适合四肢功能丧失的障碍者使用。图 8-16 为台湾朋迪国际有限公司代售的吹吸式口控鼠标。

12. 头控鼠标(Head mouse)

头控鼠标是指戴在头上以红外线控制的电脑鼠标,它一方面利用头部转动控制鼠标游标的移动,另一方面以眨眼信号控制鼠标的控键功能。头控鼠标比较适合四肢控制不灵活的人,让使用者能够方便地控制电脑。图 8-17 为台湾朋迪国际有限公司代售的头控鼠标。

图 8-16 吹吸式口控鼠标

图 8-17 头控鼠标

13. 眼控鼠标(Eye mouse)

眼控鼠标是指以眼球的转动控制电脑的鼠标,其原理是利用红外线侦测器,侦测眼球转动的位置信号,由红外线视动追踪系统将所获得的眼球位置信号,转换成一般的电脑鼠标的操控,从而使肢体和头部都不能灵活运动的障碍者控制电脑进行沟通。

14. 脚控鼠标(Nohands mouse)

脚控鼠标是指通过脚控制鼠标,进而进行信息输入和目标的选取。减少了键盘到鼠标的手部移动时间,脚控鼠标比较适合手部协调功能障碍者。

(二) 脑电输入系统

大脑皮层的神经元也像其他细胞一样只有生物电活动。大脑皮层的生物电活动有两种类型:一种是在无任何明显的外界刺激情况下,大脑皮层经常具有持续的、节律性的电位变化,称为自发脑电活动;另一种是在感觉传入冲动的激发下,大脑皮层某一区域发生较为局限的电位变化,称为皮层诱发电位(evoked potential)。诱发电位与自发电位的区别之处在于：诱发电位具有一定的潜伏期,而神经系统无时不在产生自发电位；在同一感觉系统中诱发电位的反应形式都相同,而自发电位形式不固定；诱发电位在脑内某一部位有一定的空间分布,而自发电位可在脑的任何部位记录出来。[①]

由于人的运动是在大脑的控制和调节下完成的,而对于一些重度残疾者(如高位截瘫患者)来说,因为无法产生自主运动,使得我们上文提到的残存功能都无法使用,这时如果我们能够截获这些人的脑部活动信息,并对此信息进行分析、识别,分辨出这些信息想要实现的目的或要求,那么随后我们就可以使用这些信息来操控对应的机械电子装置,帮助残疾人实现他的目标。脑—机界面(Brain Computer Interface,简称BCI)是指通过对人脑行为意识进行提取,从而在人脑与计算机或其他电子设备之间建立的一种沟通通道。这种信息的提取通常基于脑电波信号,采用无创的方式来完成。脑电波(Electroencephalograph,简称EEG)是在20世纪20年代开始被研究的,目前已被广泛应用于中枢神经系统的研究方面,是医学及脑科学研究的一种重要手段。人体的很多生理、病理、心理等常见现象都可在EEG信号图像上反映出来。EEG信号按频率可划分为四个区段,β波：13 Hz以上；α波：8~13 Hz；θ波：4~7.5 Hz；Δ波：3.5 Hz以下。

当前可使用的脑—机界面主要是通过对这几种脑电波的幅度、空间分布等数据的记录,参照人完成某种行为所对应的脑电模式,然后在此基础上实现对各种电器的操控。脑电信号通过多通道头皮电极采集,通常有：8导、16导、24导、32导、64导、128导等类型,通道数的增加有利于提高脑电信号采集的空间定位精度和空间分辨率。这些电极被装配成一个电极帽。

受试者将电极帽戴在头上,电极与头皮之间需均匀涂抹导电膏,保证可靠接触。诱发电位基于人对外界刺激源发出的不同刺激信号所产生的不同模式响应来识别人想要完成的操作。如,计算机屏幕上出现"开门"、"关门"、"开灯"、"关灯"图像,分别对应"开门"、"关门"、"开灯"、"关灯"的操作,当患者想完成其中某项操作时,他的目光可以较长时间停留在相应的图像上,而在其他图像上目光停留时间较短,则我们根据相应模式的脑电信号存在时间的长短,就可以知道患者想干什么。诱发脑电是一种相对来说容易实现的系统,目前已有的实验系统绝大多数是这种形式的。自发脑电不需要外界刺激源,电子设备直接根据使用者的脑电活动情况判断他的意图,但是因为这类电波功率更低且较难分辨,这是一种实现起来难度非常大的系统。

华盛顿大学的神经学家及工程人员,研制出的特殊的计算机程序,只需通过可进行脑皮层电描法的感应电极板,便可接收并解读癫痫症患者脑部发出的信号。因程序利用了人脑机器接口技术活动,患者不必把感应电极板植入体内,仪器可以从头部表层解读脑部发出的信号。如图8-18所示,参与研究的脑神经学副教授鲁塔德指出,对一名14岁癫痫症患者进行测试,他们要求他完成各种任务,例如移动手指、舌头及思考,结果研究人员成功地通过计算机上的脑扫描纪录,掌握其脑部的活动情况。之后他们让其玩游戏"太空侵略者"时更发现,该名患儿只需凭借思维就能驱使画面中的炮台随着思想移动。鲁塔德兴奋地指出,其在游戏过程中反应愈快,控制效果愈理想。假如研究成功,该技术日后将可应用于残障者身上,让他们可通过思维控制假肢活动。

---

① 王玢.人体及动物生理学[M].北京：高等教育出版社,2001.

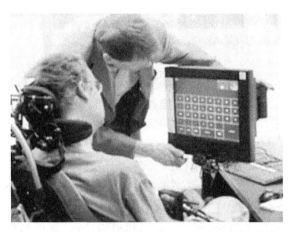

图 8-18　14 岁癫痫儿童凭思维移动电脑游戏中的炮台

美国加利福尼亚州圣荷西风险公司 NeuroSky 于 2008 年 9 月宣布，已成功试制出了能够用传感器读取用户的脑波并用于手机各种应用的系统，这一系统采取耳机式，由读取脑波的传感器和数字信号处理部分等构成。使用时，系统通过接触用户额头的任意部位来读取 α 波和 β 波等脑电波，进而大体掌握用户大脑的放松程度和集中程度，同时利用 Visualizer 将检测到的脑波信息显示在手机画面上，以及利用大脑的集中程度操控游戏和卡通形象等。

三、电脑输出设备的改进

为了能够吸引儿童的注意力及表现较真实的教材效果，彩色屏幕是必要的。此外屏幕上要能显示大的、高对比的文字，以便低视力者阅读。除了 Windows 中自带的放大镜外，还有一些电脑放大软件也可以起到放大、辅助显示效果。

现今的各类软件大多已走向多媒体系统，特殊需要的儿童也需要这种生动的表现方式。针对许多无法识别文字的智障儿童或感官功能缺陷的视障儿童，语音输出功能是相当重要的一环。因此在每个步骤的操作说明及画面之间的转换都必须有语音说明。

目前我国视障儿童用得比较多的两款读屏软件是阳光读屏和永德读屏软件。点显器，即盲文点字显示器。它能够将机器中的 ASCII 码以盲文点字的方式凸显在触摸屏幕上。作为盲文显示的终端设备，它为盲人提供除语音以外的又一个操作电脑的途径。

四、电脑软件

（一）图文写作系统

图文写作系统（Picture Write）是全中文环境图文并茂的软件，内建有绘图软件，包含丰富的图片库和真人语音，具有图文写作、图文预测、图文造句和图文翻译功能。如：台湾科技辅具文教基金会的"图文写作系统 U-Write"。

（二）图文动画语音软件

图文动画语音软件（Picture Master Language Software，简称 PMLS）含有线条图、写实图、照片、动画、情境图、多国语音可供选择，根据教学或沟通的实际需要，可以配合特殊开关连接电脑系统或携带型微电脑语音沟通板使用，图文动画语音软件具有单键和双键扫描功能,可以根据需要设定循序扫描或群组扫描。

(三) 无障碍沟通系统 U-COM

无障碍沟通系统 U-COM 采用全中文环境设计的界面,随插即用,精致小巧,便于携带。参考台湾注音符号的排列方式,将注音符号按照声母、介母、韵母和声调的方式排列,在选择了相应的声母和介母之后,系统会自动筛选出与之匹配的韵母,另外含有数字和运算符号,配合单键特殊开关,进行群组循序扫描,扫描的速度和呈现字体的大小,可以根据沟通障碍者的需要自行设定。

(四) 特殊开关教学游戏系统 U-AGC

特殊开关教学游戏系统(Unlimiter-Adaptive Game Controller,简称 U-AGC)内部建立近 50 种中文基本认知和认知学习游戏,包括图形认知与推理、数字认知等,可根据需要在原有学习资料的基础上,添加新的学习内容,有扫描设定功能,提供替代输入方法。特殊开关教学游戏系统 U-AGC 可以用于沟通、学习和个别化的训练。

(五) 沟通版面设计家 AAC Editor

沟通版面设计家 AAC Editor,改变了传统的 AAC 版面设计费时的问题,能够快速地为沟通障碍者建立沟通版面,内建全系列的 Unlimiter 微电脑语音沟通板的沟通格式,可应用于以上介绍的多种微电脑语音沟通板的版面设计。含有丰富的沟通图片库,以及相应的操作工具,容易理解,操作性较强,如图 8-19 所示。

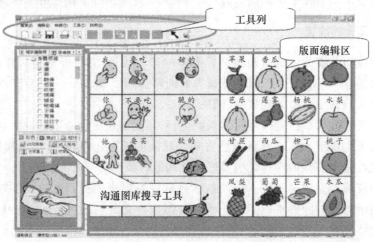

图 8-19　沟通版面设计家 AAC Editor

(六) Overlay Maker

Overlay Maker 是与 Intellikeys(一种替代性键盘,有多种覆盖版面,可根据沟通障碍者的需要使用,适合认知障碍或肢体障碍者使用)连结的一种软件,可以编辑覆盖版面,将制作好的版面印刷出来并放置在 Intellikeys 上,就可以了解每个按键的功能和位置。[①]

(七) Click It

Click It 与 Intellikeys(一种替代性键盘,有多种覆盖版面,可根据沟通障碍者的需要使

---

① 台湾嘉义大学辅具中心.http://www.ncyu.edu.tw.

用,适合认知障碍或肢体障碍者使用)连结,可以设计出相应的沟通版面,不需要使用鼠标,可以通过按键操作电脑的功能,并将按键上的指令做出多种变化,包括荧幕切换、声音改变和自动回馈。

五、适合特殊儿童的电脑辅助系统

由于计算机的普及率上升,因此许多辅助沟通系统的软件、硬件也跟着迅速发展,使得个人计算机也变成了一个辅助沟通器。其中,携带方便的笔记型计算机、平板计算机的发展,PDA与手机的盛行,触摸式屏幕、数字化录音、语音合成器等的整合运用,让个人计算机成为辅助沟通系统的一个趋势,为语言障碍者提供更有效、便利的沟通模式。

杨炽康教授在科技辅具研讨会的讲义中指出,微电脑沟通器可分为两大类:一类是计算机语音合成,使用者只需将单字、词组或句子输入沟通器,语音合成器就会将文字转换成语音输出,如单键多层式沟通器。另一类是运用数字化语音IC来存放声音讯息,并以一个沟通板的外形呈现,将图形与声音讯息交互运用,其中,父母或师长必须事先将语音通过麦克风存入沟通器中,以方便障碍者使用声音讯息,这类沟通板包括基本型微电脑语音沟通板、携带型微电脑语音沟通板、扫描型微电脑语音沟通板、掌上型微电脑语音沟通板等。计算机辅助沟通系统含软件和硬件系统,其中包括电脑沟通系统——PC-UAAC、掌上型电脑沟通系统PPC-UAAC、整合型无障碍电脑系统——U1教学型、可程式化输入系统——U2i输入型、互动式测验学习评量系统——U3评量型、整合医疗型触摸电脑系统——U5整合型、多层次输入沟通系统V-Board等。

电脑沟通系统——PC-UAAC是全中文环境的电脑沟通系统,含有真人语音沟通词汇和本土化的沟通图片库,有图形沟通、情境沟通、文字沟通等三种沟通模式,并有文字信息框显示。电脑沟通系统——PC-UAAC的适用者包括智障者、脑外伤者、自闭症者、脑性瘫痪者、失语症者、中风者等沟通

图 8-20　电脑沟通系统——PC-UAAC

能力缺失或不足的人群,为其沟通交往、生活自理、社会适应等提供了辅助支持作用,如图8-20所示。

掌上型电脑沟通系统PPC-UAAC,全中文触摸荧幕,设有记忆卡、语音合成系统和版面设计系统,有图形沟通、情境沟通、文字沟通三种沟通模式,并有文字信息框显示功能,沟通障碍者能够根据需要迅速找到需要的语音或图片等。主要适用人群包括智障者、脑外伤者、自闭症者、脑性瘫痪者、失语症者、中风者等沟通能力缺失或不足的人群,为其沟通交往、生活自理、社会适应等提供了辅助支持作用,如图8-21所示。

图 8-21　掌上型电脑沟通系统 PPC-UAAC

整合型无障碍电脑系统——U1 教学型,运用多媒体版面设计工具,全中文的版面设计软件,可根据需要自行设计。在电脑上呈现文字,可以播放视觉信息和听觉信息,融合了不同的色彩、文字、图片、动画,沟通障碍者可以通过触摸版面控制电脑,可外接八组特殊开关,能配合各种软件使用,有很好的教学功能。主要适用人群包括智障者、自闭症者、脑性瘫痪者、失语症者、书写困难者,如图 8-22 所示。

图 8-22　整合型无障碍电脑系统——U1 教学型

可程式化输入系统——U2i 输入型,是多功能科技沟通学习辅具,可以配合摩斯码编码输入系统、荧幕扫描系统、注音拼音法输入系统、通用拼音法输入系统等使用,可搭配特殊开关和其他环境控制系统,简化了一般电脑烦琐的操作步骤,可避免传统的键盘和鼠标的使用。主要适用人群包括智障者、脑外伤者、自闭症者、脑性瘫痪者、失语症者、中风者等沟通能力缺失或不足的人群,为其沟通交往、生活自理、社会适应、就业、学习等提供了辅助支持作用,如图 8-23 所示。

互动式测验学习评量系统——U3 评量型,是以个案管理资料库为基础,辅助设计互动式物件的教学媒体与电子化测验相结合的学习评论量系统,可以根据需要自编设计版面,外接特殊开关,融合了声音、图片、文字、影像功能,在完整的模式基础上,编辑文字、图案、录音,设置

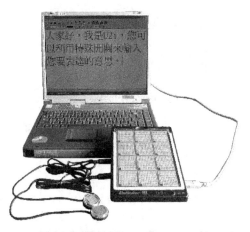

图 8-23　可程式化输入系统——U2i 输入型

颜色、动画等效果,提供学习评量的观察记录和分析,评量的结果用于制订个别化的教育计划、教学研究等。主要适用人群包括智障者、脑外伤者、自闭症者、脑性瘫痪者、失语症者、中风者等沟通能力缺失或不足的人群,为其学习效果提供了准确的评量,如图 8-24 所示。

图 8-24　互动式测验学习评量系统——U3 评量型

　　整合医疗型触摸电脑系统——U5 整合型,是针对医疗开发的多功能科技辅具,采用最先进的整合医疗电脑系统技术及触控荧幕功能,可外接八组特殊开关,根据需要搭配相关的系统版面,含有互动式测验评量系统、整合型无障碍电脑系统、程式化输入系统,可进行评估和分析。对使用者在康复、个别化教育、替代性沟通等方面有很大的作用。主要适用人群包括听障者、视障者、智障者、言语与语言障碍者、肢体障碍者、失语症者、脑性瘫痪者、中风者、肌肉萎缩者、多重障碍者等,如图 8-25 所示。

　　多层次输入沟通系统 V-Board,可以根据沟通障碍者的需要自行设计版面,代替口语表达,使用单键或十二键操作,短距离移动即可拼写或选字,体积较小,重量较轻,便于携带,可配合两组特殊开关使用。主要适用人群是沟通障碍者和学习障碍者,包括语言障碍者、肢体障碍者、自闭症者、多重障碍者等,如图 8-26 所示。

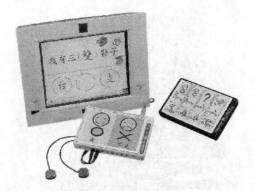

图 8-25　整合医疗型触摸电脑系统——U5 整合型

图 8-26　多层次输入沟通系统 V-Board

六、服务于交流困难的康复机器人

机器人学是近 60 年来迅速发展起来的综合性学科,它综合了电子学、机械学、计算机科学、自动控制工程、人工智能、仿生学等多个学科的最新研究成果,代表了机电一体化的最高成就,是当今世界科学技术发展最活跃的领域之一。关于机器人有各种不同的定义,比较统一的定义是联合国标准化组织(ISO)采纳的美国机器人协会的"机器人"定义:"一种可以反复编程和多功能的,用来搬运材料、零件、工具的操作机;或者为了执行不同的任务而具有可改变的和可编程的动作的专门系统"。[①]

对于丧失了一部分活动能力的人来说,机器人或机器人系统是自然操作方式的一种替代模式。康复操作器以及康复辅助机器人是在工业机器人的技术上发展起来的,但却与工业用机器人之间有着很大的区别。具体而言,由于力量、安全性、精度等方面的因素,工业用机器人的角色是完全取代人的某些操作,例如在工业生产线环境下,工业机器人经常需要搬

---

① 高德林.机器人学导论[M].上海:上海交通大学出版社,1988.

运一些又大又重的物品，并放在指定的地方。很多工业机器人可以在有辐射、环境恶劣的场合代替人工作；另外精密仪器制作流水线上，一些工业机器人则能够组装极小的物品，进行高度精确、高度重复的劳动。

在康复辅助机器人技术中，首先要体现出人是整个运作过程的中心，使用机器人的目的是加强或恢复人的一些操作能力，这就决定了机器人的安全性是设计中考虑的第一要素。康复辅助机器人在工作过程中要绝对避免对使用者造成任何伤害。它的力量和速度一般不能过大，力量约 2~5kg，速度约 10 cm/s。虽然也有很多重复性的行为，但是这类机器人必须能够按照人的要求完成一些具有一定自发性、无计划性的运动。因此，康复辅助机器人在人机接口、智能化控制等方面更加关注不同类型残疾人在使用过程中的特殊要求，因而在功能和技术上存在很多研究的难点。

现代康复机器人的关键技术在于机械臂（手）、导航技术、多传感器信息融合技术、人—机交互技术、多机器人系统等。特别是人—机接口在康复机器人的设计上显得更为重要，而且近年来基于 wheelsky 轮椅和 KARESII 项目还开展了鹰眼、眼鼠标、触觉服等的研制，以及利用肌电信号的传感器技术研究。

在智能操作手臂发展方面，Dean Kamen 就是著名的 Segway 两轮电车的发明人，2007年他曾经展示过自己的机械假肢发明进展，那时候机器人已经可以喝水、掏耳朵等。2008年，他展示的机械手臂可以只用意念操控，有 18 个自由度，据称操作者只需两天就可以适应了。如图 8-27 所示。

图 8-27　脑控机械手臂

在我国，护理机器人仍然处于研究阶段，在国外已有不少成熟产品在应用。如：20 世纪 80 年代，日本研制的"梅鲁根"护理机器人，有两只机械手，可以根据指令将患者从床上平稳地抱起，然后放到诊疗车上，送去诊室检查；也可以把患者抱到轮椅上，带其去想去的地方；还可以把患者送进浴盆，协助其洗澡。法国在 20 世纪 80 年代研制的一些护理机器人，能给病人倒水、喂饭、开收音机或电视机，以及打电话等。20 世纪 80 年代末，美国研制的为瘫痪者服务的机器人，能够为病人刷牙、洗脸、开瓶塞、打字、做牛排等；1989 年，美国生产的"好帮手"护理机器人，能在医院里为病人送饭送药，这种机器人依靠电脑内存储器中保存的医院地图在走廊内自由行走，它身上装有视觉传感器，可以避免与人相撞，也不会碰到可视范围内的障碍物，它还会按电梯和上下楼。还有一些医院里用的护理机器人可以与病人聊天，为病人说笑话、讲故事等。

随着康复工程研究的进展,当前国际上已经开发出日常生活护理机器人。这类系统可在重残人士处于卧床状态、身体不能自由活动的情况下,通过床边的护理装置(机器人部件),对重残人士进行饮食照料,包括从贮藏柜里拿取所需物品等服务。长期卧床而意识健全的重残人士可在病房、家中使用这种机器人。在相应装置的帮助下可实现的护理项目有:翻身、移动身体、照料饮食、照料排便、传递信息(通信)、紧急逃生等。

2008年4月美国科学家成功研制出一种名叫uBOT-5的医疗辅助机器人,如图8-30所示,这种机器人可以为病人听诊,它甚至还能够为急救的病人拨打急救电话。除去在危急时刻可以挽救病人生命这方面不说,uBOT-5可以时刻提醒病人按时吃药,帮助家庭打扫房屋甚至购物。与此同时,机器人uBOT-5还能与网络连接,当医生传达医疗指示后,它可以立刻通过身上的网络相机、麦克风以及传感显示器实现医生和病人的互动。

尽管随着科学技术的不断进步,康复工程技术可以实现很多的护理项目,但决不能因此完全代替护理人员直接参与的康复护理行为。人是有感情的,护理人员与重残人士之间的感情沟通是任何机器人所不能代替的,尤其是针对残疾人士面临的心理护理与康复,必须有家人和医护人员直接参与才有希望取得良好的效果。

图8-30 把脉医疗机器人

除了应用于家庭生活或工作方面,辅助机器人还可以用于教育领域。教育用辅助机器人有一些额外的限制,由于通常情况下使用者年龄比较小,这就使得设计简单化、适合年龄的控制模式和用户接口显得非常有必要。另外,教育辅助机器人常常是要用在学校里面的,而儿童不能够像成人那样小心使用,所以这种机器人的安全性需要受到格外重视。对于儿童来说,辅助教学仪器在于认知和语言技巧的培养,教育辅助机器人一方面对儿童操作能力的提高大有益处,另一方面,对于那些有一定缺陷的儿童,也有利于他们认知能力和语言技巧的培养。目前国内各书店畅销的儿童学习机(图8-31)、各特殊教育机构添置的辅助教育软硬件系统,在很大程度上拓展了各类人群受教育的学习空间。针对特殊学生的考试,我国教育领域也开发了一些实用的考试系统,例如:北京联合大学特殊教育研究所开发的"新特视障人员考试系统"目前在我国视障教育考试中广泛使用。该系统包括题库管理、自动出卷和导入试卷等试卷管理,发卷和考场管理等考试管理,考试、评判及成绩和答卷管理等,涵盖了考前、考中和考后的各项工作,其中的考试模块是专为视障人员考试设计的,经过近几年学生和特教专家的试用和测试,普遍反映系统实用。南京特殊教育职业技术学院开发的"盲文输入法",可以嵌入计算机常用输入法中,方便安装使用,在盲专业学生学习盲文课程、考试中获得广泛使用,取得良好的效果。

图 8-31 儿童学习机

第 3 节 适合交流困难儿童的辅具案例

随着社会对障碍者的关注及沟通辅具的研发和推广,在欧美、台湾等国家和地区有很多学者研究并帮助障碍者配备适当的沟通辅具。下面介绍三组案例,包括唐氏综合征者通过使用沟通辅具在快餐店点餐的实验教学、脑性瘫痪者通过使用沟通辅具参与更多的学习活动、多重障碍者通过沟通辅具增进互动。

一、唐氏综合征者使用沟通辅具的案例

该案例引自:美国北卡罗来纳州立大学的琳达和贝丝·克罗宁的一个关于沟通障碍者日常生活适应的实验研究"应用沟通辅具在快餐店点餐的电脑技术教学",这个研究中的实验对象是三名 17~21 岁的唐氏综合征者。

(一)个案的基本资料

1. 凯茜的基本资料

凯茜,女,17 岁 11 个月,唐氏综合征患者,中度智力障碍,经过"斯坦福-比内智力测验"(第四版)IQ 为 50,听力轻微受损,并伴有甲状腺机能减退,能够阅读一些功能性的视觉词汇,包括与日历、烹饪、购买食杂货、个人信息等方面有关的符号和词汇,她对服饰、指甲油、衣服附加物等表现出浓厚的兴趣。最初,个案使用口头尝试的方式进行沟通,但是她说的话无法被人理解,并缺乏流畅性,她需要放慢说话的速度,以及学会如何在社区、家庭、餐馆、超市等场所寻求帮助,以及在紧急情况下提供个人信息。在快餐店用餐时,个案依靠指定的方式,或者有些成年人会陪个案去找收银员将问题变为"是否"问句之后,再让个案回答。

2. 杰克逊的基本资料

杰克逊,男,20 岁 8 个月,唐氏综合征者,重度智力障碍,IQ 为 36。与同龄人及同事互动时,表现得很安静和勉强,个案在一家学前机构做清洁工作,个案能够独立地带钱去买东西。在沟通方面,个案常常说一个词再夹着一些手势进行表达,个案曾经被鼓励在沟通中要与人进行目光接触、抬头、提高音量。个案的沟通需要包括停留在一个话题上、请求帮助、使用单个词,以及使用一个系统增强口语能力。在快餐店用餐时,个案会用点头或摇头的方式回答"是否"问题,在展示板上指出目标,或转向一个成人辅助他点餐。

3. 克里斯的基本资料

克里斯,男,21岁4个月,唐氏综合征患者,中度智力障碍,经过"韦氏成人智力测验(第三版)"IQ为50,左耳听力损伤,且佩戴助听器,个案是一个可爱且英俊的男生,有很多朋友。个案能够阅读生存类的词汇、杂货店购物词汇、洗手间标志,而且购物时能够采取讲价策略。一周有两到三天在当地的一家饭店工作,包括摆桌子、扫地、清洁浴室、清理垃圾。个案有出色的社区技能,从学校去工作能够独立坐公交车。在个案的独立性方面,班主任老师证明了个案表现得自豪。个案经常用一词表达的方式代替那些需要两三个词进行的表达,从而降低了其口语能力,而且这些一词表达不被人理解,因此个案就会感觉到很失败,错误地开始或尝试着会话、喃喃自语,当与沟通需要不相称时就会显得很无助。在快餐店用餐时,个案会指向展示板上,并伸出手指指着选相关的事物,例如,个案伸出一个手指,意思是选择一号套餐,即特大号三明治、半熟的法国烤鸡及温的饮料。

(二)沟通辅具的评估

通过对三名个案访谈、沟通辅具等方面的评估,发现:(1)个案虽然都具有口语能力,但是说出的话不被人理解,因此可以使用辅助语音设备代替发音。(2)三名个案在饮食上表现出显著的倾向。(3)三名个案精细动作较好,可以通过辅助操作电脑。

(三)沟通辅具的计划设计

(1)运用沟通辅具的语音代替个案的发音。

(2)运用沟通辅具代替个案用指的方式表达自己的需要。

(3)增强对沟通辅具的操作能力。

(四)沟通辅具的使用

1. 沟通辅具的选择

(1)膝上型电脑。

(2)摄影机。

(3)辅助沟通设计版面。

(4)搜集资料(个案的食物偏好、食物照片、影像资料)。

2. 沟通辅具的训练

这是一个模拟快餐店的情境教学。播放个案常去的快餐店的录像,服务员会问:"您好!需要点餐吗?"接着通过辅助沟通系统的版面设计呈现出该快餐店可供选择的事物种类,个案浏览之后进行按键操作,选出自己想要的食物。个案克里斯选择了一份套餐,包括汉堡、半熟的法国烤鸡、温的可乐;访谈杰克逊和凯茜父母时,他们的父母建议他们需要吃减肥食物,因此,在设计沟通版面时,这两个个案所能选择的套餐都是减肥类的,两个个案都选择了烤鸡三明治、水。点选后,辅助沟通系统会通过数字化的语音代替个案回答出与所选食物相匹配的句子。接着会听见服务员的声音:"在这里吃还是带走?"个案需要通过辅助沟通系统回应服务员的问题,选择"在这吃"或"带走"之后服务员会说:"这个套餐的价格是××",个案需要把正确数目的饭钱拿出来,服务员会说:"谢谢!"

3. 沟通辅具的使用效果

(1)通过使用沟通辅具,个案的点餐时间比平时要短。

(2)沟通辅具的语音系统让个案感觉很开心,就像自己在表达一样。

(3)经过训练,个案提高了对沟通辅具的正确使用。

4. 沟通辅具的建议

(1)实验教学证明了有沟通障碍的唐氏综合征者是可以通过沟通辅具接受快餐店服务的。

(2)可以扩展到快餐店以外的其他情境。

(3)使用沟通辅具训练前,应该考虑到个案的实际需要和兴趣。

二、脑性瘫痪者使用沟通辅具的案例

该案例引自:陈明聪等几位老师合作的一篇报告"电脑辅助两个脑瘫儿童学习生活的案例"中的一个个案。

(一)个案的基本资料

小杰,男,脑性瘫痪患者,就读于普通小学二年级,使用摆位轮椅代步,上半身肢体控制能力较差,手部控制也比较差,无法独立握笔,也无法操作鼠标,做作业的时候需要别人协助握笔和运笔才能书写,能够表达简单的单字词,平时多以点头、摇头、举起左右手或指认的方式回答问题,阅读的时候,需要有人协助他拿着书和翻书,对自己感兴趣的事物能够表现出很强的学习动机,过去一年,个案一直使用扫描式微电脑语音沟通板与家人进行互动。

(二)沟通辅具的评估

1. 需求评估

从对个案的家人和老师的访谈中可以看出,个案不具备口语表达能力,而且动作控制能力较差,经过一年的辅具训练,个案已经能够使用两个按压式的单键开关,能够熟练运用扫描式的输入信息的方式,与家人进行日常生活需求的沟通。家人与老师希望个案能够参与更多的学习活动。从观察的资料中可以看出,个案在课堂上与老师或同学进行沟通时,会使用点头或摇头的方式;在家里做作业的时候,必须由家长辅助他握笔进行书写,速度为每分钟 4～6 个字。

2. 辅助支持评估

根据"辅助性科技融入教学计划表"的评估结果,发现个案主要的困难存在于阅读、书写作业、计算、沟通和考试。对活动的重要性、处理方式的有效性、学习动机等维度进行分析,需要提供的辅助支持度由高到低的项目依次是写作业、考试、阅读、沟通、计算。

3. 摆位与操作评估

根据"肢体障碍者电脑辅具评量表"的评估结果,发现个案可以坐在轮椅上操作电脑,虽然双手的精细动作不佳,但手臂均能带动手掌进行移动和按压,左手比右手的活动范围大,自发性使用左手的次数比较多。

(三)沟通辅具的计划设计

(1)利用电脑科技辅具代替点头或摇头的沟通方式。

(2)增进学习的动机。

(3)达到能自己完成作业的目标。

(4)增加参与在校学习活动的机会。

(5)增加与老师或同学进行互动的次数,并提高互动的效率。

（四）沟通辅具的使用

1．沟通辅具的选择

（1）点选设备的选择。陈明聪等几位老师分别用圆形摇杆、一字按键、十字按键、单键开关组做实验，目的是观察哪些点选设备适合个案。经过尝试，个案使用一字按键和单键开关组的效果比较好。

（2）沟通辅具软件的选择。为了解决个案的书写问题，陈明聪等几位老师使用台湾科技辅具文教基金会研发的图文大师配合替代性的鼠标和按键使用。

2．沟通辅具的训练

陈明聪等几位老师让个案练习用电脑书写，使用鼠标动作软件，让个案先练习使用替代鼠标操作电脑。

（1）将鼠标移到目标区的训练。

（2）点选训练。

（3）陈明聪等将生字练习改编成电脑化教材，用替代鼠标选择所学的生字，从而代替手写。

3．沟通辅具的效果

（1）提高了个案对学习活动的参与程度。

（2）通过沟通辅具的使用，能独立完成书写家庭作业。

（3）增进了个案的学习兴趣，激发了个案的学习动机。

（4）提高了个案的阅读能力和阅读速度。

4．沟通辅具使用的建议

（1）配备沟通辅具之前应该考虑个案的学习需要。

（2）操作部位与操作设备的评估是个案能否顺利使用计算机的关键。

（3）调整课程和作业呈现方式是个案能够训练成功的关键。

三、多重障碍者使用沟通辅具的案例

该案例引自：台湾花莲师范学院身心障碍与辅助科技研究所的黄光慧老师（特教老师）及陈明德医生（职能治疗师）的一篇报告——辅助沟通介入对极重度沟通障碍学生之使用的个案。

（一）个案的基本资料

文兴，男，19岁，极重度多重障碍患者，就读于特殊学校高职三年级。个案视听觉正常，没有慢性疾病，脊椎侧弯，双上肢严重挛缩，下肢轻微挛缩，可以自己走路，与同龄人比较，动作缓慢，认知能力一般，能够理解十个字以内的指令和句子，具有语言表达的能力，但是声音很小、细软，并且多伴有手势和动作与别人沟通，能够握笔书写自己的名字或画线条，在与人交往中，缺乏相应的社交技巧。

（二）沟通辅具的评估

通过对个案进行辅助沟通系统的评估、知觉动作评估等，发现：（1）个案对只使用图片的学习动机不高；（2）喜欢沟通板的声音回馈；（3）会尝试着模仿沟通板的声音或说出来；（4）个案的站立和坐都有问题，左、右手的运动不够灵活。

(三)沟通辅具的计划设计

(1) 减少恶作剧行为。
(2) 增加有意义的沟通行为。
(3) 清楚理解个案的表达。
(4) 增进课堂的参与度。
(5) 提高日常生活的适应能力。
(6) 增进在学校、家庭、社区环境中的人际互动。

(四)沟通辅具的使用

1. 沟通辅具的选择
(1) 基本型微电脑语音沟通板。
(2) 携带型微电脑语音沟通板。
(3) 掌上型微电脑语音沟通板。

2. 沟通辅具的训练
(1) 认识沟通辅具的构成及各部分的使用。
(2) 学校环境沟通版面设计中需要的图片。如图 8-32 所示。

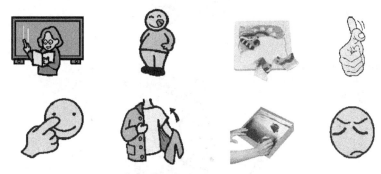

图 8-32　学校环境沟通版面设计中需要的图片

(3) 社区环境沟通版面设计(购物)需要的图片。如图 8-33 所示。

图 8-33　社区环境沟通版面设计(购物)需要的图片

(4) 社会适应(坐车)沟通版面设计需要的图片。
第一步：请帮我拿出沟通板。如图 8-34 所示。
第二步：(通过语音沟通板表达)到花莲的票一张。

图 8-34 沟通板

第三步:请问多少钱?如图 8-35 所示。

图 8-35 问多少钱

第四步:请帮我拿出钱。如图 8-36 所示。

图 8-36 拿出钱

第五步:谢谢!如图 8-37 所示。

图 8-37 谢谢

3. 沟通辅具的效果

(1) 个案使用了沟通辅具后,对于沟通有了自信,而且开始勇于表达。

(2) 虽然不能进行完整的表达,但是使用沟通辅具有助于促进个案尝试着进行口语表达。

(3) 语文课的老师表示个案对参与学习活动有更强烈的动机,而且能够对更换的沟通版面上的目标对象进行准确的选择。

(4) 班主任老师认为个案使用沟通辅具之后,确实减少了恶作剧行为,增加了与别人的沟通和交流。

4. 沟通辅具使用的建议

(1) 持续的职能评估有助于找出更合适的操作位置。

(2) 如果能够详细记录个案的作息活动,有助于做出更具功能的沟通版面。

(3) 鼓励个案家长参与,效果会更好。

(4) 为个案找出更合适的沟通辅具,或对已有的设备进行改良,解决因为肢体障碍引发的操作限制。

（5）广泛地使用多种沟通方法和沟通策略。

本章小结

适合于信息交流困难儿童的辅具从科技含量来分，主要由低科技的沟通辅助器具和高科技的电脑沟通辅具组成。在第1节重点叙述了沟通辅具的含义、沟通辅具的由来，阐明了沟通辅具的适用对象，包括脑性瘫痪者、智障者、听障者、自闭症者等有言语与沟通障碍的人群，在此基础上，分析了沟通辅具的功能。叙述了沟通辅具的分类，叙述了沟通辅具的评估，其中包括沟通辅具评估的模式、沟通辅具评估的内容及要考虑的相关事项。第2节论述了电脑输入和输出设备的改进。第3节介绍了使用沟通辅具的案例分析，案例包括对沟通辅具的选择、评估、认识、训练，以及使用沟通辅具的效果，另外，对这些案例在使用沟通辅具之后的情况进行的分析和总结，并提出了相关的建议。

思考题

1. 沟通辅具的内涵是什么？
2. 沟通辅具有哪些功能？
3. 论述沟通辅具的分类方法，及其具体的内容。
4. 沟通辅具的评估内容有哪些？
5. 请根据使用沟通辅具的某一案例，对案例进行分析，针对沟通辅具的评估、训练、效果、结论与建议，写一篇实践报告。

参 考 文 献

[1] 刘志丽,许家成.辅助技术——特殊教育发展值得关注的新趋势[J].中国康复理论与实践,2007,4:42-44.
[2] 杨炽康.辅助科技原则与实行[M].台北:心理出版社,2007.
[3] 朱图陵.辅助器具与辅助技术[J].中国康复医学杂志,2006,3:62-64.
[4] 朱图陵.现代辅助产品基础综述[J].中国康复理论与实践(第13卷),2007,4:58-60.
[5] 教育部教学仪器研究所.特殊教育学校的设施与专用仪器设备[M].北京:人民教育出版社,2009.
[6] 袁斌.辅助沟通论[J].中国特殊教育,2005,12:56-59.
[7] 魏寿洪.AAC在自闭症儿童沟通行为中的应用分析[J].中国特殊教育.2006,11:44-48.
[8] 徐静.沟通辅具个体化设计通用评估支持体系的建构[J].中国康复理论与实践.2007,4:337-340.
[9] 魏寿洪,郑俭.扩大替代沟通系统的评估综述[J].中国康复理论与实践.2007,4:353-356.
[10] 王宁华.康复医学概论[M].北京,人民卫生出版社,2008.
[11] 范佳进,等.需求评估对辅助器具补助政策的启示[J].中国康复理论与实践,2007,4:76-78.
[12] 朱图陵."辅具"史话[J].中国残疾人,2007,12:50-52.
[13] 孙承鉴.康复用电子装置[M].北京:华夏出版社,1992.
[14] Degenhardt, Sven. (2002-2006)(低)视力训练及视觉康复导论——2002—2005年中德低视力项目/2005—2008年中德视觉康复项目培训班讲义.
[15] 郭玲.蒙台梭利智障儿童感官教育思想研究[D].济南:山东师范大学,2006.
[16] 李学喜.眼科专家谈眼病防治[M].上海:第二军医大学出版社,2006.
[17] 理弘.人类发明创造之谜[M].北京:京华出版社,2005.
[18] 孙葆忱.临床低视力[M].北京:华夏出版社出版,1999.
[19] 吴淑英.儿童低视力保健学[M].天津:天津科技翻译出版社,2007.
[20] 王蕴平,等.电子助视器[J].中国残疾人,2007,2:63.
[21] 刘建兴.助视器家族大集合[J].中国残疾人,2007,7:41.
[22] 王珏.康复工程基础——辅助技术[M].西安,西安交通大学出版社,2008.
[23] 戴荣平,董方田.人工眼的研究现状及发展前景[J].中华眼科杂志,2003,4:65-67.
[24] 第二次全国残疾人事业工作会议暨中国残联第三届主席团第二次全体会议、第十五次全国残联工作会议文件合订本.

[25] 黄昭鸣,周红省. 聋儿康复教育的原理与方法[M]. 上海:华东师范大学出版社,2006.
[26] 张华. 助听器[M]. 北京:人民卫生出版社,2004.
[27] 姜泗长,顾瑞. 临床听力学[M]. 北京:北京医科大学中国协和医科大学联合出版社,1999.
[28] 张锦,张立毅. 现代临床医疗仪器原理与应用[M]. 北京:军事医学科学出版社,2002.
[29] 卜国铉,杨占泉. 手术创新与意外处理(耳鼻咽喉—头颈外科卷)[M]. 吉林:吉林科学技术出版社,2000.
[30] 高文元,等. 临床听觉生理学[M]. 北京:人民军医出版社,2004.
[31] 陈建福,张悦. 我为什么听不清[M]. 北京:人民卫生出版社,2004.
[32] 余力生. 耳鼻咽喉科疾病[M]. 北京:中国医药科技出版社,2004.
[33] 韩德民,许时昂. 听力学基础与临床[M]. 北京:科学技术文献出版社,2004.
[34] 汤盛钦,等. 教育听力学[M]. 上海:华东师范大学出版社,2000.
[35] 王辉. 学龄脑瘫儿童障碍特征的分析[J]. 中国特殊教育,2004,10:6-11.
[36] Miller J, Allaire J. Augmentative Communication[M]// Snell M. ed. Systematic Instruction of Persons with Severe Handicaps. 3rd ed. UpperSaddle River:Pearson,1987.
[37] Shane HC , Bashir AS. Election Criteria for the Adoption of an Augmentative Communication System[J] . J Speech Hear Disord ,1980,45:408-414.
[38] 布莱克-斯通. 特教科技的评估与选用[M]. 魏俊华,译. 台北:五南图书出版公司,2001.
[39] 魏寿洪,等. 扩大替代沟通系统的评估综述[J]. 中国康复理论与实践. 2007,4:61-64.
[40] 王辉. 特殊儿童教育诊断与评估[M]. 南京:南京大学出版社,2007.
[41] 中国残疾人联合会. 2006年我国第二次全国残疾人抽样调查残疾标准.
[42] 教育部. 培智学校课程设置实验方案,2007.
[43] 华东师范大学言语听觉科学研究院,培智学校教学康复专用仪器设备,2008.
[44] 万勤,张蕾,黄昭鸣,杜晓新,卢红云,周红省. 特殊儿童言语干预的理论与实践[J]. 中国特殊教育,2007,10:43-49.
[45] 黄昭鸣,万萍,王衍龙. 言语呼吸疾病的定量评估及矫治对策[J],中国听力语言康复科学杂志,2004,5:23-25.
[46] 黄昭鸣,万勤,张蕾. 言语功能评估标准及方法[M]. 上海:华东师范大学出版社,2007.
[47] Niestadt ME, Crepeau EB. Willard & Spackman's Occupational therapy, 9th ed [M]. Philadelphia:Lippincott-Raven Publisher, 1998.
[48] 施炳培. 小儿脑瘫的防治[M]. 上海:复旦大学出版社,2001.
[49] 赵辉三. 矫形器在康复医学中的作用[J]. 中国矫形外科杂志,1997:4(6):517-518.
[50] 燕铁斌,窦祖林. 实用瘫痪康复[M]. 北京:人民卫生出版社,1999.
[51] 王志荣. 鞍式腰托的研制与分析[D]. 福州:福建中医学院,2003.
[52] 唐丹. 计算机在康复医学中的应用(二)[J]. 中国康复医学杂志,1999,2:26-28.
[53] 肖景和. 红外线热释电和超声波遥控电路[M]. 北京:人民邮电出版社,2003.
[54] 陈传元,超声波诊断仪的原理、应用及维修[M]. 北京:中国医药科技出版社,1990.

[55] 王玢. 人体及动物生理学[M]. 北京:高等教育出版社,2001.

[56] 高德林. 机器人学导论[M]. 上海:上海交通大学出版社,1988.

[57] 刘学贤. 建筑师设计指导手册[M]. 北京:机械工业出版社,2006.

[58] 赵冠谦. 全国民用建筑工程设计技术措施 2003 规划[M]. 北京:中国计划出版社,2003.

[59] 曹纬浚. 一级注册建筑师考试辅导教材[M]. 第二版. 北京:中国建筑工业出版社,2002.

[60] 周文麟. 城市无障碍环境设计[M]. 北京:科学出版社,2000.

[61] 杜靖远. 矫形器的应用[M]. 北京:华夏出版社,1997.

[62] Erna-alanti. Issues in AAC research: How much do we really understand? [J]. Disability and Rehabilitation,2006,28(3):143-150.

[63] Katy-ahill. Augmentative and Alternative Communication (AAC) Research and Development: The Challenge of Evidence-based Practice[J]. International Journal of Computer Processing of Oriental Languages,2006,19(4):249-262.

[64] Beukelman & Mirenda. Augmentative and Alternative Communication: Management of Severe Communication Disorders in Children and Adults[J]. Journal of Applied Research Intellectual Disabilities,2004,17:133-136.

[65] Christina Torrison. The impact of staff training in Augmentative/Alternative Communication (AAC) on the communication abilities of adults with developmental disabilities[J]. Developmental Disabilities Bulletin,2007,35(1&2):103-130.

[66] Yumiko Saito. Augmentative and Alternative Communication Practice in the Pursuit of Family Quality of Life: A Review of the Literature[J]. Research & Practice for Persons with Severe Disabilities,2007,32(1):50-65.

[67] Bruce-Baker. A Mandarin Language System in Augmentative and Alternative Communication (AAC)[J]. International Journal of Computer Processing of Oriental Languages,2006,19(4):225-237.

[68] Caroline-Hummels. Explor ascope: stimulation of language and communicative skills of multiple-handicapped children through an interactive, adaptive educational toy[J]. Digital Creativity,2007,18(2):79-88.

[69] Marianne J Johnson BSc BA MPhil. The development and evaluation of alternative communication strategies to facilitate interactions with Somali refugeesin primary care: a preliminary study. Informatics in Primary Care,2006,14:183-189.

[70] Martha E. Snell. Teaching Augmentative and Alternative Communication to Students with Severe Disabilities: A Review of Intervention Research 1997-2003[J]. Research & Practice for Persons with Severe Disabilities,2006,31(3):203-214.

[71] Krista M. Wilkinson and Shannon Hennig. The State of Research and Practice in Augmentative and Alternative Communication for Children With Developmental Disability[J]. Mental Retardation and Developmental Disabilities,2007,13:58-69.

[72] Seung-Hyunson. Comparing two types of augmentative and alternative communication systems for children with autism[J]. Pediatric Rehabilitation,2006,9(4):389-395.

[73] 中国知网. http://cnki.caas.net.cn/kns50/single_index.aspx

[74] 超星数字图书馆. http://www.ssreader.com/index.asp

[75] 中国残疾人联合会. http://www.cdpf.org.cn

[76] 台湾师大特教学系残障辅具查询数据库. http://www.ntnu.edu.tw/spe/www

[77] 新需要网. http://www.xinxuyao.com/

[78] 林宫如,吕美玲. 手语教学研究. http://mailstu.nutn.edu.tw/sign/2005/mastergroup7.htm

北京大学出版社
教育出版中心 精品图书

21世纪引进版精品教材·学术道德与学术规范系列
如何为学术刊物撰稿：写作技能与规范（英文影印版）
　　　　　　　　　　　　　[英]罗薇娜·莫 编著　26元
如何撰写和发表科技论文（英文影印版）
　　　　　　　　　　　　　[美]罗伯特·戴 等著　28元
如何撰写与发表社会科学论文：国际刊物指南　蔡今中 著　25元
如何查找文献　　　　　　　[英]萨莉拉·姆齐 著　25元
给研究生的学术建议　　　　[英]戈登·鲁格 等著　26元
学术道德学生读本　　　　　[英]保罗·奥利弗 著　17元
科技论文写作快速入门　[瑞典]比约·古斯塔维 著　19元
社会科学研究的基本规则　　[英]朱迪斯·贝尔 著　18元
做好社会研究的10个关键　　[英]马丁·丹斯考姆 著　20元
阅读、写作和推理：学生指导手册 [英]加文·费尔贝恩 等著　25元
如何写好科研项目申请书　[美]安德鲁·弗里德兰德 等著　25元

21世纪引进版精品教材·研究方法系列
教育研究方法：实用指南　　[美]乔伊斯·高尔 等著　78元
高等教育研究：进展与方法　[英]马尔科姆·泰特 著　25元
社会研究：问题方法与过程（第三版）[英]迪姆·梅 著　32元
比较教育中的话语形成　　　[德]于尔根·施瑞尔 著　58元
比较教育研究：路经与方法　　　贝磊·鲍勃·梅森　50元

大学教师通识教育读本（教学之道丛书）
如何成为卓越的大学教师　　　　　　肯·贝恩 著　24元
给大学新教员的建议　　　　　　罗伯特·博伊斯 著　28元
理解教与学：高校教学策略　[英]迈克尔·普洛瑟 等著　26元
规则与潜规则：学术界的生存智慧 [美]约翰·达利 等主编　28元
给研究生导师的建议（第2版）[英]萨拉·德拉蒙特 等著　30元
教师的道与德　　　　　　　爱德华·希尔斯 著　30元

21世纪教师教育系列教材·物理教育系列
中学物理微格教学教程　　　　　　张军朋 著　28元

21世纪教育科学系列教材·学科学习心理学系列
数学学习心理学　　　　　　孔凡哲 曾峥 编著　29元
语文学习心理学　　　　　　　　李广 主编　29元
化学学习心理学　　　　　　　　王后雄 主编　29元

21世纪教育科学系列教材
现代教育技术——信息技术走进新课堂　冯玲玉 主编　39元
教育学学程——模块化理念的教师行动与体验
　　　　　　　　　　　　　　　　闫祯 主编　45元
教师教育技术——从理论到实践　王以宁 主编　36元

教师教育概论　　　　　　　　　　李进 主编　75元
基础教育哲学　　　　　　　　　　陈建华 著　35元
当代教育行政原理　　　　　　　　龚怡祖 编著　37元
教育心理学　　　　　　　　　　　李晓东 主编　34元
教育计量学　　　　　　　　　　　岳昌君 著　26元
教育经济学　　　　　　　　　　　刘志民 著　39元
现代教学论基础　　　　　　徐继存 赵昌木 主编　35元
现代教育评价教程　　　　　　　　吴钢 著　32元
心理与教育测量　　　　　　　　　顾海根 主编　28元
高等教育的社会经济学　　　　　金子元久 著　32元
信息技术在学科教学中的应用　　　陈勇 等编著　33元

教师资格认定及师范类毕业生上岗考试辅导教材
教育学　　　　　　　　　　余文森 王晞 主编　26元
教育心理学概论　　　　　　连榕 罗丽芳 主编　35元

21世纪教师教育系列教材·学科教学论系列
新理念化学教学论　　　　　　　　王后雄 主编　38元
新理念科学教学论　　　　　　崔鸿 张海珠 主编　34元
新理念生物教学论　　　　　　崔鸿 郑晓慧 主编　36元
新理念地理教学论　　　　　　　　李家清 主编　37元
新理念历史教学论　　　　　　　　杜芳 主编　29元
新理念思想政治（品德）教学论　　胡田庚 主编　32元
新理念信息技术教学论　　　　　　吴军其 主编　30元

21世纪教师教育系列教材·学科教学技能训练系列
新理念化学教学技能训练　　　　　王后雄 主编　28元
新理念思想政治（品德）教学技能训练　胡田庚 主编　26元
新理念地理教学技能训练　　　　　李家清 主编　32元
新理念生物教学技能训练　　　　　崔鸿 主编　29元

王后雄教师教育系列教材
教育考试的理论与方法　　　　　　王后雄 主编　35元

西方心理学名著译丛
拓扑心理学原理　　　　　　　[德]库尔德·勒温　32元
系统心理学：绪论　　　　　[美]爱德华·铁钦纳　30元
社会心理学导论　　　　　　　[美]威廉·麦独孤　36元
思维与语言　　　　　　　　[俄]列夫·维果茨基　30元
人类的学习　　　　　　　　[美]爱德华·桑代克　30元
基础与应用心理学　　　　[德]雨果·闵斯特伯格　36元
格式塔心理学原理　　　　　[美]库尔特·考夫卡　75元
动物和人的目的性行为　　　[美]爱德华·托尔曼　44元
西方心理学史大纲　　　　　　　　　　唐钺　42元

心理学视野中的文学丛书

围城内外——西方经典爱情小说的进化心理学透视	
熊哲宏	32元
我爱故我在——西方文学大师的爱情与爱情心理学	
熊哲宏	32元

21世纪引进版精品教材·研究方法系列

教育研究方法：实用指南	[美] 乔伊斯·高尔 等著	78元
高等教育研究：进展与方法	[英] 马尔科姆·泰特 著	25元
社会研究：问题方法与过程（第三版）	[英] 迪姆·梅 著	32元
比较教育研究:路径与方法	[英] 贝磊等 主编	50元
比较教育中的话语形成	[德] 于尔根·施瑞尔 主编	58元

21世纪教学活动设计案例精选丛书（禹明 主编）

初中语文教学活动设计案例精选	23元
初中数学教学活动设计案例精选	24元
初中科学教学活动设计案例精选	22元
初中历史与社会教学活动设计案例精选	26元
初中英语教学活动设计案例精选	19元
初中思想品德教学活动设计案例精选	20元
中小学音乐教学活动设计案例精选	22元
中小学体育（体育与健康）教学活动设计案例精选	20元
中小学美术教学活动设计案例精选	29元
中小学综合实践活动教学活动设计案例精选	22元
小学语文教学活动设计案例精选	25元
小学数学教学活动设计案例精选	33元
小学科学教学活动设计案例精选	23元
小学英语教学活动设计案例精选	18元
小学品德与生活（社会）教学活动设计案例精选	24元
幼儿教育教学活动设计案例精选	36元

21世纪教育技术学精品教材（张景中 主编）

教育技术学导论	李芒 金林 编著	26元
远程教育原理与技术	王继新 张屹 编著	41元
教学系统设计理论与实践	杨九民 梁林梅 编著	29元
信息技术教学论	雷体南 叶良明 主编	29元
网络教育资源设计与开发	刘清堂 主编	30元
学与教的理论与方式	刘雍潜	32元
信息技术与课程整合	赵呈领 杨琳 刘清堂	32元
教育技术研究方法	张屹 黄磊	38元
教育技术项目实践	潘克明	32元

21世纪教育技术学精品教材·教育装备系列

教育装备学导论	胡又农	32元
教育装备运筹规划	李慧	26元
教育装备评价简明教程	胡又农	26元

21世纪信息传播实验系列教材（徐福荫 黄慕雄 主编）

多媒体软件设计与开发	32元
电视照明·电视音乐音响	26元
播音主持	26元
广告策划与创意	26元
传播学研究方法与实践	26元
摄影	25元
数字动画基础与制作	24元
报刊新闻电子编辑	24元
广播电视摄录编	25元

北大开放教育文丛

教育：让人成为人——西方大思想家谈人文和科学教育		
	杨自伍 编译	30元
教育究竟是什么?100位思想家论教育		
	[英] 乔伊·帕尔默 主编	45元
意大利人文主义教育经典文选	C.W.凯林道夫	40元
雄辩家与哲学家：博雅教育观念史	布鲁斯·金博尔	45元

教育之思丛书

基础教育的战略思考	王炎斌 著	22元
教育凝眸	郭志明 著	16元
教育的痛和痒	赵宪宇 著	20元
教育思想的革命	张先华 著	15元
教育印痕	王淮龙等 主编	22元
教育印迹	王淮龙等 主编	18元

职业规划丛书

全球高端行业求职指南	方伟 主编	28元
全球高端行业求职案例	方伟 主编	28元
大学生职业生涯规划咨询案例教程	方伟 主编	28元

教育部全国中小学图书馆推荐用书·新人文读本（第3版）

小学低年级春天卷	20元
小学低年级夏天卷	20元
小学低年级秋天卷	20元
小学低年级冬天卷	20元
小学中年级春天卷	20元
小学中年级夏天卷	20元
小学中年级秋天卷	20元
小学中年级冬天卷	20元
小学高年级春天卷	20元
小学高年级夏天卷	20元
小学高年级秋天卷	20元
小学高年级冬天卷	20元
初中A·繁星卷	20元
初中B·春水卷	20元
初中C·新月卷	20元
初中D·飞鸟卷	20元
初中E·流萤卷	20元
初中F·鸿鹄卷	20元

"知识树"书系

小学数学知识树（三、四年级）	18元
小学数学知识树（五、六年级）	20元